비전공자를 위한 **데이터 애널리틱스** 활용서

비전공자를 위한
데이터 애널리틱스
활용서 Data Analytics

김경재 지음

동국대학교출판부

서문

알파고-이세돌 바둑 대국 이후로 4차 산업혁명과 AI, 빅데이터에 대한 사회적 관심이 높아짐에 따라 다양한 분야에서 AI와 빅데이터에 대한 교육 수요가 발생하였다. 이전에는 이공계 전공자들의 전유물이었던 데이터 애널리틱스가 최근에는 인문, 사회, 예술 등 다양한 분야에서 활용되고 있다. 이러한 이유로 인문, 사회, 예술 분야 등의 비전공자들에게도 데이터를 다루고 분석할 수 있는 역량이 요구되고 있다. 이에 따라 각 전공 분야에서 데이터에 대한 강좌가 개설되고, 많은 서적도 발간되고 있으나 대부분 R 또는 Python을 이용한 코딩을 기반으로 이루어졌기에 코딩을 처음 접하는 비전공자들은 접근하는데 어려움이 있다.

이러한 이유로 최근에는 비전공자를 위한 No-code AI에 대한 연구도 활발하게 진행되고 있으며, 이를 위한 여러 가지 솔루션도 활용되고 있다. 이 책에서 소개하는 RapidMiner는 대표적인 No-code 데이터 분석도구 중 하나이며, 사용 편의성과 확장성이 좋아서 세계적으로 활용되고 있다. 특히, RapidMiner는 교육용 라이선스를 무료로 제공하고 있어서 부담 없이 사용할 수 있다는 장점이 있다.

이 책은 이공계열 독자가 아닌 비전공자들도 쉽게 데이터 분석 역량을 키울 수 있도록 제작된 RapidMiner 기반의 데이터 분석서이다. 따라서 데이터 분석에 필요한 기계학습 기법을 이해하기 쉽도록 설명하고, 이를 데이터에 적용하여 분석할 수 있는 RapidMiner 사용법을 소개함으로써 독자들이 데이터 분석 역량을 높일 수 있도록 하였다. 특히, 최대한 수식을 사용하지 않고 사례를 통해 데이터 애널리틱스 기법을 설명함으로써 수학적인 기반이 많지 않더라도 이해할 수 있도록 했다. 또한, 주요 데이터 애널리틱스 기법의 소개와 함께 실제 데이터 애널리틱스를 실습할 수 있도록 RapidMiner 기반의 사용법을 소개하며, 특히 분석 과정에 대한 여러 화면을 단계별로 상세하게 수록하여 초보자도 RapidMiner를 이용하여 데이터 분석을 할 수 있도록 하였다. 이밖에 책에서 분석하는 데이터를 웹(http://naver.me/GEI6jTzH)을 제공하여 독자들이 데이터 분석을 직접 수행할 수 있도록 하였다.

   이 책을 통해 비전공자인 독자들도 큰 어려움 없이 데이터 분석에 대한 역량을 높일 수 있는 기회가 되기를 기대한다.

저자 김경재 배상

contents

009	**1. 서론**
010	데이터 애널리틱스 기법의 종류와 절차
011	데이터 애널리틱스의 과업
013	**2. 분석도구_RapidMiner 설치**
027	**3. RapidMiner를 이용한 데이터 전처리**
027	데이터 전처리_sampling
045	데이터 전처리_exploring
051	데이터 전처리_modification
070	**4. 회귀분석**
074	RapidMiner를 이용한 회귀분석 실습
092	**5. 의사결정나무분석**
096	RapidMiner를 이용한 의사결정나무분석 실습
130	**6. 장바구니분석**
133	RapidMiner를 이용한 장바구니분석 실습
150	**7. 시장세분화분석**
153	RapidMiner를 이용한 시장세분화분석 실습
177	**8. 상품추천시스템**
181	RapidMiner를 이용한 상품추천시스템 실습

chapter 1 서론

 4차 산업혁명의 기반 구성요소는 AI(인공지능)와 빅데이터라고 할 수 있다. 컴퓨팅 기술과 인터넷의 확산으로 인해 빅데이터가 일반화되었고, 빅데이터를 분석하여 지식을 추출할 수 있는 AI의 발전은 4차 산업혁명을 이끄는 주요인이라고 할 수 있을 것이다. 인공지능 기술의 발전은 로봇과 자동화 등 여러 방면에 영향을 주었지만 특히, 데이터 분석에 있어 매우 중요한 역할을 하고 있다. 머신러닝이라고 불리는 인공지능의 한 부분은 기계 즉, 컴퓨터가 학습을 할 수 있는 인공지능 기술이라고 할 수 있으며, 컴퓨터가 데이터를 통해 학습할 수 있는 기술을 의미한다.
 머신러닝에는 여러 가지 데이터 분석기술이 포함되는데 특히, 데이터를 분석하는데 특화된 분석 기법과 방법론을 총칭하여 '데이터 애널리틱스(Data Analytics)'라고 부른다. 데이터 애널리틱스를 구성하는 분석 기법은 매우 다양한데, 머신러닝 기법인 의사결정나무분석, 연관규칙분석, 군집분석과 협업필터링, 텍스트마이닝 등이 있으며, 통계학적 기법으로 회귀분석 등이 있다. 이 밖에도 신경망분석, 딥러닝, k최근접이웃분석 등 다양한 분석기법이 있다. 데이터 애널리틱스를 활용하는 방법으로는 Python과 R과 같은 데이터 프로그래밍 언어를 활용하는 것과 프로그래밍 언어를 이용하지 않고도 분석할 수 있는 분석도구를 활용하는 것도 있다.
 컴퓨터 프로그래밍 언어를 이용하는 경우에는 분석가의 목적에 맞는 분석이 가능하지만 컴퓨터 프로그래밍 언어에 대한 학습이 필요하므로 비이공계열 학습자에게는 어려움이 있다. 반면, 분석도구를 이용하는 경우에는 컴퓨터 프로그래밍에 대한 이해가 전혀 필요하지 않거나 약간 필요하므로 컴퓨터 프로그래밍 언어에 대한 이해가 없어도 데이터 분석이 가능하다는 장점이 있다.

본서에서는 컴퓨터 프로그래밍에 익숙하지 않은 비이공계열의 학습자에게 컴퓨터 프로그래밍이 거의 필요하지 않으면서도 고도의 데이터 분석이 가능한 방안을 소개하고자 한다. 구체적으로는 RapidMiner라고 하는 데이터 분석도구를 활용한 데이터 애널리틱스 방법을 소개하고자 한다. 특히 그중에서도 기업이나 사회에서 필수적으로 활용되고 있는 데이터 애널리틱스 기법 위주로 소개하고자 한다.

본서 학습을 통해 데이터 애널리틱스의 의미와 활용 사례를 이해하고, 어려운 컴퓨터 프로그래밍을 이용하지 않고도 데이터를 분석할 수 있는 방법을 이해할 수 있을 것이다.

데이터 애널리틱스 기법의 종류와 절차

다양한 데이터 애널리틱스 기법은 분석 대상 데이터의 특성이나 분석 기법 자체의 특성에 따라 몇 가지 형태로 분류할 수 있다. 일반적으로 가장 많이 사용하는 분류 기준으로 데이터의 특성에 따라 감독학습 기법(supervised learning technique)과 무감독학습 기법(unsupervised learning technique)으로 나눌 수 있다. 감독학습 기법은 분석 대상 데이터에 분석을 감독할 요소가 있는 경우로, 일반적으로 통계적 데이터 분석에서 얘기하는 종속변수가 존재하는 경우이다. 예를 들어 은행에서 대출 심사를 위해 개인의 신용 정도를 정상 또는 불량으로 분류하는 문제를 생각해 볼 수 있는데, 이러한 신용 평가 모형을 만들기 위해서는 과거 고객들 중에 신용 상태가 정상인 경우와 불량인 경우에 해당하는 고객들의 데이터를 확보하고 학습해야 한다. 이때 특정 개인의 신용 상태가 정상이냐 아니냐를 구분하는 요인이 포함되어야 하는데 이를 통계학적 분석에서는 '종속변수'라고 하며 데이터 애널리틱스에서는 '감독요소'라고 한다. 감독학습 기법에서 감독자의 역할을 하는 요인을 '지도자'라고 부르기도 하며 이에 따라 감독학습 기법을 '지도학습 기법'으로 부르는 경우도 있다.

반면, 은행 고객의 신용 상태와는 무관하게 개인의 데이터를 활용한 후, 유사한 고객을 찾아 각 고객 그룹에 적합한 마케팅 전략을 수립하려는 목적으로 분석을 하는 경우도 있다. 이 경우에는 고객 개인의 신상 데이터(나이·학력·소득 수준·사는 지역 등)의 유사성만을 이용하여 유사한 고객을 몇 개의 그룹으로 묶게 되는데, 이럴 경우는 분석을 감독하거나 지도할 만한 요인이 불필요하다. 이때 사용되는 데이터 애널리틱스 기법이 무감독학습이며 비지도학습이라고 부르기도 한다.

데이터 애널리틱스의 과업

데이터 애널리틱스의 과업은 주어진 데이터를 분석하여 데이터 속에 숨어 있는 유용한 지식을 추출하는 것이라고 할 수 있다. 이 과업을 위해서는 다음과 같은 세분화된 하위 과업을 수행할 수 있다.

1. 분류: 분류는 감독학습의 대상 과업으로, 일반적으로 감독의 역할을 하는 요인이 이산형으로 표현된 경우에 사용된다. 예를 들어 은행 고객의 예와 같이 고객의 신용 상태는 "정상"과 "불량"의 두 가지 이산 값을 가지게 되는데 학습된 모형에서도 대상 고객의 신용 상태를 정상 또는 불량의 두 개 클래스로 나누게 된다. 이렇게 두 개 이상의 이산형의 집단으로 대상을 나누는 과업을 분류라고 하며 이를 통해 얻는 모형을 분류 모형이라고 한다.

2. 회귀: 회귀의 경우에도 분류와 마찬가지로 감독학습의 대상 과업인데, 이 경우는 감독의 역할을 하는 요인이 이산형의 값이 아니라 연속형의 수치 값을 갖는 경우이다. 예를 들어 과거의 전기 수요량을 바탕으로 내년도 전기 수요량을 예측하거나 과거의 이자율 데이터를 기반으로 미래의 이자율을 예측하는 것이 있는데, 여기서 전기 수요량과 이자율은 연속형의 수치 값을 갖게 되므로 분류가 아니라 회귀에 해당한다. 전술한 사례에서 과거의 데이터를 통해 미래의 연속형 수치 값을 예측하는 것을 보았는데 회귀의 경우 반드시 미래의 값을 예측하는 것뿐만 아니라 동 시기의 값을 추정하는 경우에도 사용될 수 있다. 회귀를 통해 만들어진 모형을 회귀모형이라고 부른다.

3. 군집화: 군집화의 경우에는 분류·회귀와는 다르게 무감독학습의 대표적인 하위 과업으로 분류된다. 그 예로는 마케팅에서 고객의 인구통계학적 데이터를 기반으로 유사한 고객을 몇 개의 그룹으로 묶고, 그룹의 특성에 따라 차별화된 마케팅 전략을 사용할 때 이용할 수 있다. 군집화는 무감독학습의 대표적인 과업이기에 감독의 역할을 하는 요인이 없다.

4. 차원축소: 차원축소는 분석하고자 하는 데이터의 절대적인 양이 많거나 데이터를 구성하는 요인이 다차원적일 때 데이터 특성을 단순하게 만들기 위해 사용하는 과업으로 주성분 분석(principal component analysis)과 같은 기법이 여기에 사용된다. 차원축소는 축소 전 데이터가 가지고 있는 정보의 유실을 최소화하면서도 절대적인 양이나 차원을 축소하는 것을 목표로 한다. 이 방법의 경우에는 감독학습이나 무감독학습에

서 데이터 차원을 축소하는 목적으로 사용될 수 있기에 두 학습 방법 모두에서 활용될 수 있다.

5. 동시출현분석: 동시출현분석은 두 가지 이상의 이벤트가 동시에 발생할 가능성을 분석하여 동시에 발생할 가능성이 높은 이벤트들을 찾는 과업이다. 대표적인 예로는 마케팅에서 사용하는 장바구니분석(market basket analysis)를 들 수 있는데 장바구니분석에서는 고객이 같이 구매할 가능성이 높은 상품들을 과거의 구매 데이터로부터 추정하여 같이 구매 가능성이 높은 상품을 묶음상품으로 판매하거나 구매 추천 상품 목록을 생성하는데 사용할 수 있다.

6. 프로파일링: 프로파일링은 현상에 대한 기술 또는 설명을 위해 데이터의 공통된 속성 값을 도출하는 과정이라고 할 수 있다. 특정한 성향을 가진 고객 그룹을 발굴한다면 그 그룹 내 고객들의 공통적인 속성 특징을 도출할 수 있는데 이 과정에서 사용되는 기법이 프로파일링이라고 할 수 있다.

[그림 1-1] 데이터 애널리틱스의 하위 과업

chapter 2 분석도구_RapidMiner 설치

분석을 위해서는 분석도구인 Rapidminer의 설치가 필요하다. 본 장에서는 설치 과정을 설명한다.

[그림 2-1] RapidMiner 회원가입 완료하기

RapidMiner를 설치하려면 먼저 회원가입이 필요하다. https://www.rapidminer.com 에 접속하여 회원가입을 진행한다.

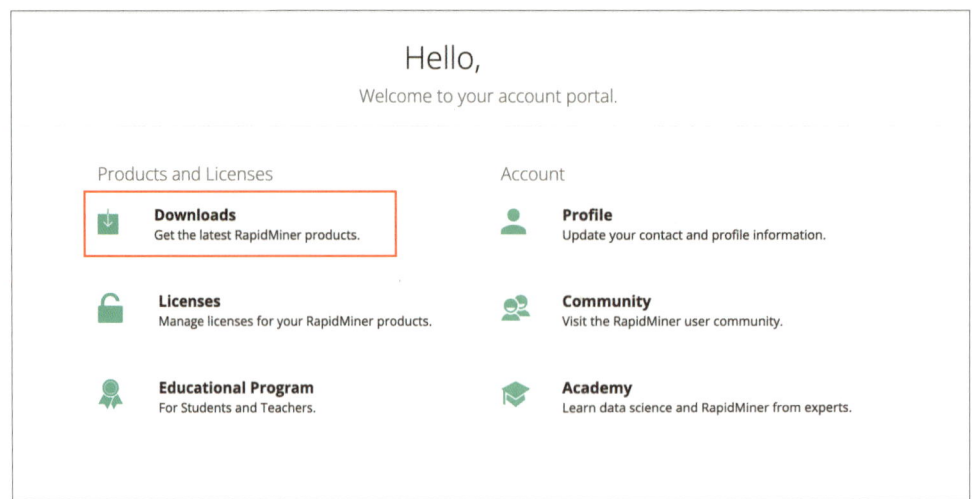

[그림 2-2] 회원가입 완료 후 Downloads 클릭하기

회원가입을 완료한 후에는 Downloads을 클릭하여 설치를 진행한다.

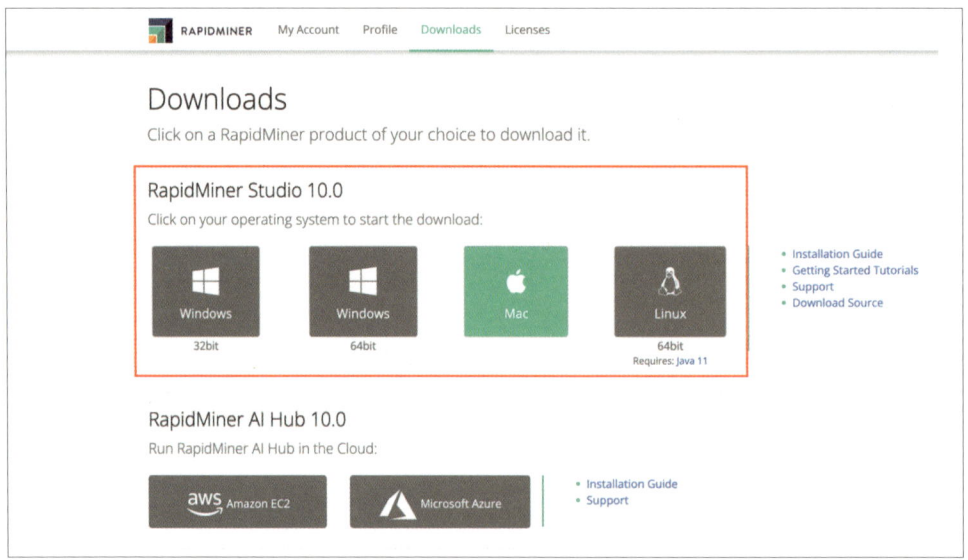

[그림 2-3] 각 운영체제에 맞는 RapidMiner Studio 설치하기

 Downloads를 클릭한 뒤, 운영체제에 맞는 RapidMiner Studio를 설치한다. Windows의 경우에는 32bit와 64비트가 있는데 [윈도우 키] → [설정] → [시스템] →[정보] 에서 시스템 종류를 확인할 수 있다.

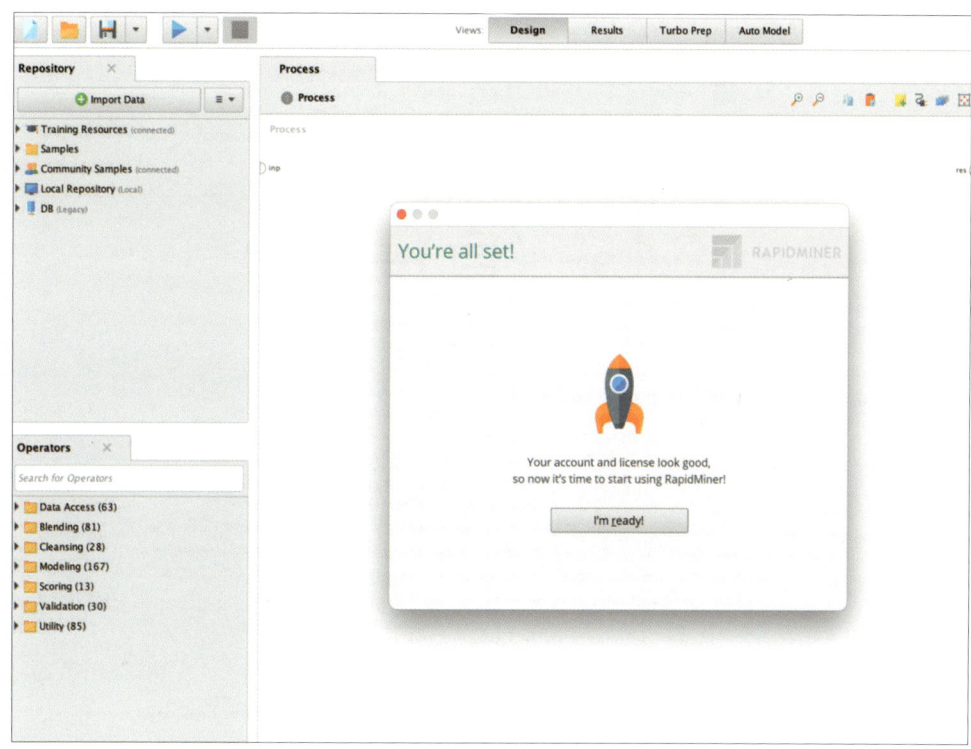

[그림 2-4] 설치 완료 후 RapidMiner 실행하기

설치된 RapidMiner를 실행한다. 그리고 가입할 때 기입한 이메일과 비밀번호를 다시 한 번 입력한다.

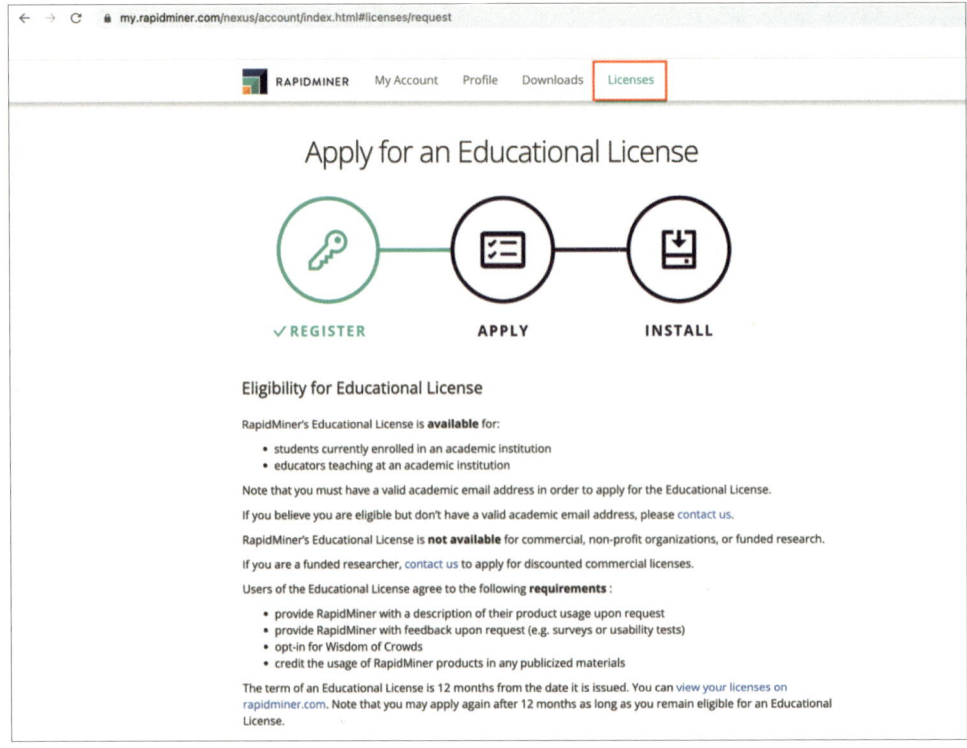

[그림 2-5] 교육용 license 신청

    학습용으로 사용하기 위해서는 교육용 license를 신청해야 한다. 교육용 license를 신청하기 위해서는 https://my.rapidminer.com/nexus/account/index.html#licenses/request 에 접속하여 Licenses를 클릭한다.

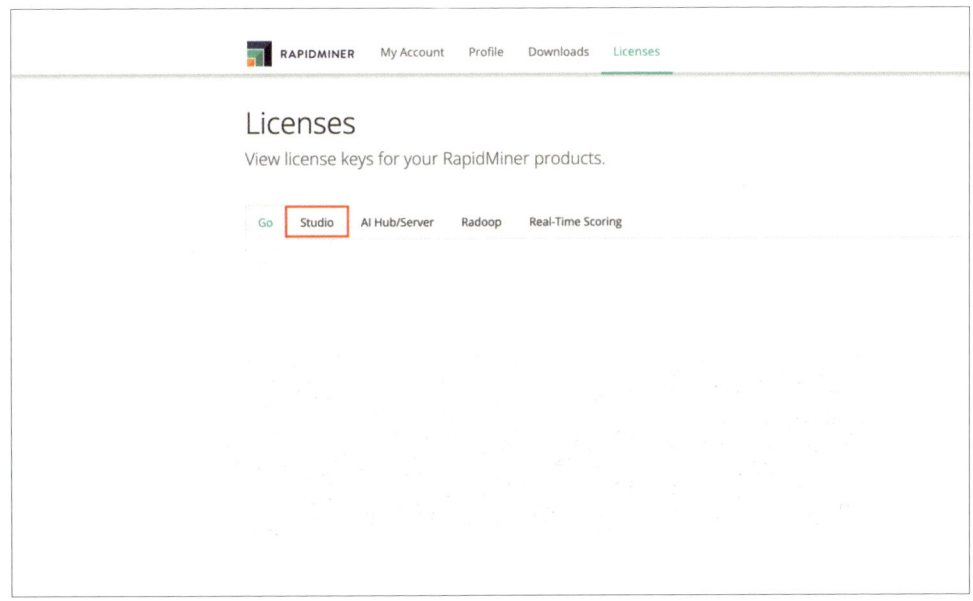

[그림 2-6] Studio 클릭

[그림 2-6]과 같이 나온 화면에서 Studio를 클릭해 준다. 다음으로 교육용 license key 버튼을 클릭한다.

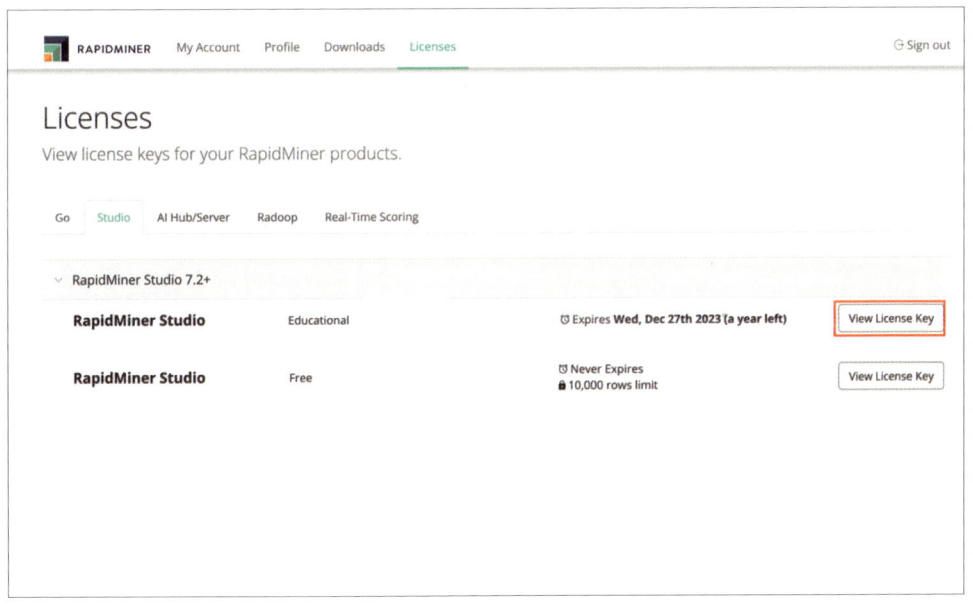

[그림 2-7] 교육용 license key 버튼 클릭

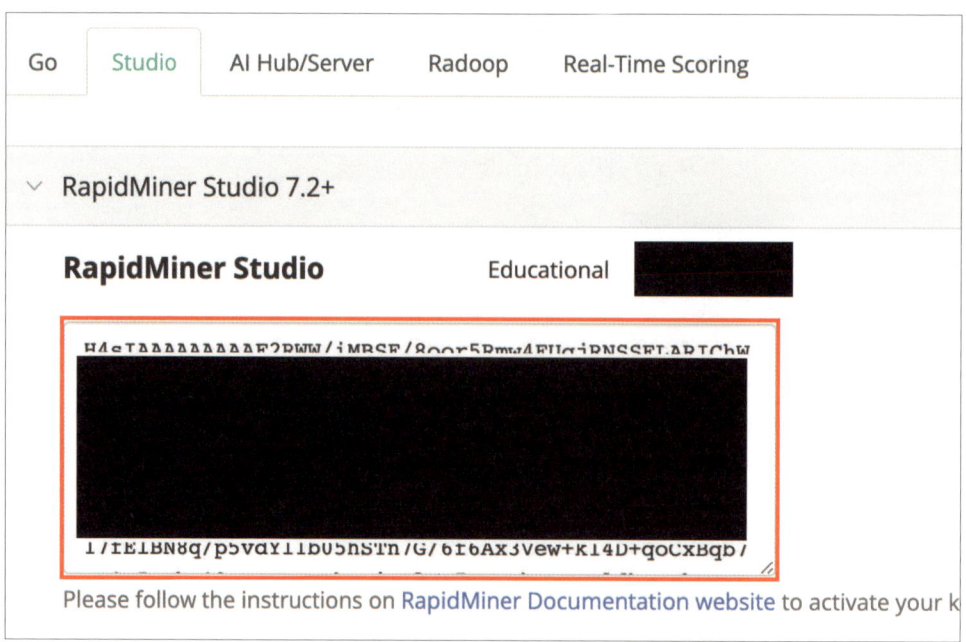

[그림 2-8] 버튼 클릭 후 license key를 전체 선택하여 복사

View License Key를 클릭하면 [그림 2-8]처럼 license key가 나오게 되고 이를 전체 선택하여 복사해 둔다.

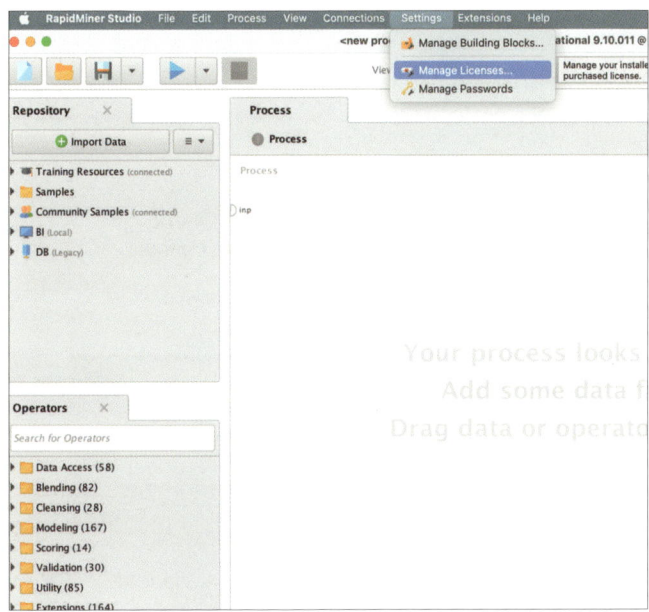

[그림 2-9] RapidMiner Studio

다시 RapidMiner Studio로 돌아와 [Settings] - [Manage Licenses] 를 클릭한다.

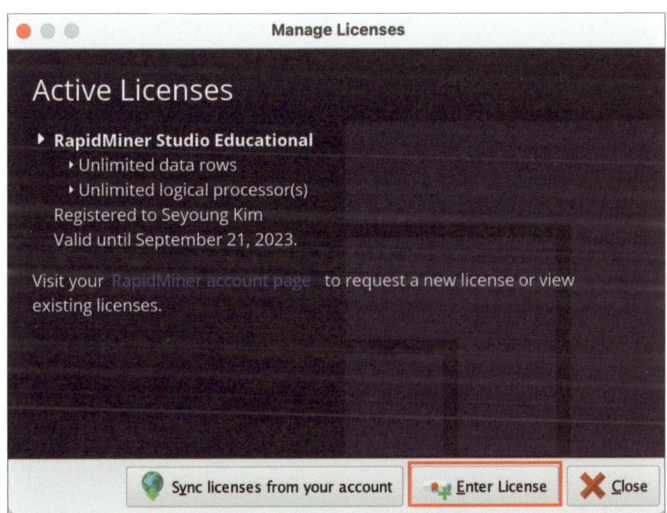

[그림 2-10] Enter License 클릭

클릭한 뒤 [그림 2-10]과 같은 화면이 나오면 그 화면 속에서 Enter License를 클릭해 준다.

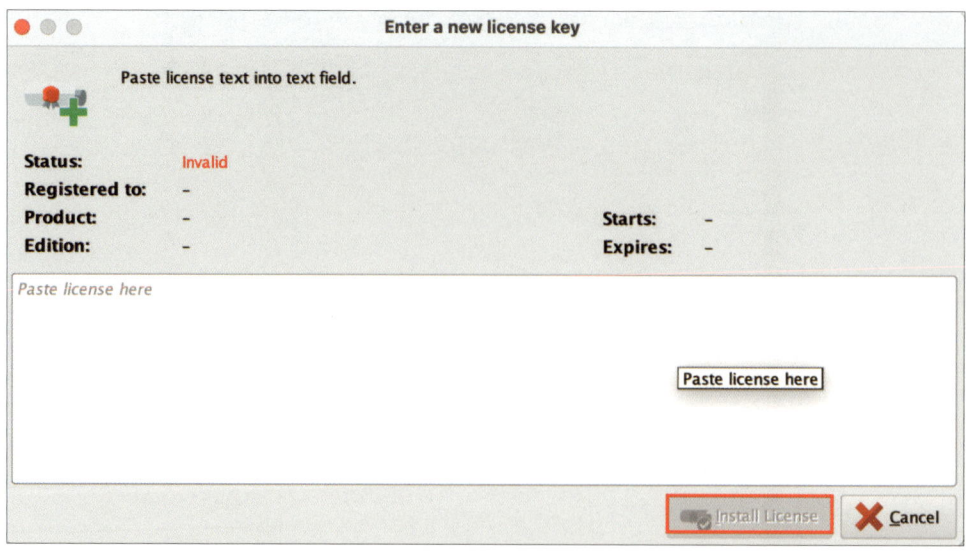

[그림 2-11] license key를 빈칸에 입력하고 Install License 버튼 클릭

[그림 2-11]의 Paste license here에 아까 복사해 두었던 license key를 붙여넣기 해 준다. 교육용 license는 1년 주기로 초기화되므로 1년 주기로 갱신해주어야 한다. 다시 RapidMiner Studio로 돌아가 보자.

RapidMiner Studio의 초기 화면은 [그림 2-12]와 같다. 뷰에서 Design을 선택할 수 있으며, File, Edit과 같은 기본 메뉴들과 View 창, 저장소 창, 프로세스 창, 파라미터 창, 오퍼레이터 창, 도움말 창으로 구성되어 있다.

- 오퍼레이터 창
  관련이 있는 오퍼레이터들끼리 7개의 폴더로 이루어져있으며 Data Access, Blending, Cleansing, Modeling, Scoring, Validation, Utility가 있다.
- 저장소 창
  저장소는 데이터, 분석 프로세스, 분석 결과 등을 저장하는 인터페이스이다.
- 프로세스 창
  프로세스는 실제로 분석을 하는 작업 공간이다. 저장소를 이용하고 분석을 하는데 필요한 오퍼레이터를 활용하여 프로세스 창에 배치하고 잘 연결시켜서 원하는 분석 결과를 얻어낸다.

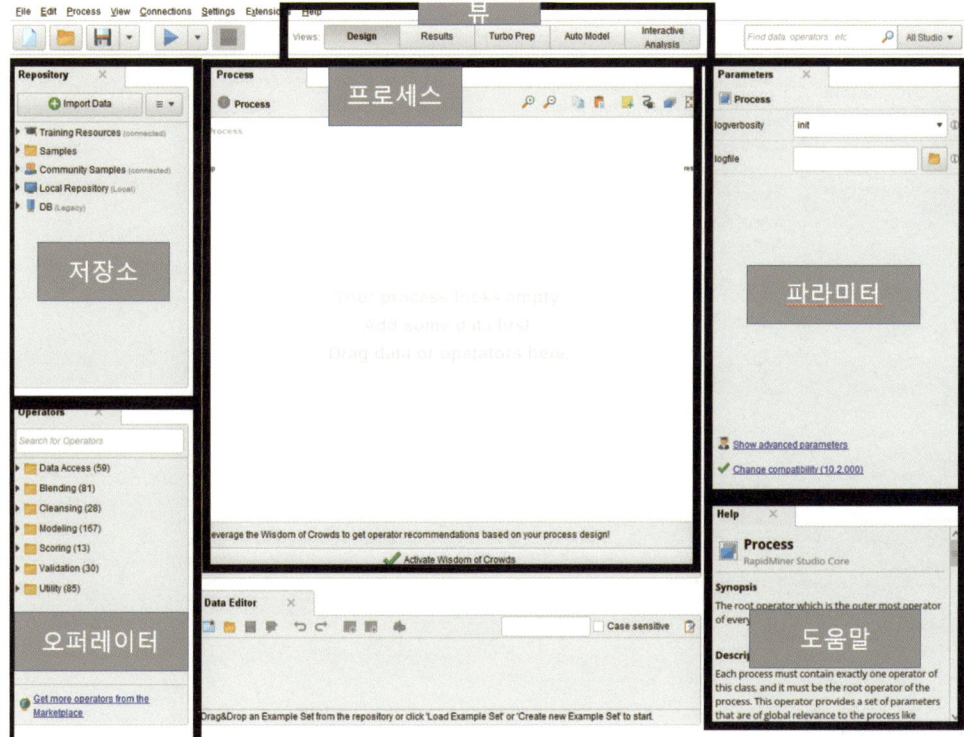

[그림 2-12] RapidMiner Studio 초기 화면

- 파라미터 창

    오퍼레이터를 선택하면 오퍼레이터마다 필요한 파라미터 값이 있다. 파라미터 창에서는 파라미터 값을 설정할 수 있다.

- 도움말 창

    오퍼레이터에 대한 정보를 제공받을 수 있다.

데이터를 다루기에 앞서서 앞으로의 원활한 실습을 위해서 Repository를 생성하자.

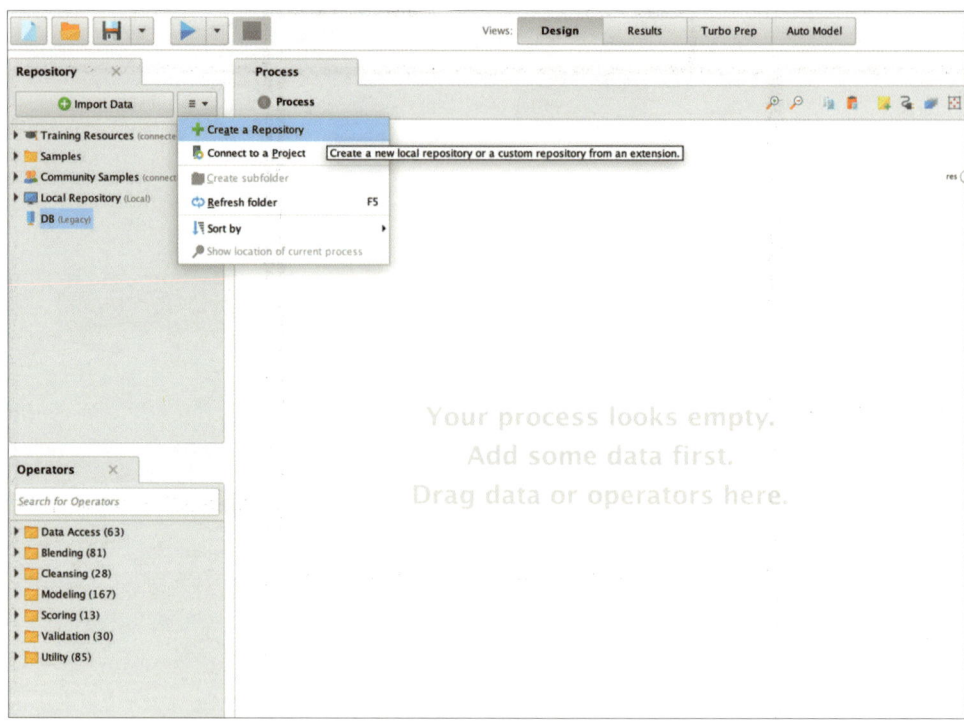

[그림 2-13] Create a Repository 버튼 클릭

Create a Repository 버튼을 클릭하여 Repository를 생성한다.

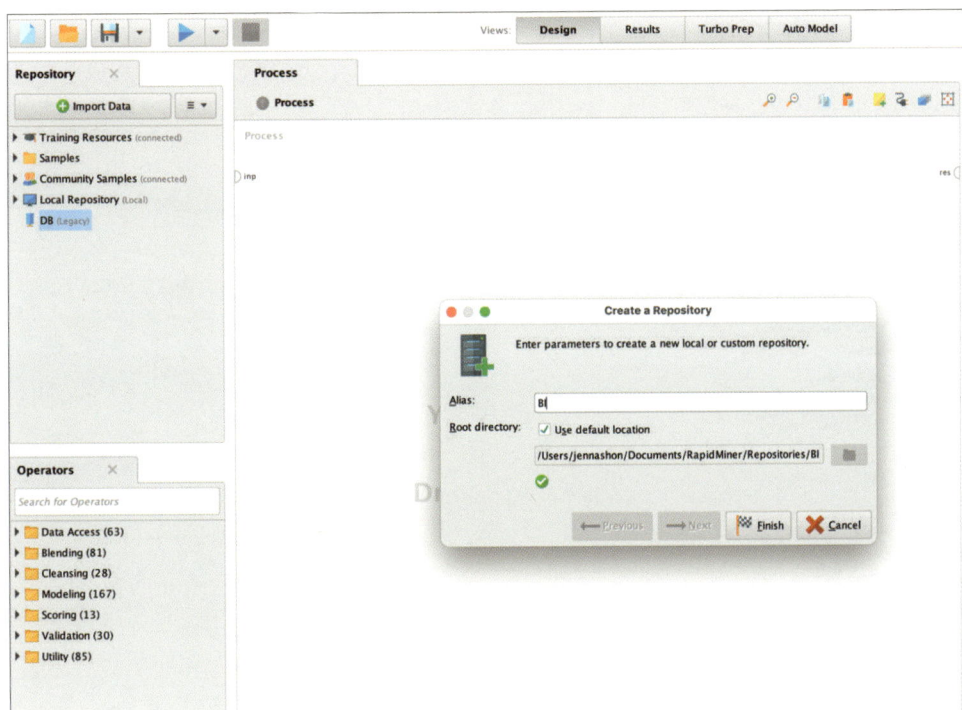

[그림 2-14] 원하는 이름으로 설정 후 Finish 클릭

필자는 BI로 Repository를 생성해 주었다. 원하는 이름으로 자유롭게 설정한 후 Finish 버튼을 클릭하고 완료한다.

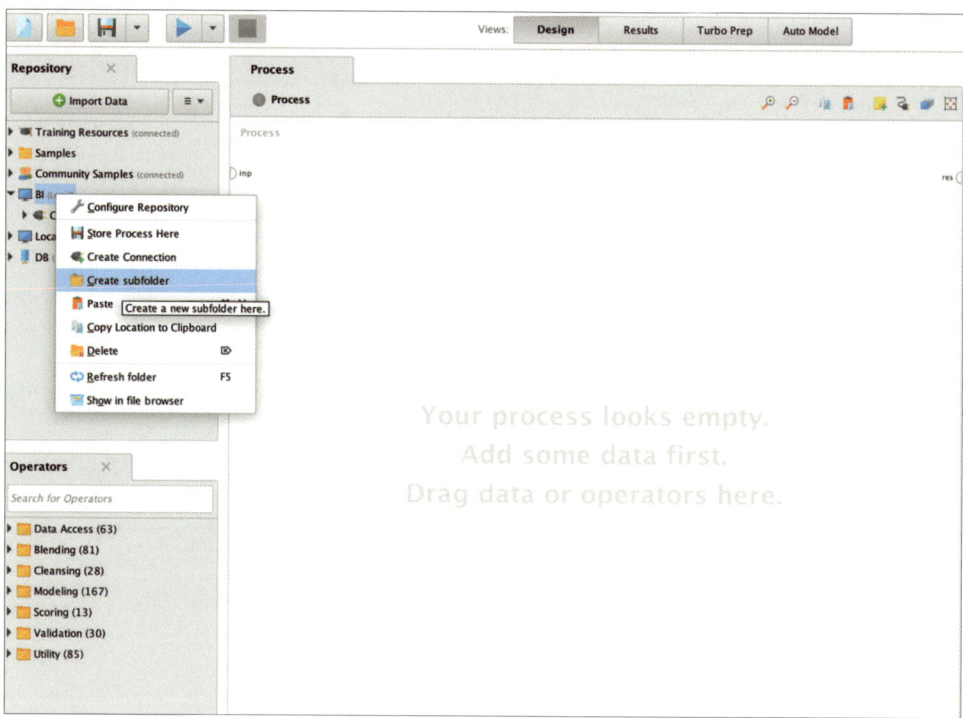

[그림 2-15] Create subfolder 버튼을 누름

    Repository의 하위 폴더인 Data, Process를 만들어야 한다. 따라서 만들어진 Repository를 클릭한 후에 마우스 오른쪽을 눌러주면 여러 옵션들이 나타나는데 Create subfolder를 눌러주자.

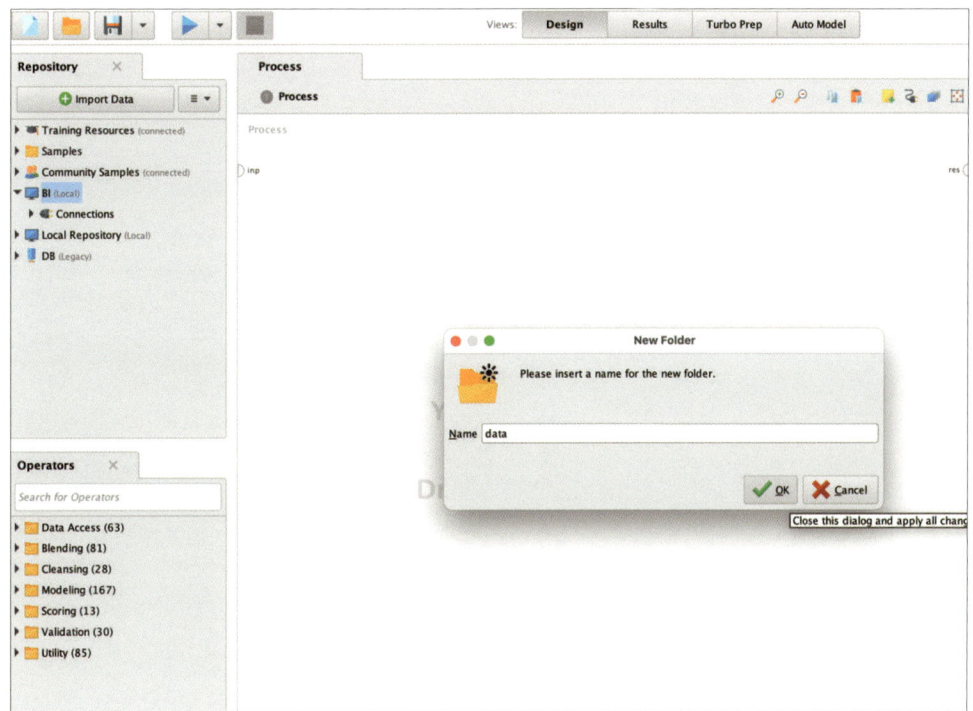

[그림 2-16] 폴더 이름 설정하기

실습할 때 필요한 데이터들을 모아 둘 폴더를 data라는 이름으로 설정한다.

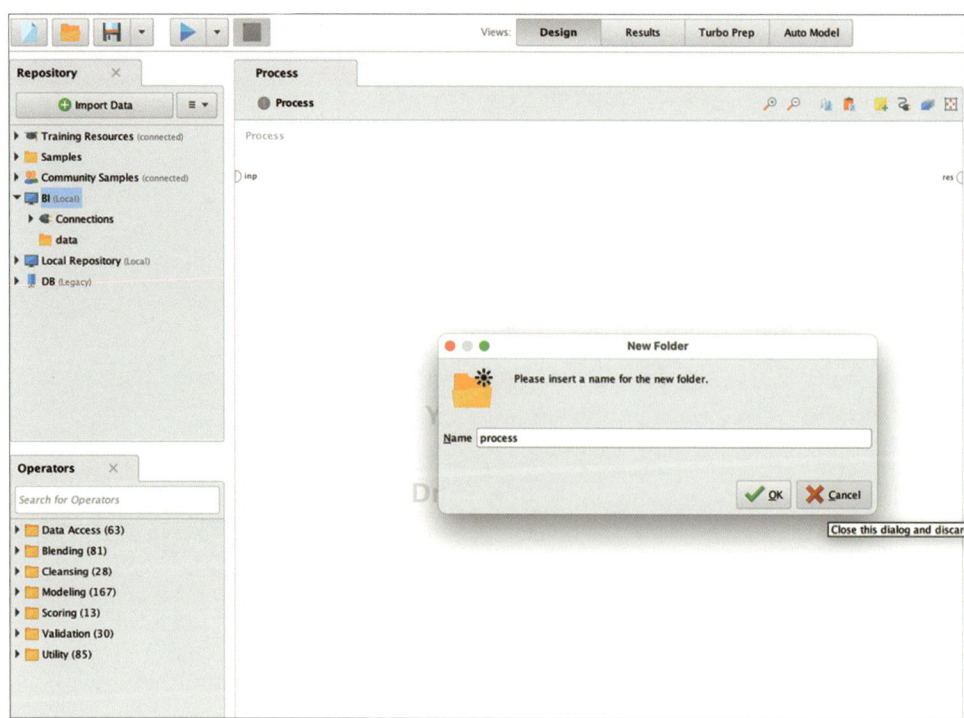

[그림 2-17] 같은 방식으로 하위 폴더 생성하기

같은 방법으로 실습을 위한 process 파일들을 정리해 둘 폴더의 이름을 process로 하여 생성한다.

chapter 3
RapidMiner를 이용한 데이터 전처리

애널리틱스를 진행하기 전, 데이터 분석이 용이하도록 데이터 전처리 과정을 거쳐야 하며 데이터 전처리의 주요 과정은 sampling, exploring, transforming으로 이루어진다. 각 과정을 RapidMiner를 사용하여 진행해 보자.

데이터 전처리_sampling

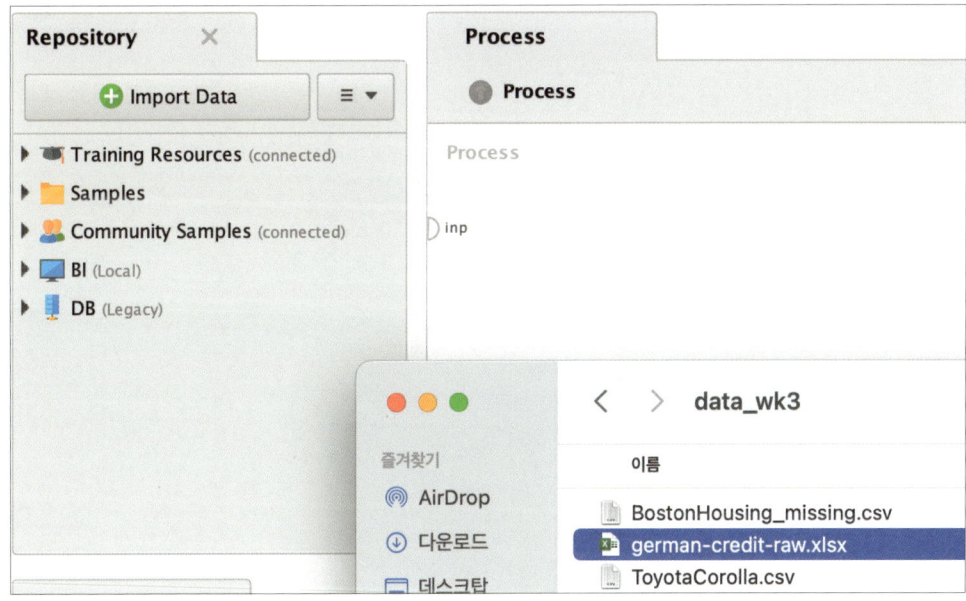

[그림 3-1] 분석할 데이터 프로세스 창에 옮기기

German-credit-raw.xlsx 파일을 왼쪽 마우스 클릭을 유지한 채로 끌어서 process 창으로 가져온다. 이후, Next 버튼을 눌러서 다음 단계로 넘어간다.

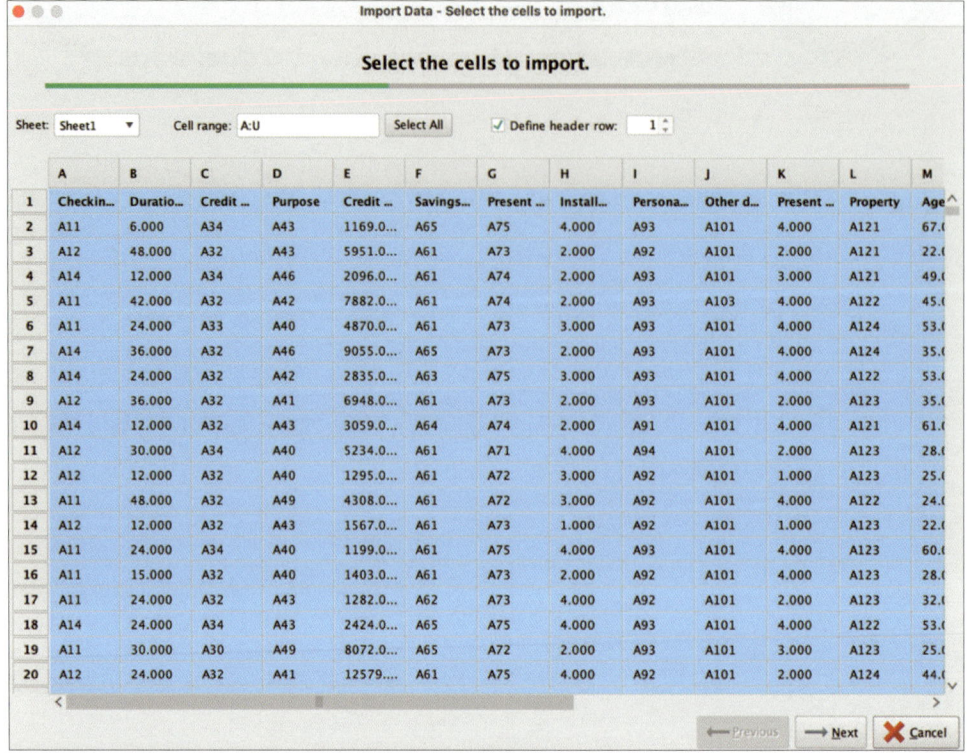

[그림 3-2] 데이터 불러오기

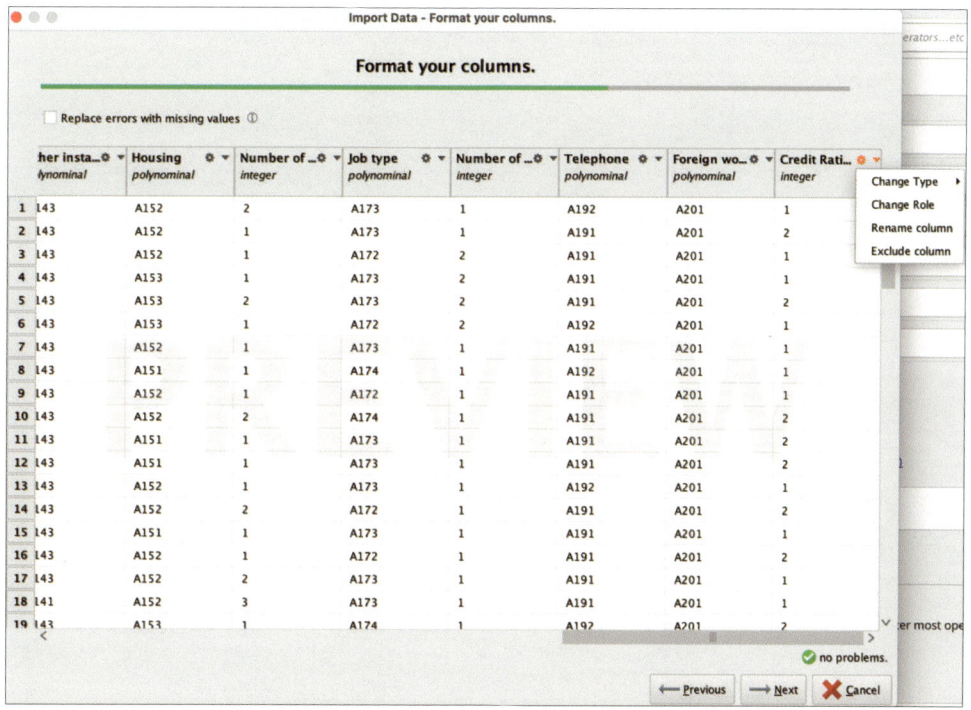

[그림 3-3] Credit Rating에서 Change Role 클릭

데이터에서 종속변수를 따로 설정하기 위해서 종속변수로 사용할 Credit Rating 옆의 ▼을 눌러서 Change Role를 클릭한다.

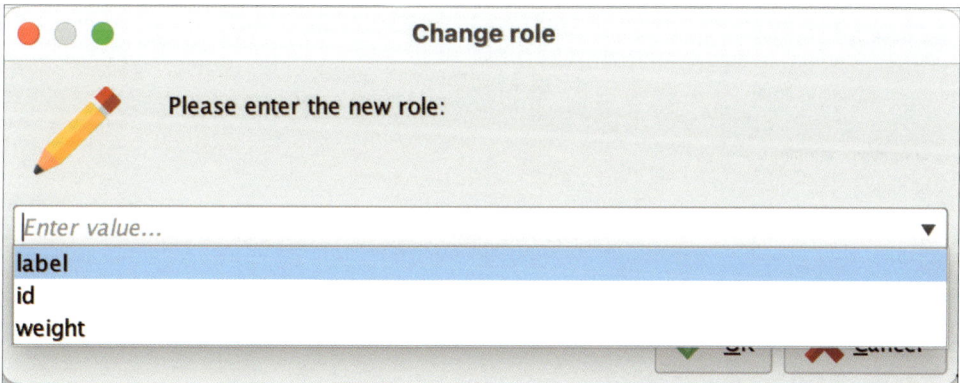

[그림 3-4] label로 바꿔서 종속변수 역할을 하도록 설정하기

RapidMiner에서는 label를 이용하여 종속변수 역할로 설정할 수 있다. 앞에서 만들어 두었던 BI에 저장한 뒤에 Finish를 클릭하여 완료한다.

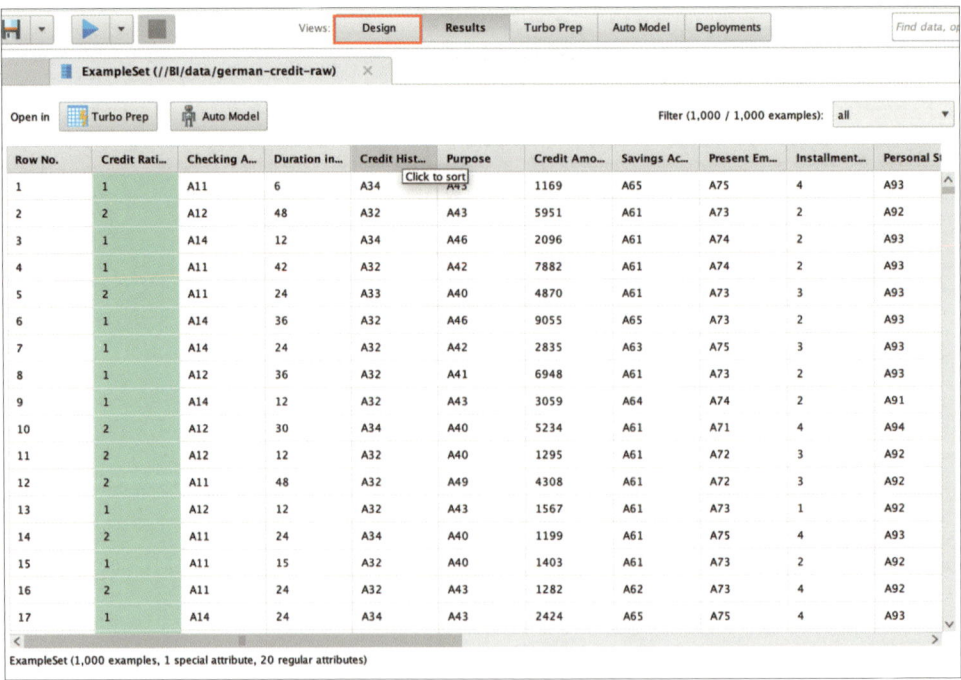

[그림 3-5] 저장 후 Design 패널로 넘어가기

저장 후에는 Results 뷰로 넘어가 불러온 데이터의 결과 값을 확인할 수 있다. 이제 데이터 분석을 위해 다시 Design 뷰로 넘어가도록 하자.

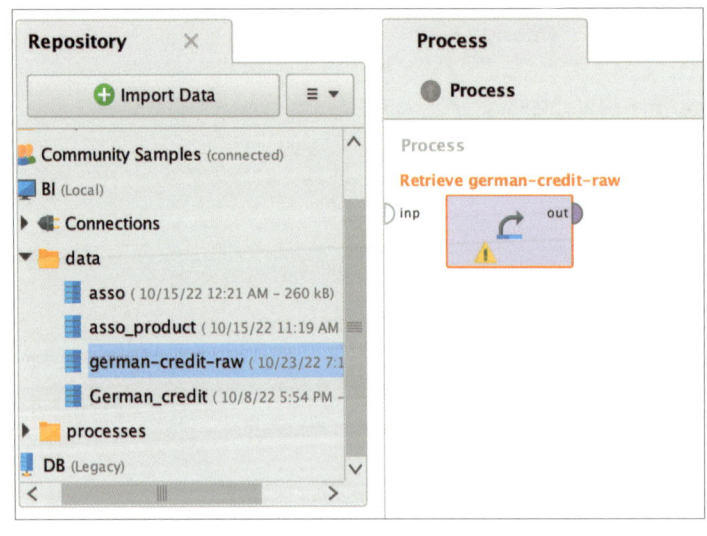

처리하고자 하는 데이터를 끌어온다.

[그림 3-6] 저장한 파일을 프로세스 창으로 끌어서 옮기기

[그림 3-7] 원본 데이터 확인

분석하기에 앞서 데이터를 살펴보기 위해 데이터의 out(output) 부분을 process 창 오른쪽에 res(result)로 연결해 준다. 그리고 process 창 위의 파란색 삼각형을 클릭하여 실행한다.

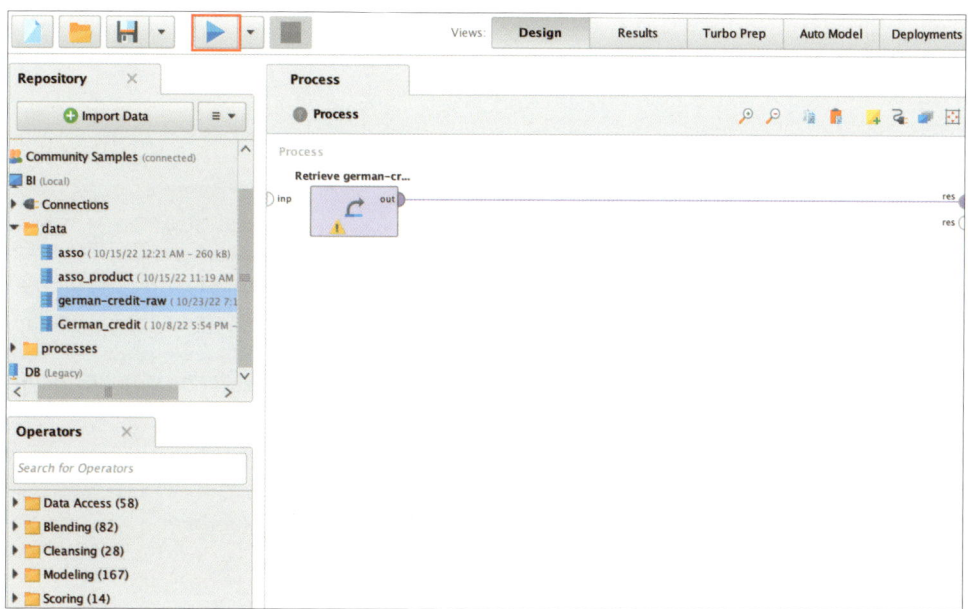

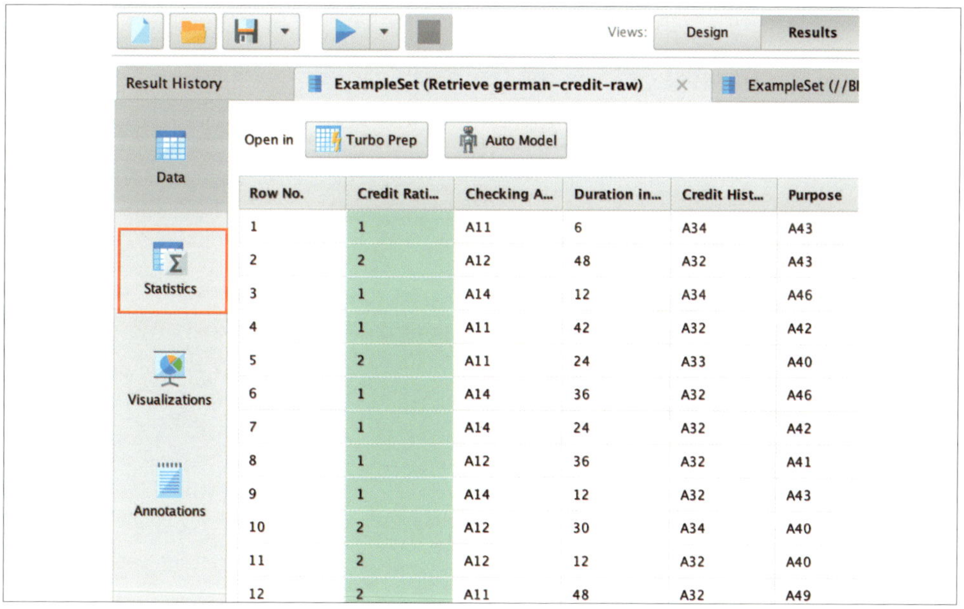

[그림 3-8] 1(good)과 2(bad)의 분포를 확인하기 위해 Statistics 클릭

chapter 3 | RapidMiner를 이용한 데이터 전처리 31

현재 데이터가 종속변수의 분포가 적절한지 아닌지 빠르게 파악하기 위해 Statistics를 클릭하고 확인해 본다.

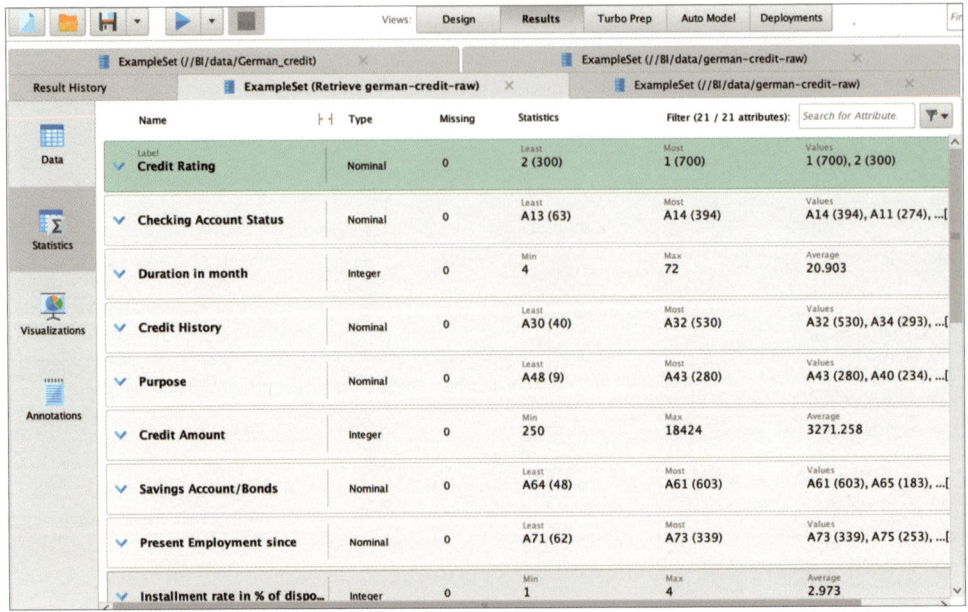

[그림 3-9] 분포 확인

Statistics를 누르면 뜨는 창이다. 1(good)이 700개, 2(bad)가 300개로 현재 데이터의 분포는 imbalanced data set 이라는 것을 확인했고, 더 좋은 분석을 위해서 balanced data set으로 바꿔 보자. Imbalanced data set은 종속변수의 범주 분포가 유사하지 않은 data set을 의미하며, balanced data set은 종속변수의 범주 분포가 동일하거나 유사한 data set을 의미한다.

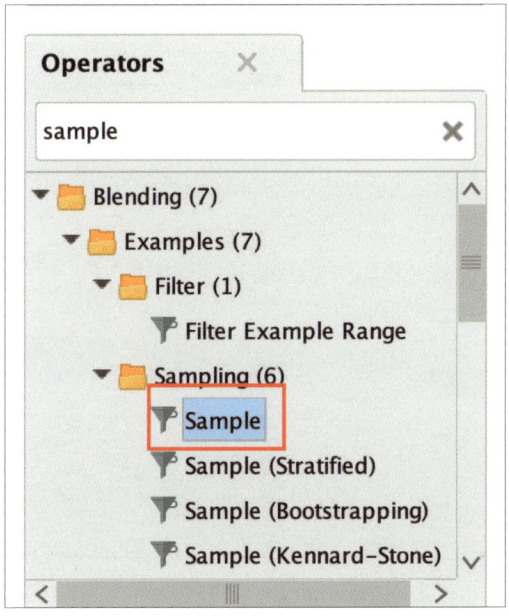

데이터를 가공하기 위해 오퍼레이터 창에서 Sample 오퍼레이터를 찾는다. 타이핑을 하면 쉽게 찾을 수 있다.

[그림 3-10] Operators에서 Sample 찾기

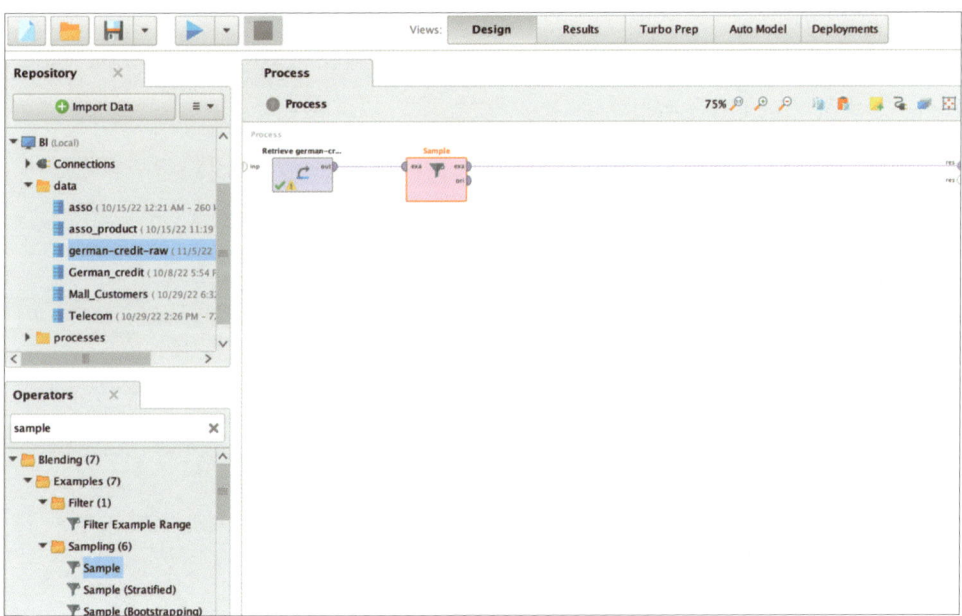

[그림 3-11] Sample operator를 process 창에 가져온 후 result 포트에 연결

Sample 오퍼레이터에서 선택할 수 있는 파라미터를 목적에 맞게 설정한다.

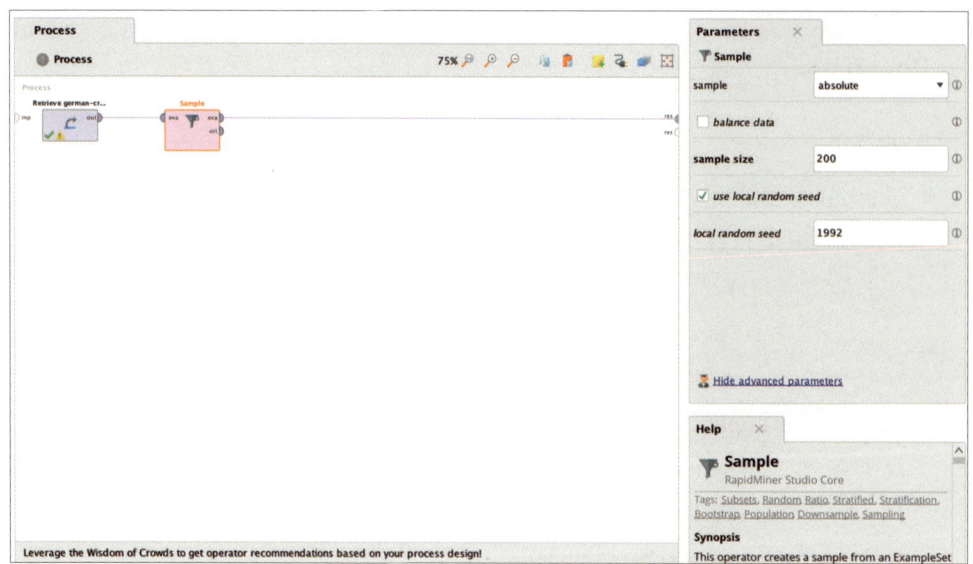

[그림 3-12] Process창의 Sample operator 클릭 후 Parameter에서 sample size 조정하기

Sample size는 100으로 설정해 준다. [그림 3-12]와 다르게 옵션이 적게 보인다면 파라미터 창 하단 Show advanced parameters를 클릭한다. Sample을 랜덤하게 size만큼 뽑는데, 만약 실험을 할 때마다 동일한 샘플을 뽑아서 동일한 결과를 얻고 싶다면 use local random seed를 클릭하여 seed 값을 설정해 준다.

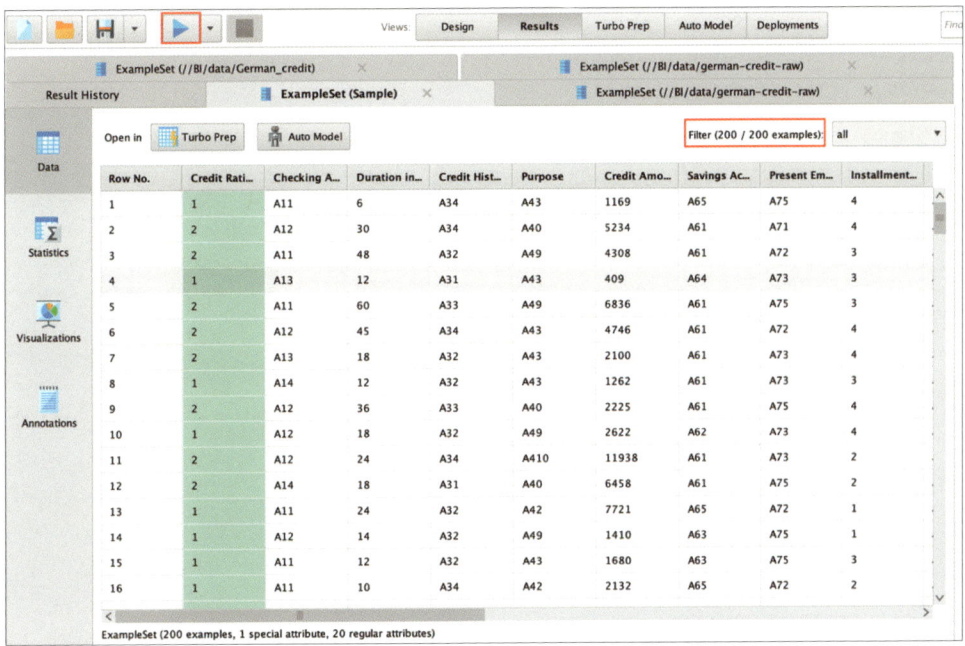

[그림 3-13] 실행 버튼 클릭 후 조정한 sample size에 맞게 뽑혔는지 확인하기

[그림 3-13]과 같이 200개의 sample을 성공적으로 뽑아냈다. 뽑아낸 sample의 분포를 알아보기 위해 Statistics를 클릭하여 Credit Rating(종속변수)의 분포를 확인해 보자.

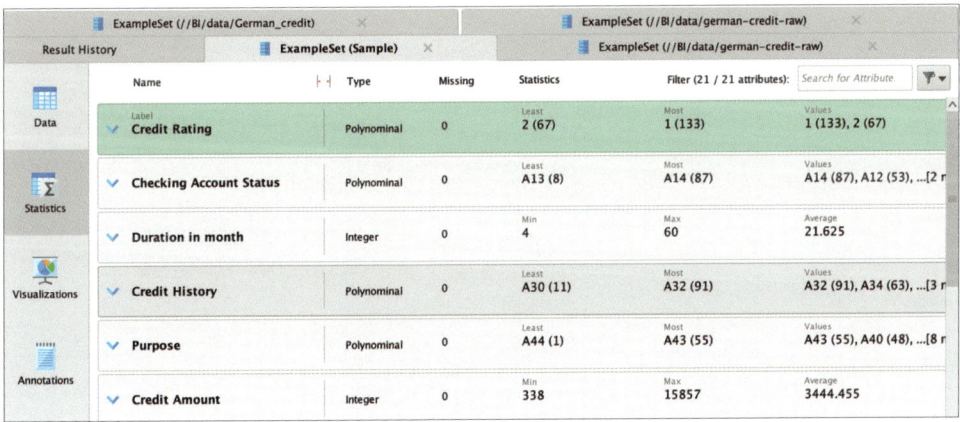

[그림 3-14] sample 분포 확인

parameters에서 표본을 absolute로 설정하였고 동일하게 현재도 분포는 unbalanced이다.

chapter 3 | RapidMiner를 이용한 데이터 전처리 35

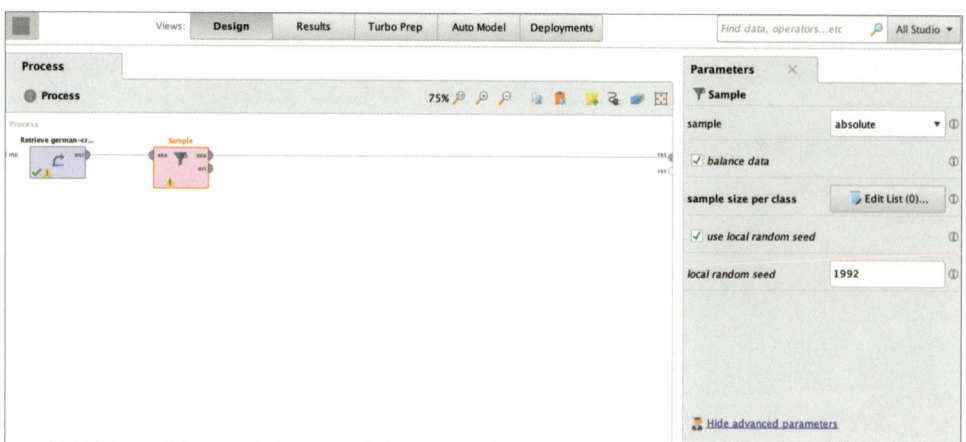

[그림 3-15] balance data 박스 체크

Balanced data set으로 Sample을 뽑기 위해서는 balance data 박스에 체크를 해 준다. 그리고 Edit List 버튼을 클릭한다.

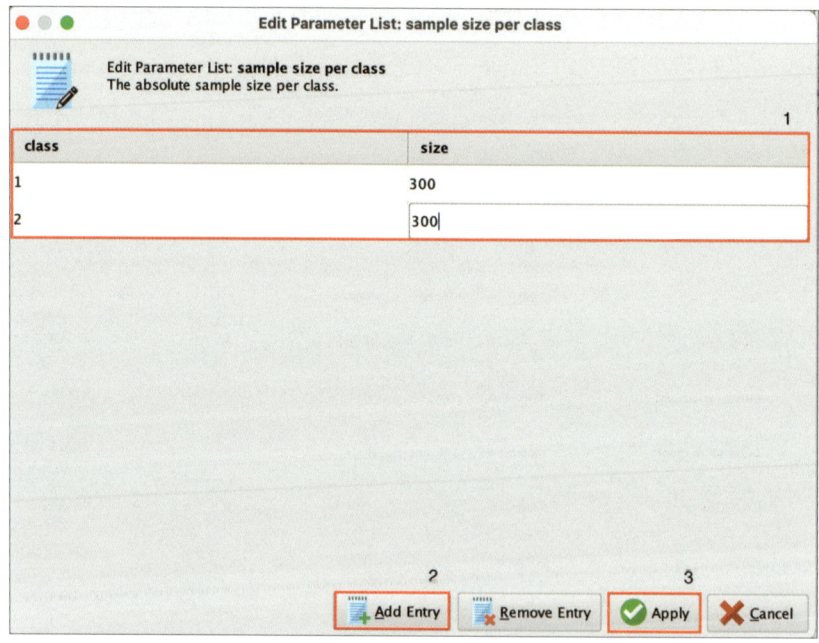

[그림 3-16] class에 각 항목 및 size 입력 후 Apply 버튼 누르기

각각의 클래스에 원하는 size를 입력하고 Apply 버튼을 클릭한다.

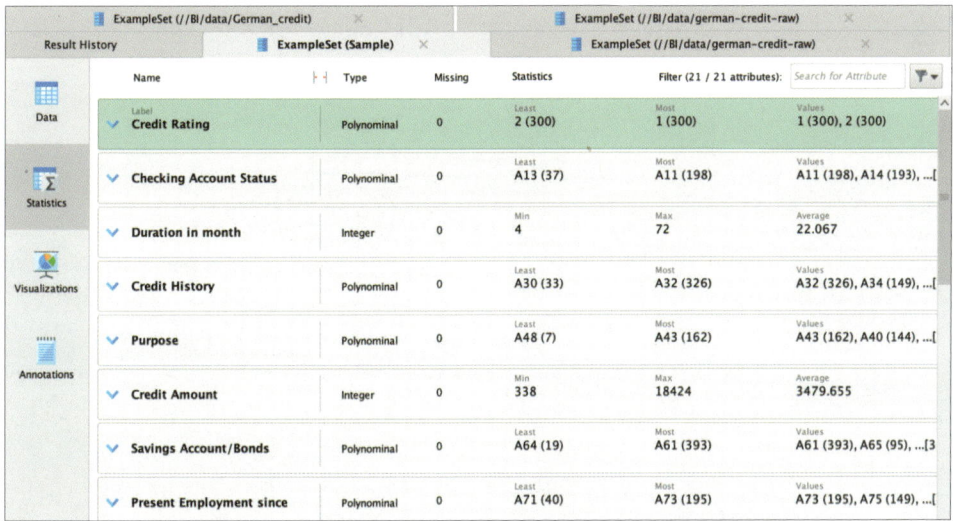

[그림 3-17] 실행 후 Statistics에서 균등한 분포를 가진 것을 확인하기

실행 후에 Statistics 버튼을 클릭하고 balance data인지 확인한다. 원하는 대로 종속변수 값이 균등한 분포를 가지고 있다.

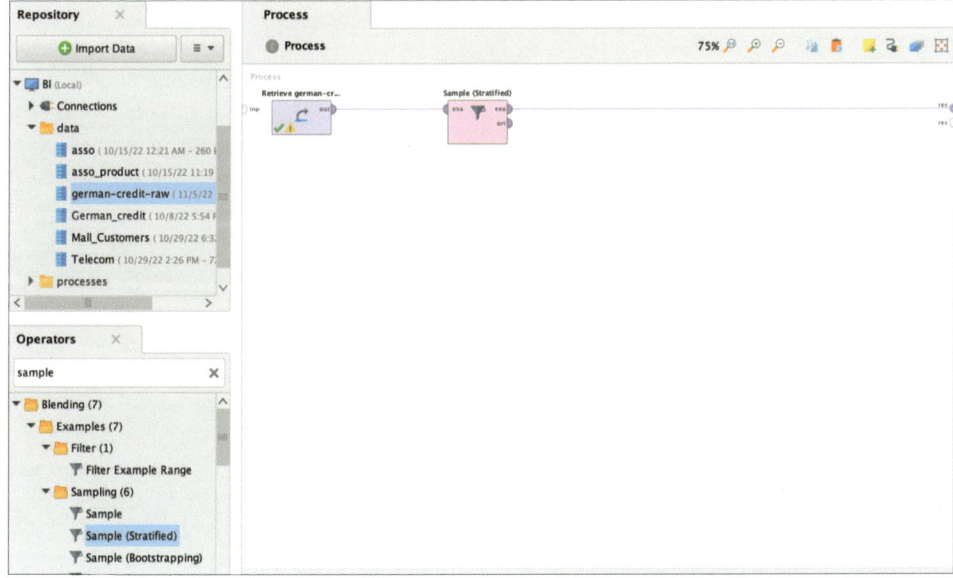

[그림 3-18] Process 창에서 Sample operator 지우고 Sample(Stratified) operator 가져오기

이번에는 Operators에서 Sample이 아닌 Sample(Stratified)을 이용하여 Sample을 뽑

chapter 3 | RapidMiner를 이용한 데이터 전처리 37

아본다. 지금까지 했던 Sample Operator를 프로세스에서 지워주고 Operators 창에서 Sample(Stratified)를 가지고 온다.

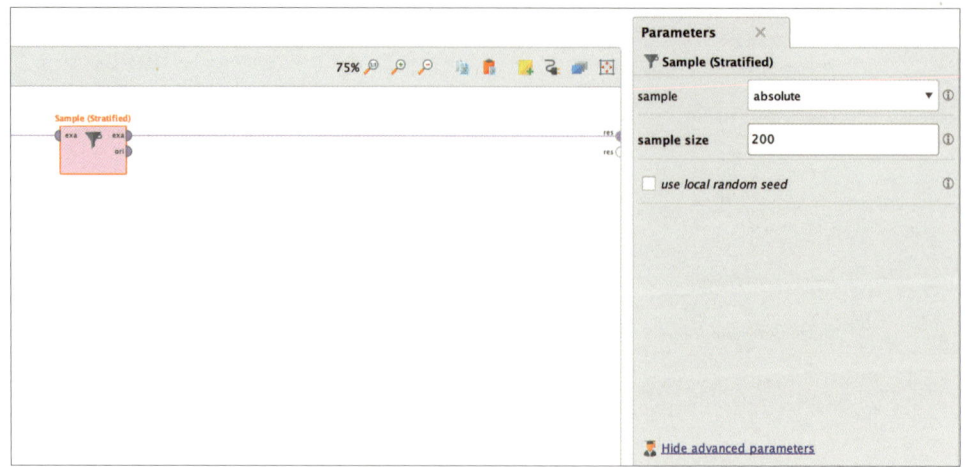

[그림 3-19] Sample(Stratified) operator 클릭 후 Parameters에서 sample size 조정하기

전과 동일하게 parameters에서 파라미터를 조정할 수 있는데 sample size를 200으로 추출해보자.

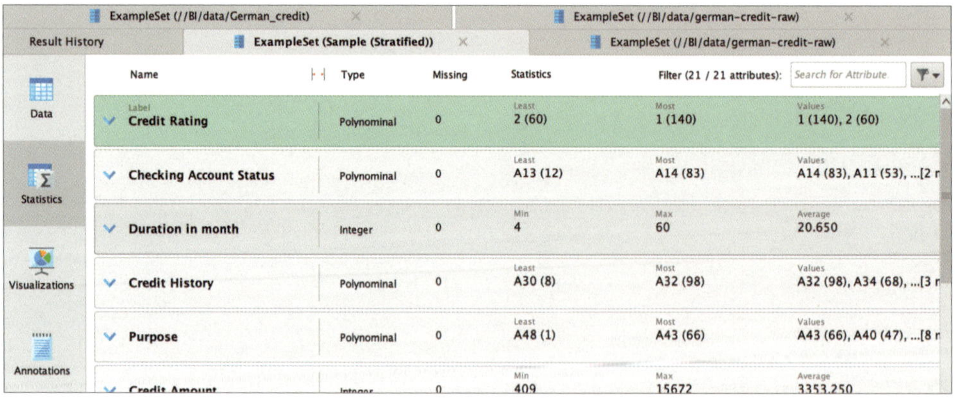

[그림 3-20] 실행 버튼 클릭 후 Statistics에서 분포 확인하기

실행시킨 후 Result View에서 동일하게 Statistics에서 종속 변수의 값이 어떤 분포를 가지고 있는지 확인해 보면 7:3의 비율로 맞춰진 것을 확인할 수 있다.

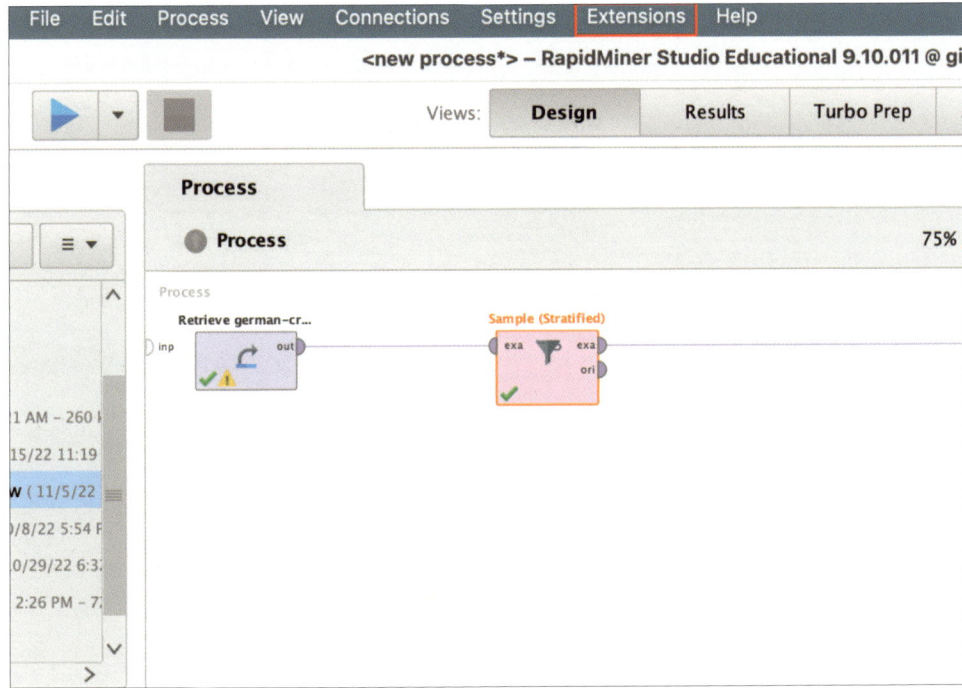

[그림 3-21] Extensions 클릭

OverSampling을 하기 전에, 기본적으로 있는 RapidMiner에는 오버샘플링 기능이 없으므로 Extensions에서 추가로 설치해야 한다.

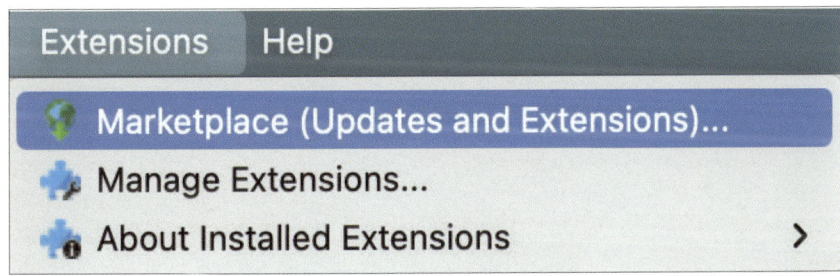

[그림 3-22] Marketplace 클릭

Extensions을 클릭한 후에 Marketplace를 클릭한다.

chapter 3 | RapidMiner를 이용한 데이터 전처리   39

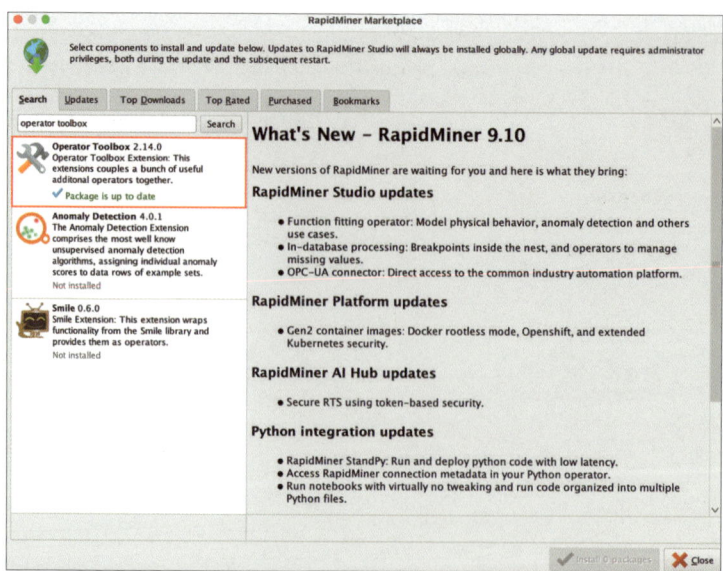

[그림 3-23] Operator toolbox

Operator toolbox를 검색한 후, 설치/재시동 의사를 물으면 재시동 한다.

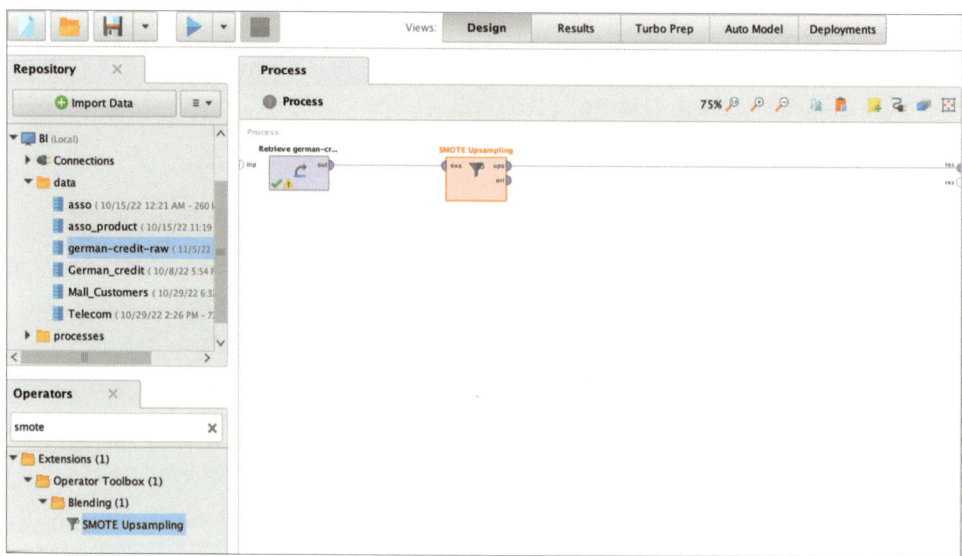

[그림 3-24] 설치 후 SMOTE Upsampling operator를 Process 창에 가져와 연결하기

설치 후에 Operators에 smote를 검색 후에 SMOTE Upsamling operator를 process 창에 끌고 와 데이터와 연결한다.

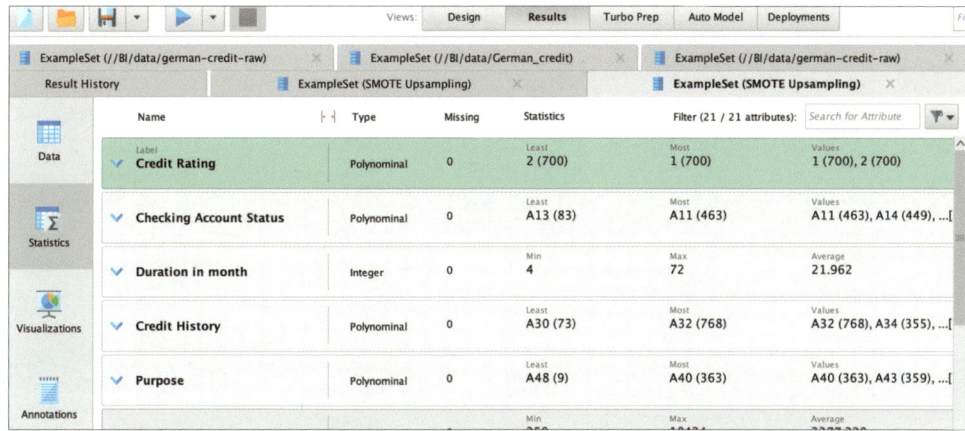

[그림 3-25] 실행 후 Statistics에서 upsampling 되었는지 확인

실행 후 Results View에서 Statistics를 확인해 보자. Credit Rating의 분포가 균일해진 것을 확인할 수 있다.

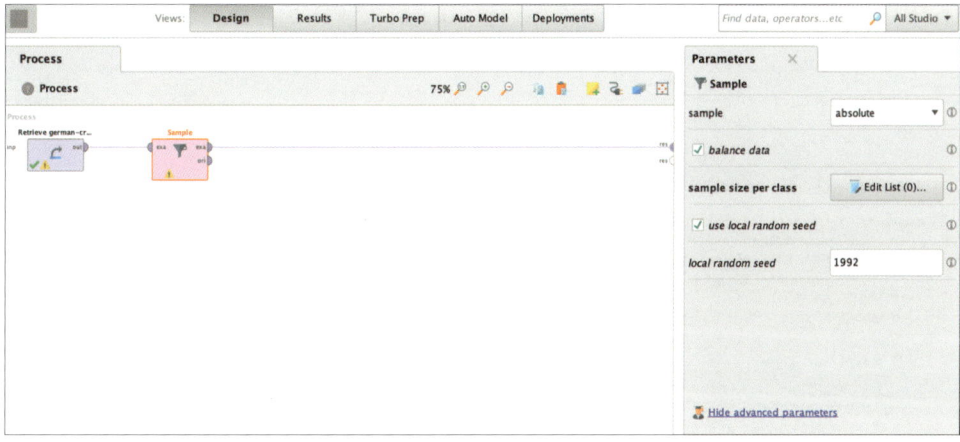

[그림 3-26] Design 패널

이번에는 Over Sampling(UpSampling)이 아닌 Under Sampling을 해보자. Design View로 돌아가 SMOTE Upsampling operator를 지우고 Sample operator를 다시 가져온다.

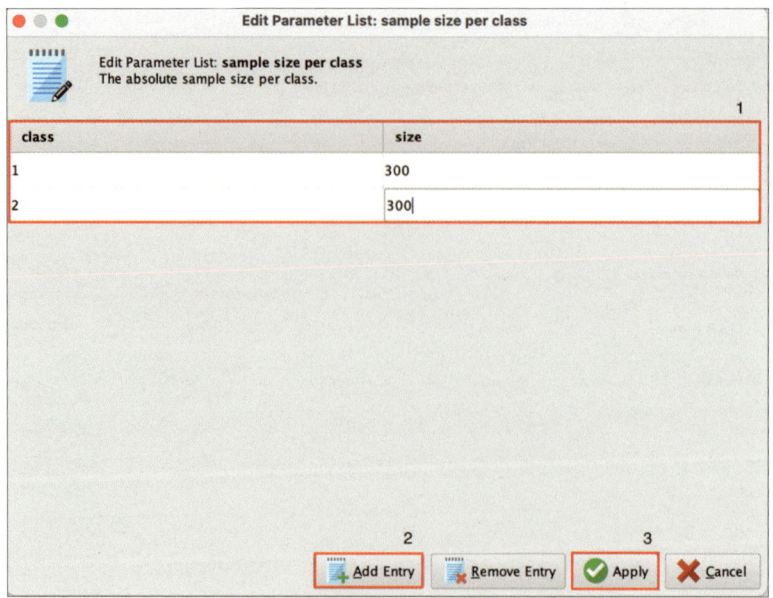

[그림 3-27] UnderSampling으로 구성하기

Parameter 창에서 balance data를 클릭 한 후에 Edit List에서 size를 300으로 동일하게 맞춘 후 Apply를 클릭한다.

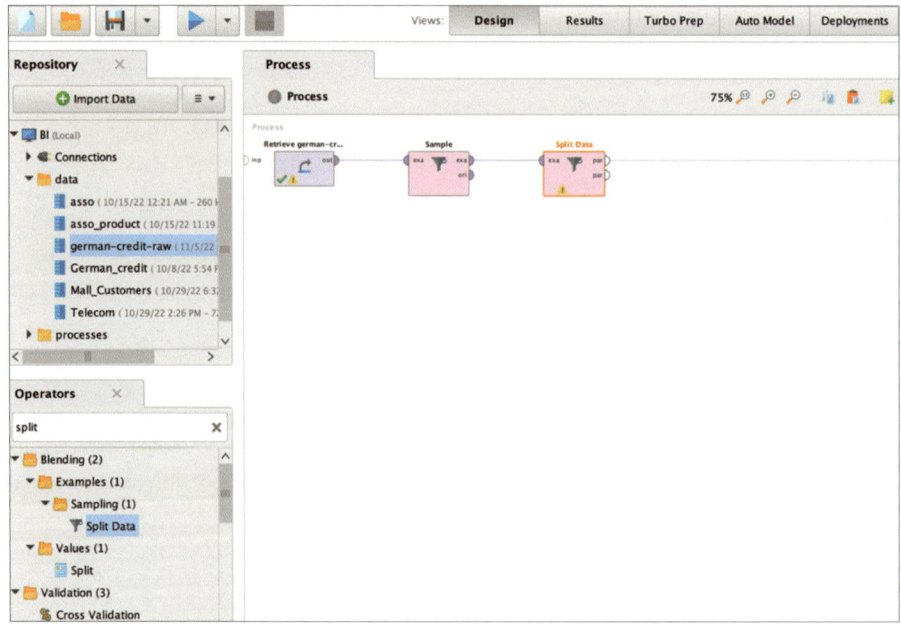

[그림 3-28] Split Data operator

42 비전공자를 위한 데이터 애널리틱스 활용서

Train과 Test 데이터로 나누기 위해 Operators 창에서 split을 검색한 후 Split Data Operator를 프로세스로 갖고 온다.

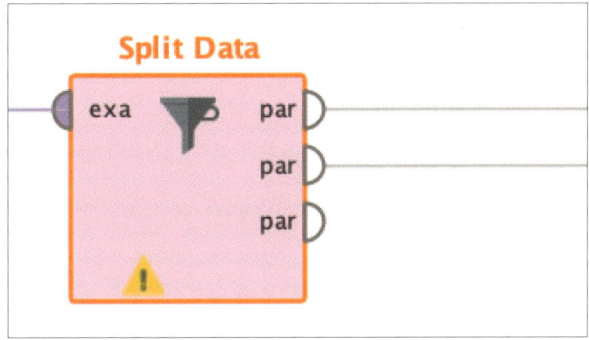

[그림 3-29] Split Data 실행

result에서 첫 번째는 Train, 두 번째는 Test 데이터이다.

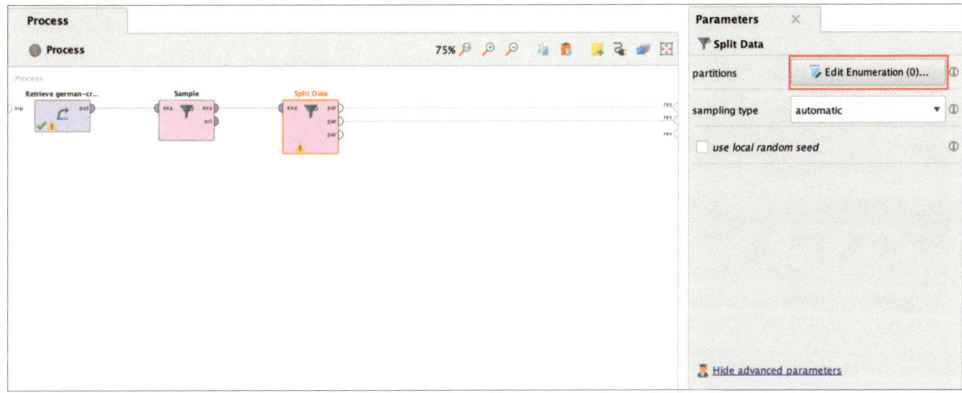

[그림 3-30] Process 창의 Split Data operator 클릭

Process 창에서 Split Data Operator를 클릭 후 Parameter를 조절한다. Partitions의 Edit Enumeration을 클릭한다.

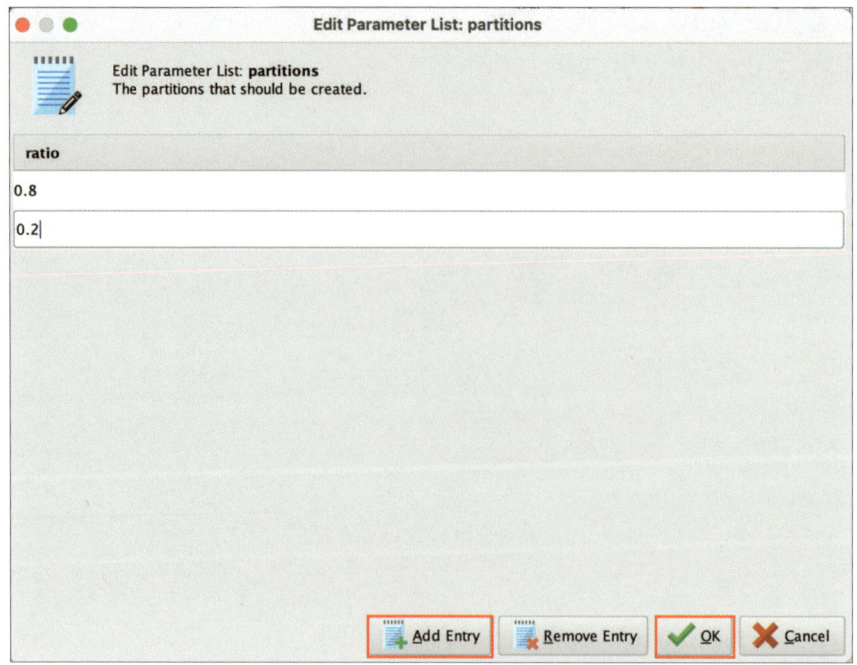

[그림 3-31] Train 데이터와 Test 데이터의 비율 조정

원하는 비율만큼 Train, Test 데이터의 비율을 조정 한 후에 OK를 클릭한다. 필자는 8:2로 설정하였기에 0.8과 0.2를 기입 후에 OK를 클릭했다.

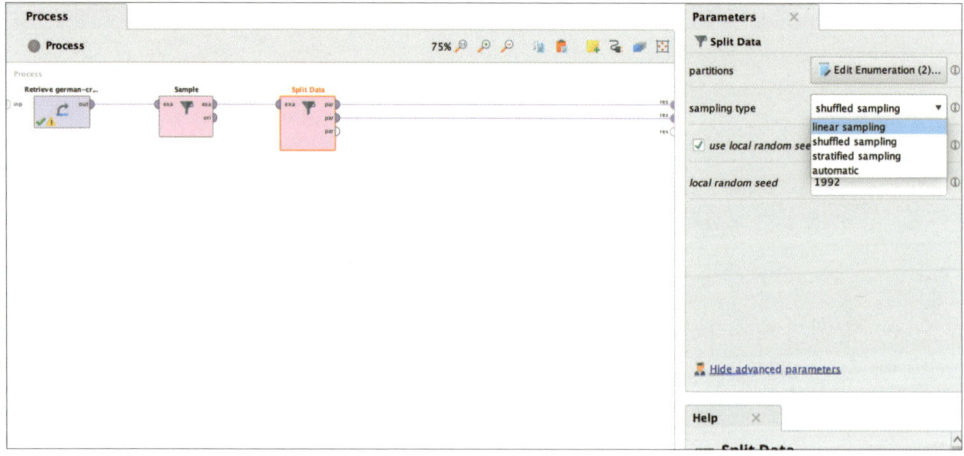

[그림 3-32] Split Data Parameters

Split Data Parameters에서는 Sampling type을 다양한 방법으로 하여 데이터 추출이 가능하다.

데이터 전처리_exploring

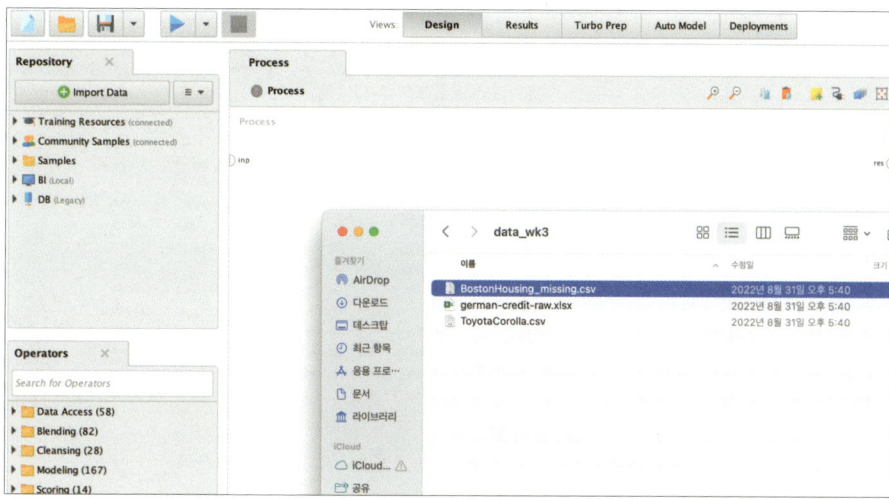

[그림 3-33] 데이터 Process 창에 가져오기

이번 장에서는 실습을 위해서 BostonHousing_missing.csv 데이터를 활용한다. 전 장과 동일하게 파일을 직접 프로세스로 끌어서 데이터로 사용한다.

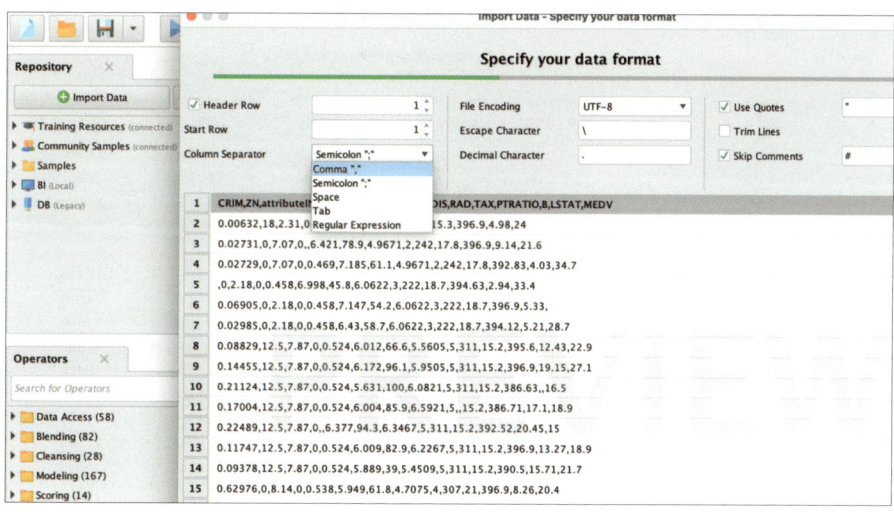

[그림 3-34] Column Separator 항목 Comma로 바꿔주기

현재 데이터는 Column Separator가 ","가 아닌 ";"로 되어있기 때문에 직접 ","로 수정한다.

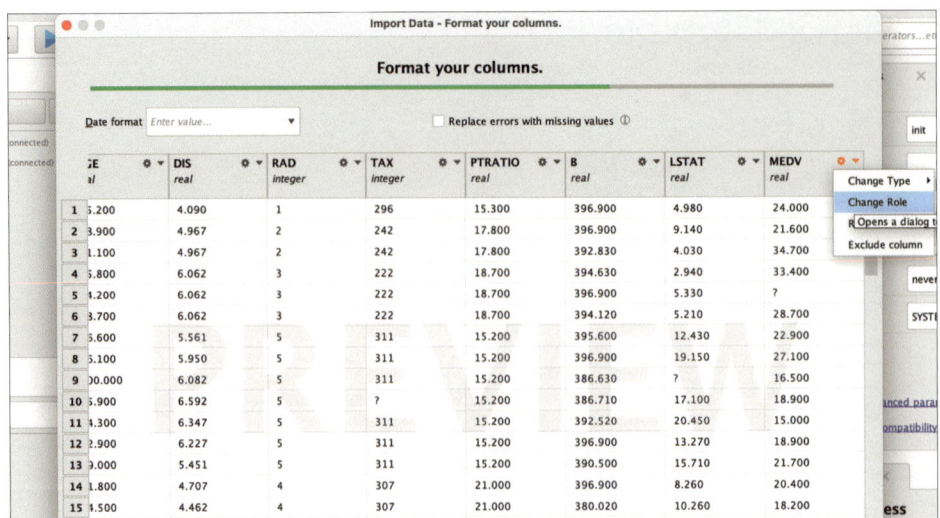

[그림 3-35] 종속변수 지정

현재 종속변수는 집값을 예측할 MEDV이기 때문에 이를 종속변수로 바꾸기 위해서 Change Role 버튼을 클릭한다.

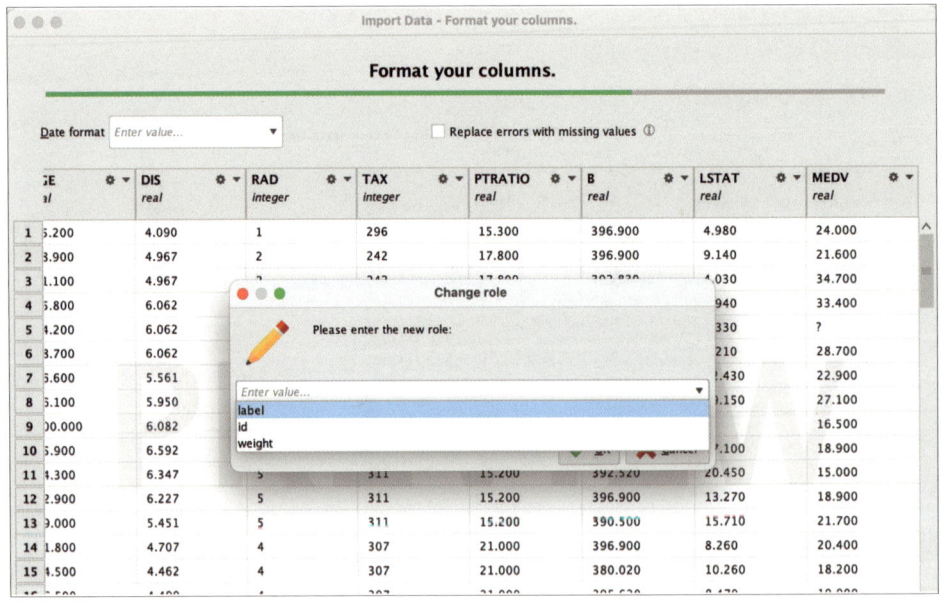

[그림 3-36] label로 역할을 바꾸어 준 후 저장

Role을 label로 바꾸어 종속변수로 설정한다.

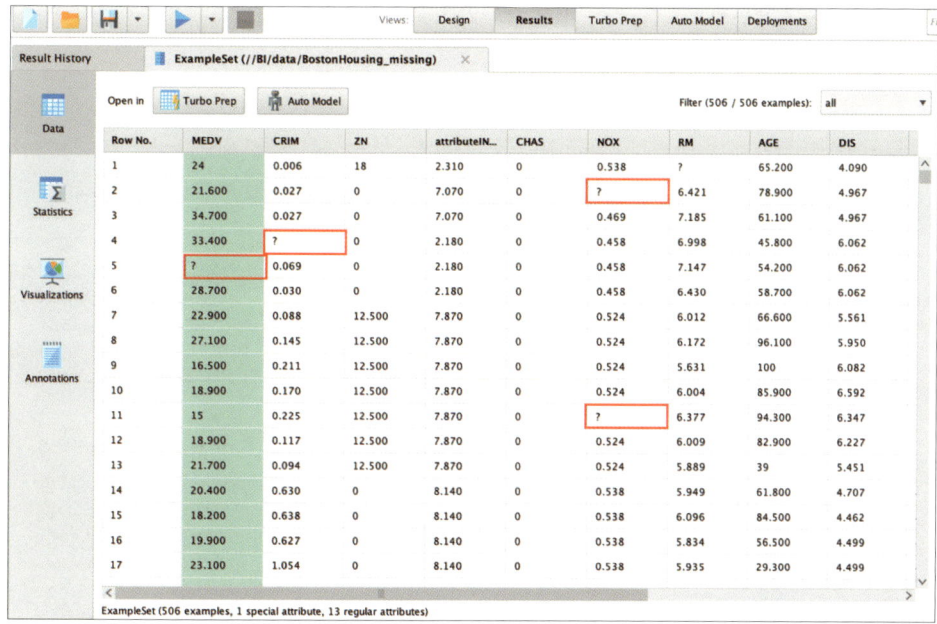

[그림 3-37] 결측치 확인

현재 데이터는 "?"가 포함되어 있다. 여기서 "?"은 결측치를 의미하는데 결측치를 어떻게 다룰지는 데이터 전처리에서 매우 중요한 부분이기에 어떤 식으로 처리할지 고민해야 한다.

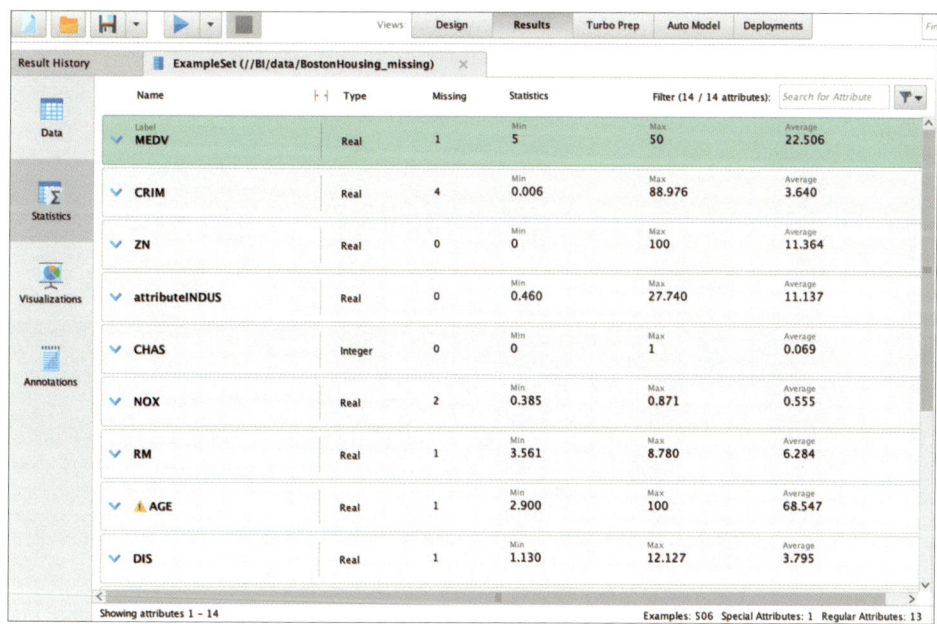

[그림 3-38] Statistics

chapter 3 | RapidMiner를 이용한 데이터 전처리　47

데이터 분석을 하기 전, 데이터의 분포, 결측치 개수, 최대/최소 값을 확인하기 위해 Statistics 버튼을 클릭한다.

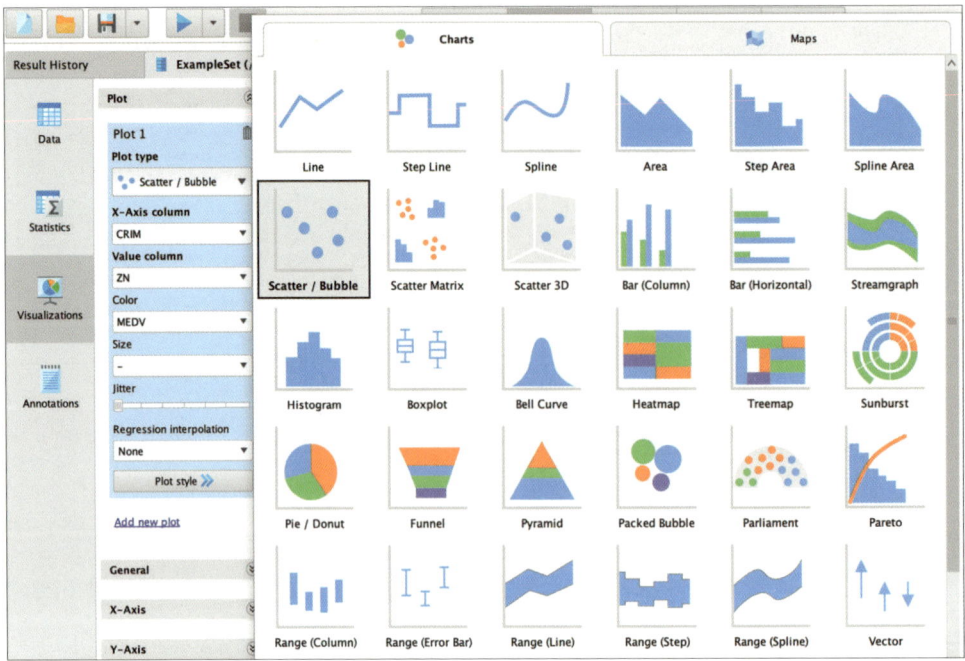

[그림 3-39] Visualization

추가로 Visualization 버튼을 누르면 다양한 plot type이 나오므로 어떤 시각화 방법을 사용할지 선택 가능하다.

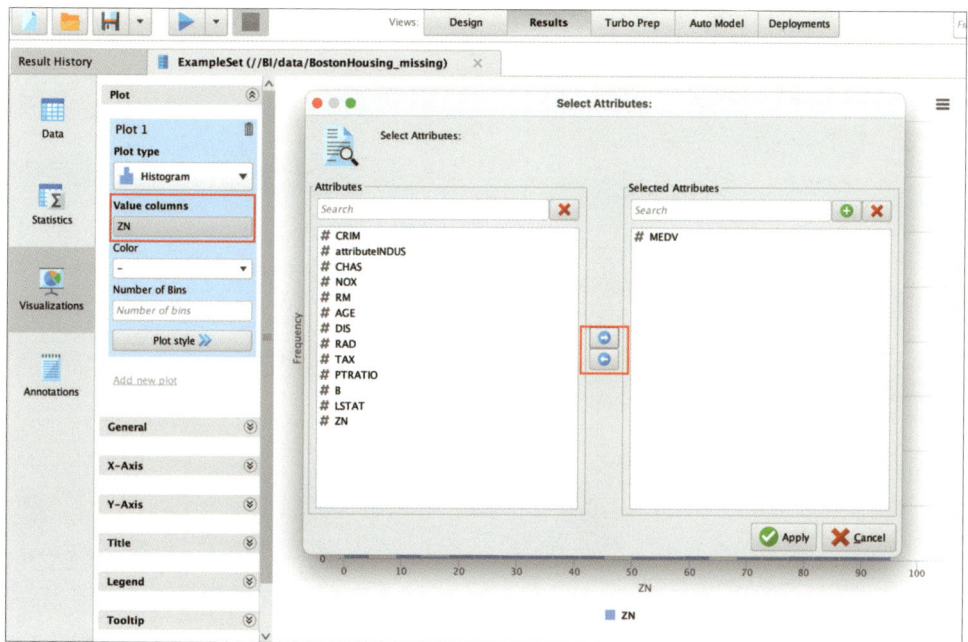

[그림 3-40] Value columns

필자는 집값의 분포를 확인하기 위해 Value columns를 누른 후, 화살표 버튼을 클릭해 적용했다.

chapter 3 | RapidMiner를 이용한 데이터 전처리 49

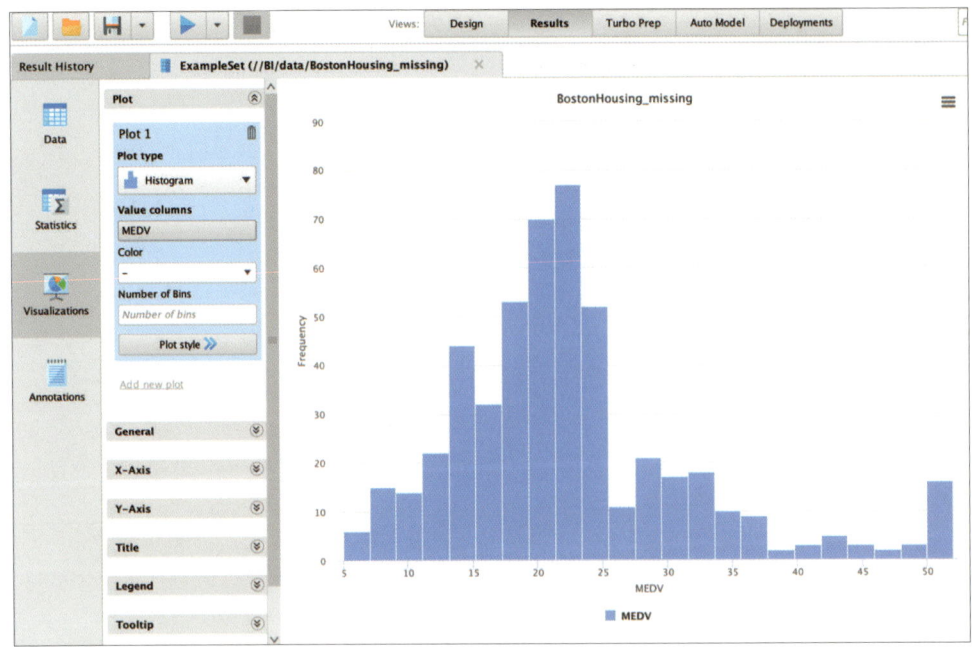

[그림 3-41] 집값이 적용된 그래프 확인

[그림 3-41]과 같이 집값의 분포를 보여주는 막대그래프를 확인했다. 원하는 변수는 개수에 상관없이 시각화가 가능하지만 너무 많은 변수를 선택하게 된다면 시각화는 의미가 없을 수 있다.

데이터 전처리_modification

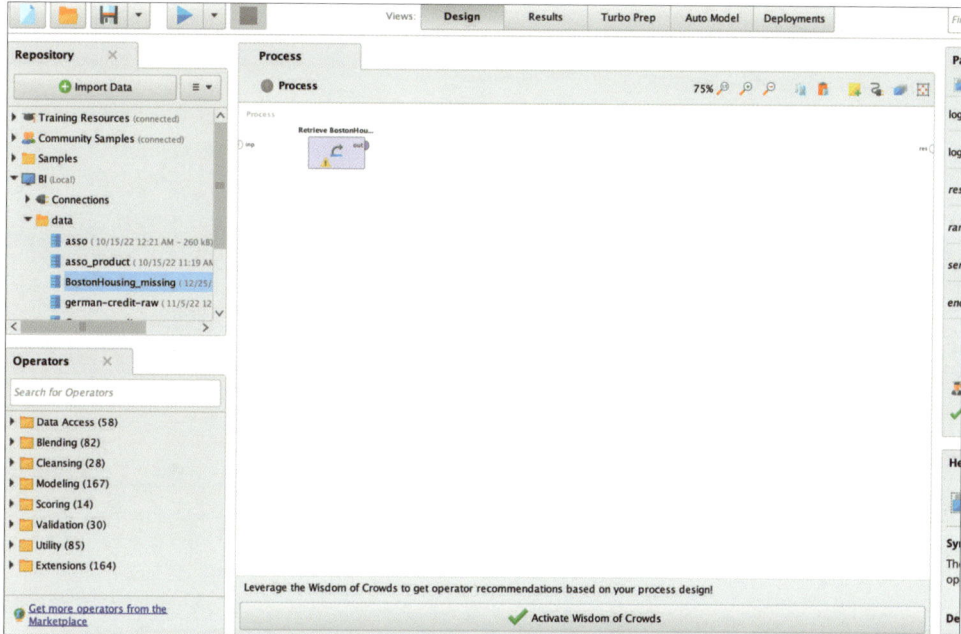

[그림 3-42] BostonHousing_missing 파일

전장과 동일하게 데이터를 Process 창에 가져온다.

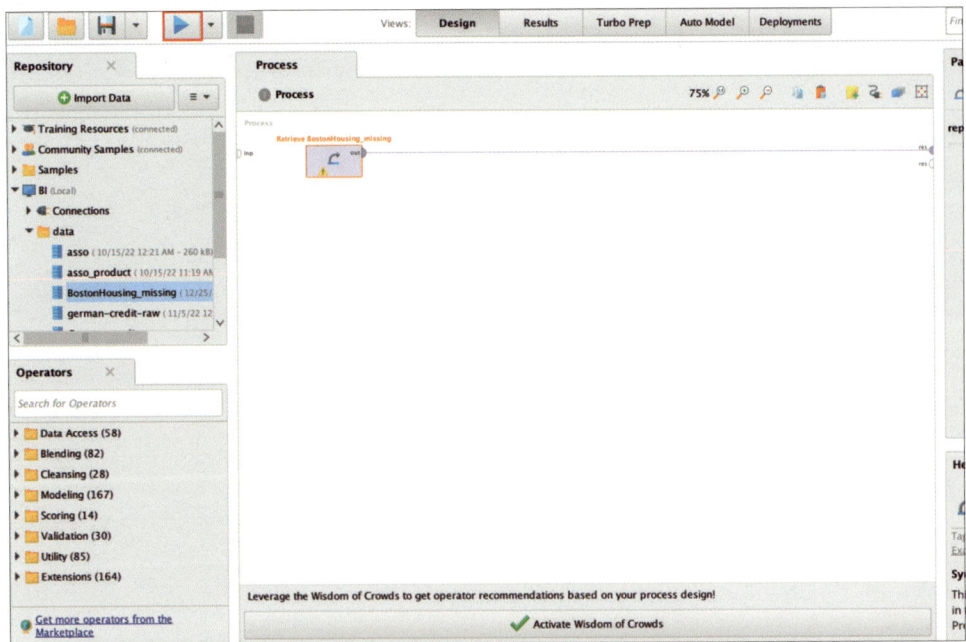

[그림 3-42] result 포트에 연결 후 실행 버튼 클릭

데이터를 result 포트에 연결한 후 상단의 파란 삼각형 버튼을 클릭한다.

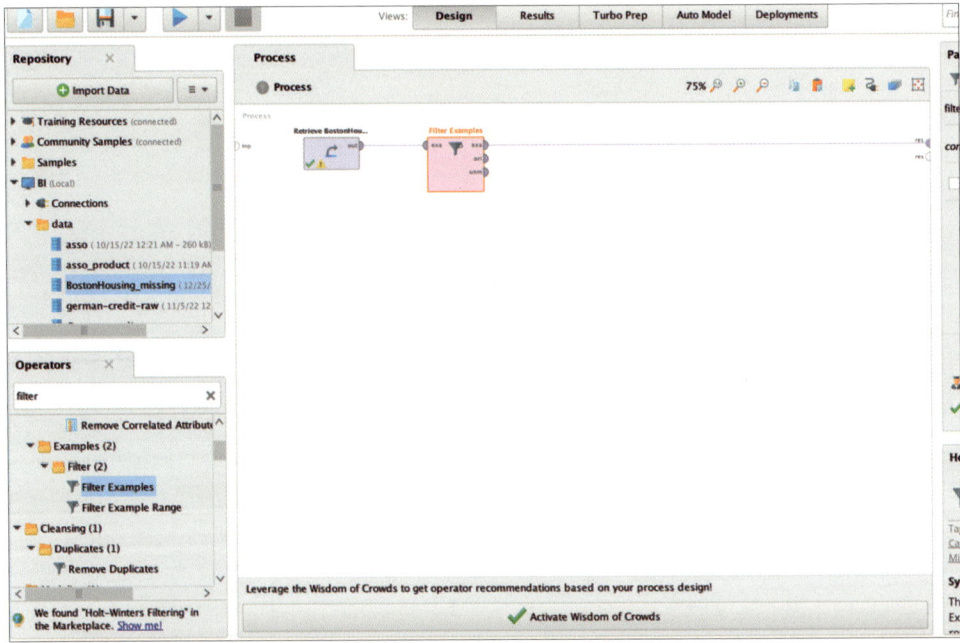

[그림 3-44] operators에서 'filter examples' 검색 후 끌어온 뒤 연결

이번 장에서 결측치를 다루기 위해 Operators에서 Filter Examples를 검색한 후에 process 창에 끌어온 뒤 데이터와 연결하고 result와도 연결한다.

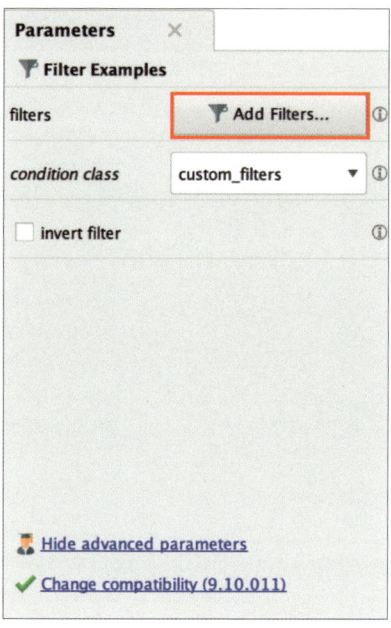

[그림 3-45] Filter example 오퍼레이터

Filter example의 오퍼레이터에서 Add Filters…를 클릭해 준다.

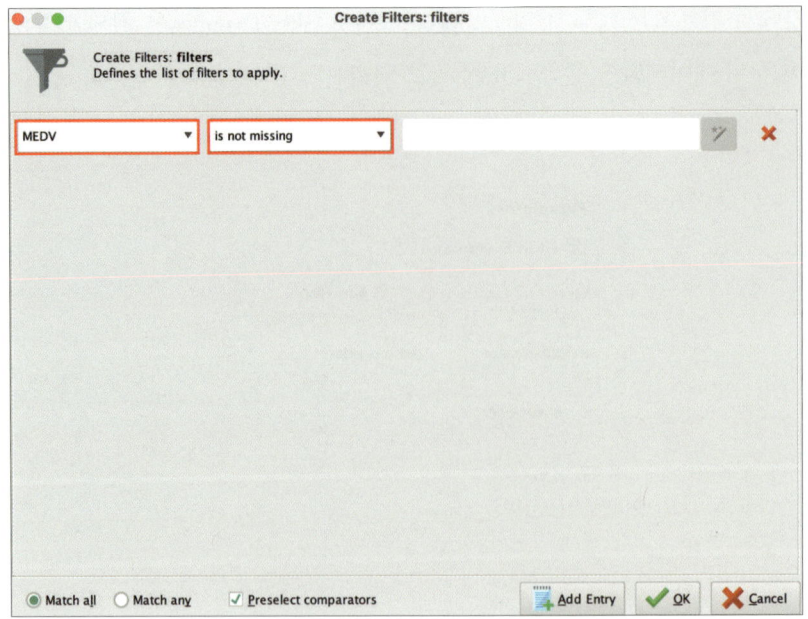

[그림 3-46] 종속변수 MEDV

종속변수 중에서 결측치인 것을 제거하기 위해 MEDV를 클릭하고 'is not missing'으로 설정한다.

Row No.	MEDV	CRIM	ZN	attributeN...	CHAS	NOX	RM	AGE	DIS
1	24	0.006	18	2.310	0	0.538	?	65.200	4.090
2	21.600	0.027	0	7.070	0	?	6.421	78.900	4.967
3	34.700	0.027	0	7.070	0	0.469	7.185	61.100	4.967
4	33.400	?	0	2.180	0	0.458	6.998	45.800	6.062
5	28.700	0.030	0	2.180	0	0.458	6.430	58.700	6.062
6	22.900	0.088	12.500	7.870	0	0.524	6.012	66.600	5.561
7	27.100	0.145	12.500	7.870	0	0.524	6.172	96.100	5.950
8	16.500	0.211	12.500	7.870	0	0.524	5.631	100	6.082
9	18.900	0.170	12.500	7.870	0	0.524	6.004	85.900	6.592
10	15	0.225	12.500	7.870	0	?	6.377	94.300	6.347
11	18.900	0.117	12.500	7.870	0	0.524	6.009	82.900	6.227
12	21.700	0.094	12.500	7.870	0	0.524	5.889	39	5.451
13	20.400	0.630	0	8.140	0	0.538	5.949	61.800	4.707
14	18.200	0.638	0	8.140	0	0.538	6.096	84.500	4.462
15	19.900	0.627	0	8.140	0	0.538	5.834	56.500	4.499
16	23.100	1.054	0	8.140	0	0.538	5.935	29.300	4.499
17	17.500	0.784	0	8.140	0	0.538	5.990	81.700	4.258

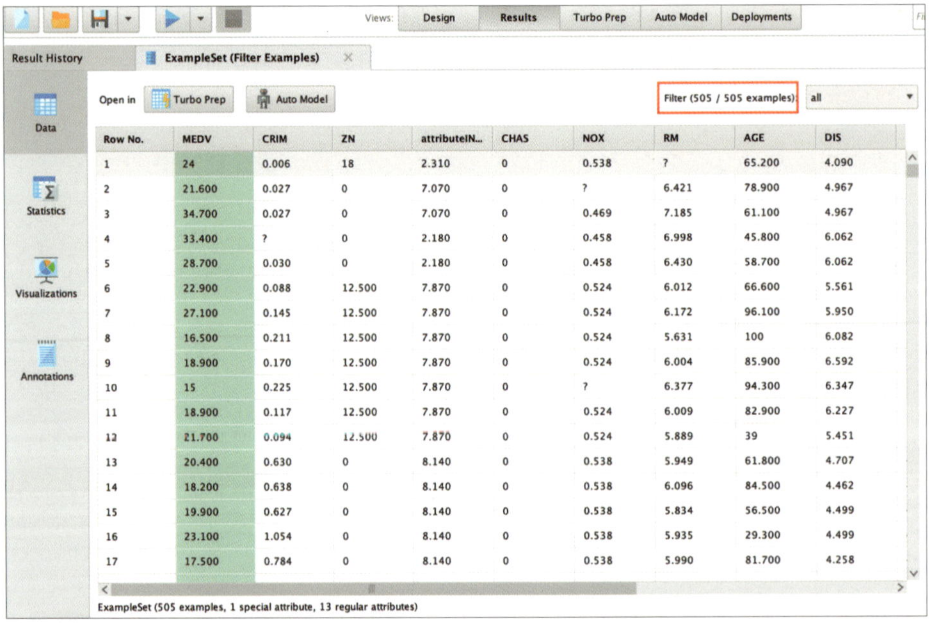

[그림 3-47] 확인버튼 누른 후 실행하여 결과를 확인

실행하여 결과를 확인해 보면 종속변수 중에서 결측치인 것은 1개가 있었기에 원래 데이터가 506개에서 505개로 감소된 것을 알 수 있다.

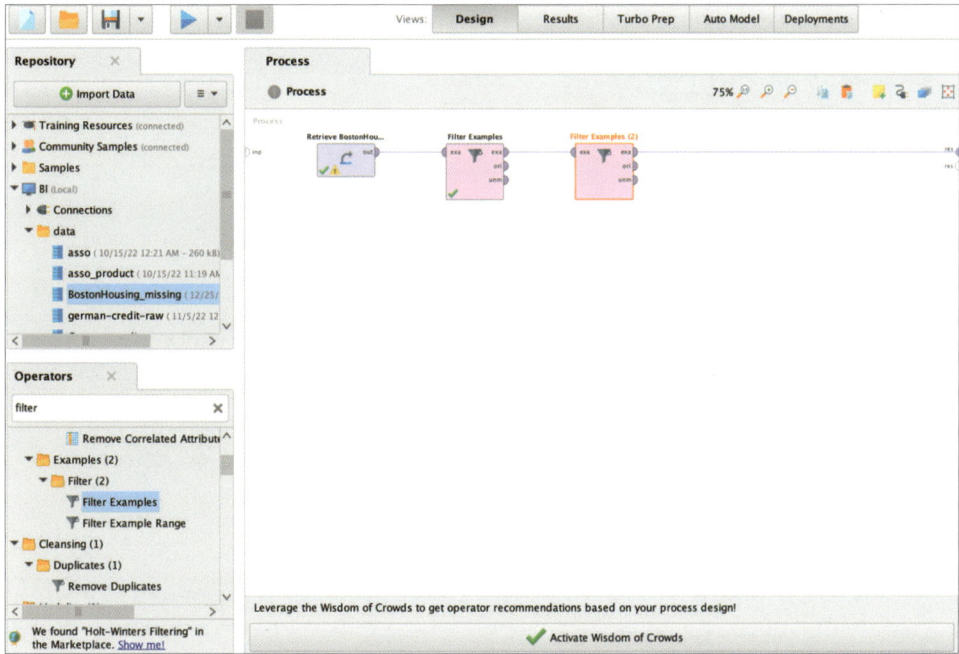

[그림 3-48] Filter examples 오퍼레이터를 하나 더 끌어서 뒤쪽에 연결

종속변수 중에서 결측치인 것을 제거했지만 다른 결측치들도 다루기 위해 다시 한 번 Filter Examples를 process 창으로 가져와 [그림 3-48]과 같이 연결해 준다.

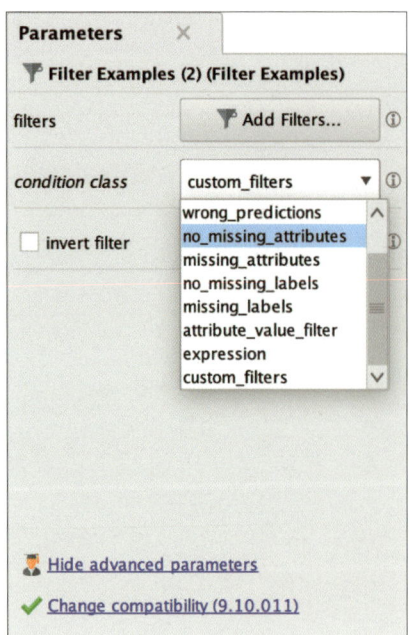

parameters에서 condition class의 'no_missing_attributes'를 클릭하고 실행해 준다. 다른 변수들의 모든 결측치를 제거할 수 있다.

[그림 3-49] parameters의 condition class에서 'no_missing_attributes'를 클릭 후 실행

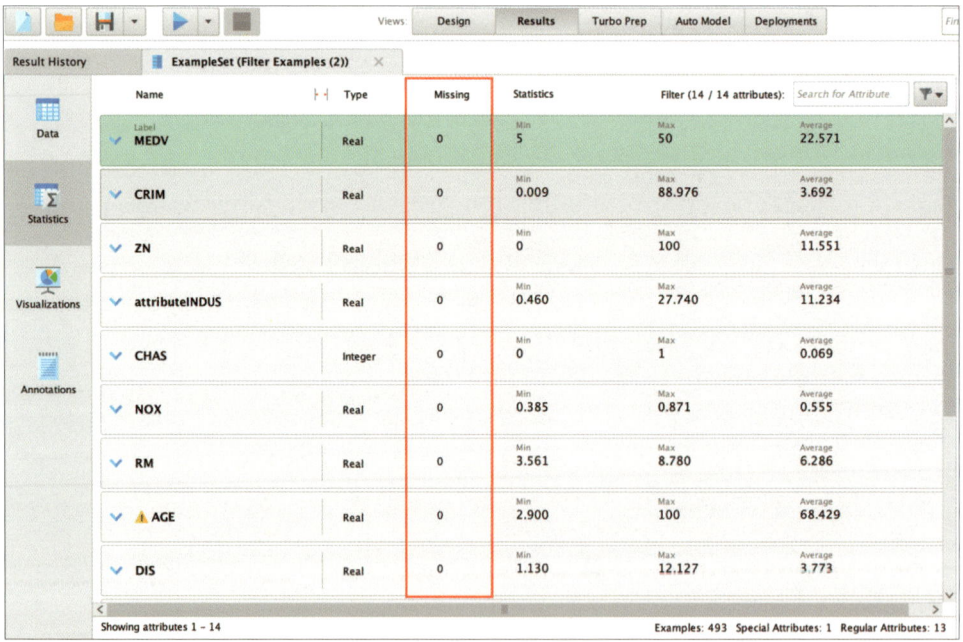

[그림 3-50] Statistics에 들어가서 모든 결측치들이 0이 된 것을 확인

결과를 확인해 보면 Missing Data의 개수가 0인 것을 확인할 수 있다.

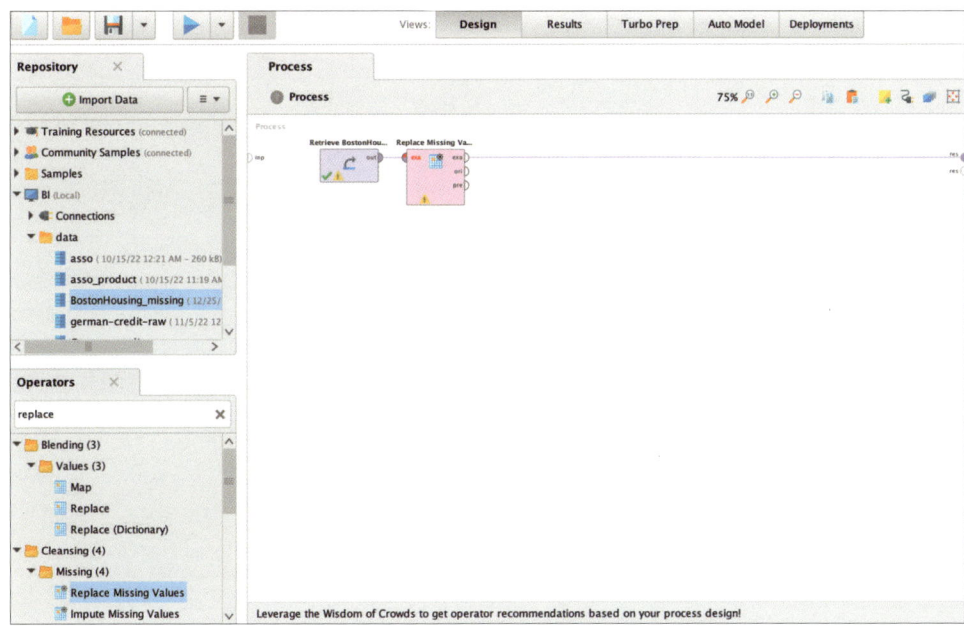

[그림 3-51] Design View

지금까지 결측치들을 모두 제거하는 방법으로 결측치가 있는 데이터를 다루어 보았다. 이번에는 결측치를 다른 값으로 대체하는 방법을 알아보자. 다시 Design View로 돌아가서 Filter examples Operator들을 모두 제거하고 Replace Missing values 오퍼레이터를 process 창으로 끌어와서 사용해 보자.

현재 [그림 3-52]와 같이 있다면 모든 독립변수들의 결측치들은 각 독립변수들의 평균값으로 대체된다는 것을 뜻한다.

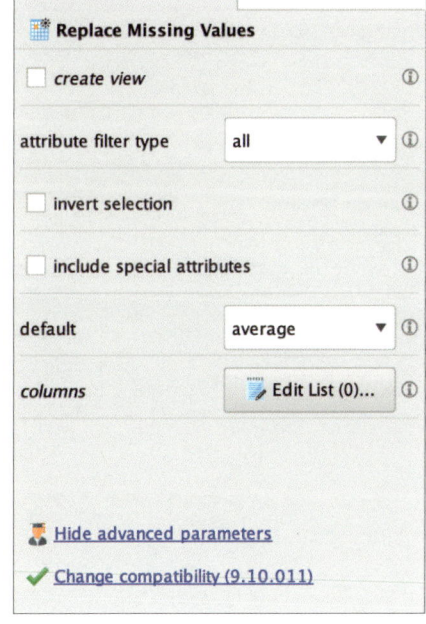

[그림 3-52] attribute filter type은 'all', default는 'average'로 설정

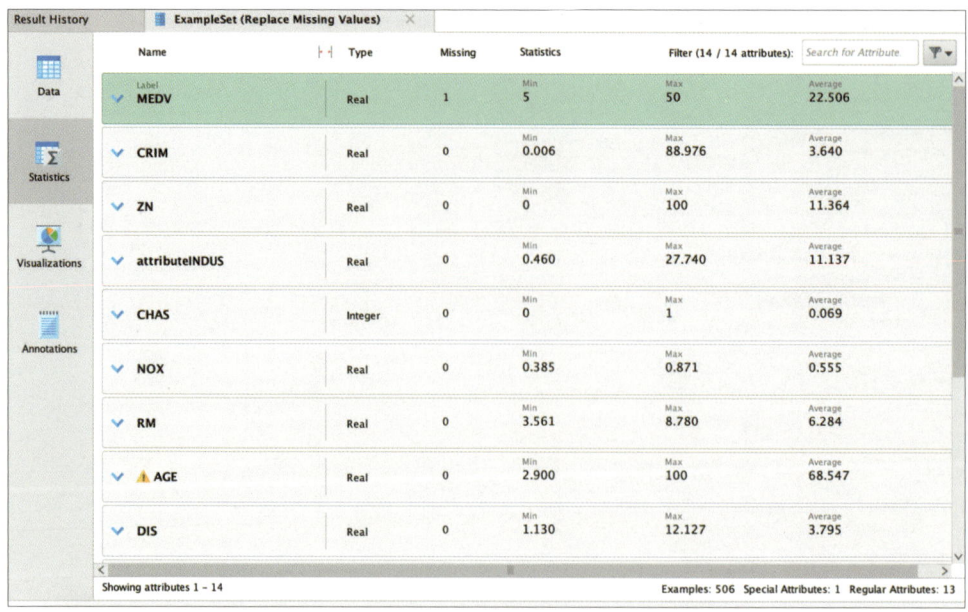

[그림 3-53] 실행 후 Statistics 화면으로 가서 결과 확인

실행 후 Statistics를 확인해 보자. 모든 독립변수들의 결측치를 평균값으로 대체했기 때문에 Missing Value가 사라졌지만 아직 종속변수의 결측치는 1개가 그대로 존재한다.

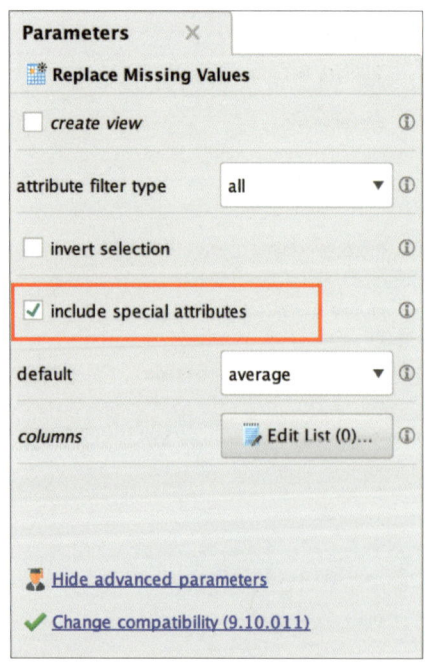

다시 Design View로 돌아가서 Parameter를 조절한다. Replace Missing Values의 Parameter에서 include special attributes 박스를 체크한다. 여기서 special attributes는 종속변수를 의미한다. 즉 종속변수의 결측치도 평균값으로 대체한다는 의미의 파라미터이다.

[그림 3-54] Design 패널로 돌아가 Replace Missing Values의 Parameter 탭 확인

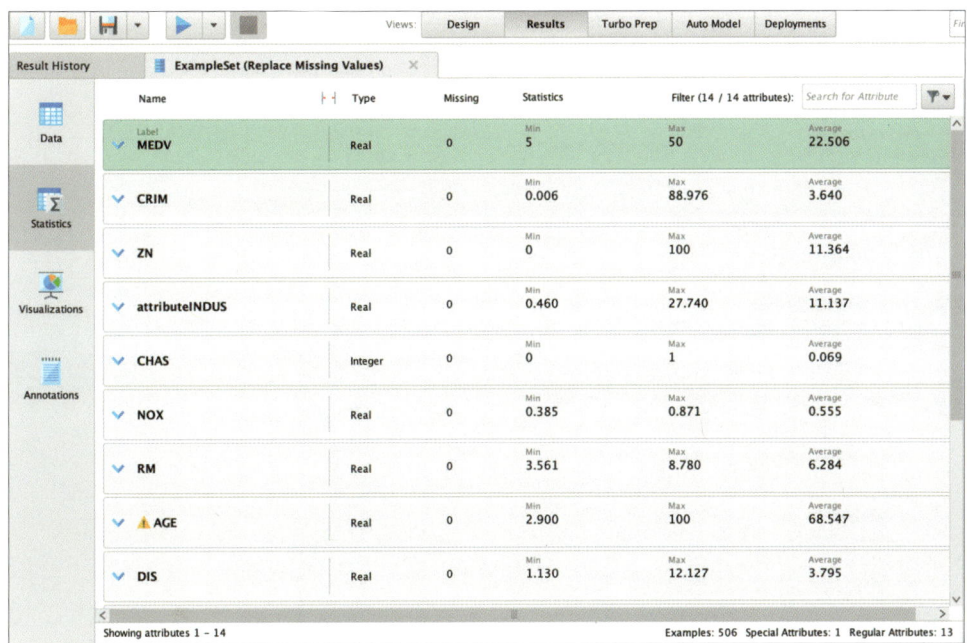

[그림 3-55] 실행 후 Statistics 화면에서 결과 확인

전과는 다르게 종속변수인 MEDV 역시 결측치가 평균값으로 대체되어 전처리를 거친 이 데이터는 결측치가 존재하지 않는다.

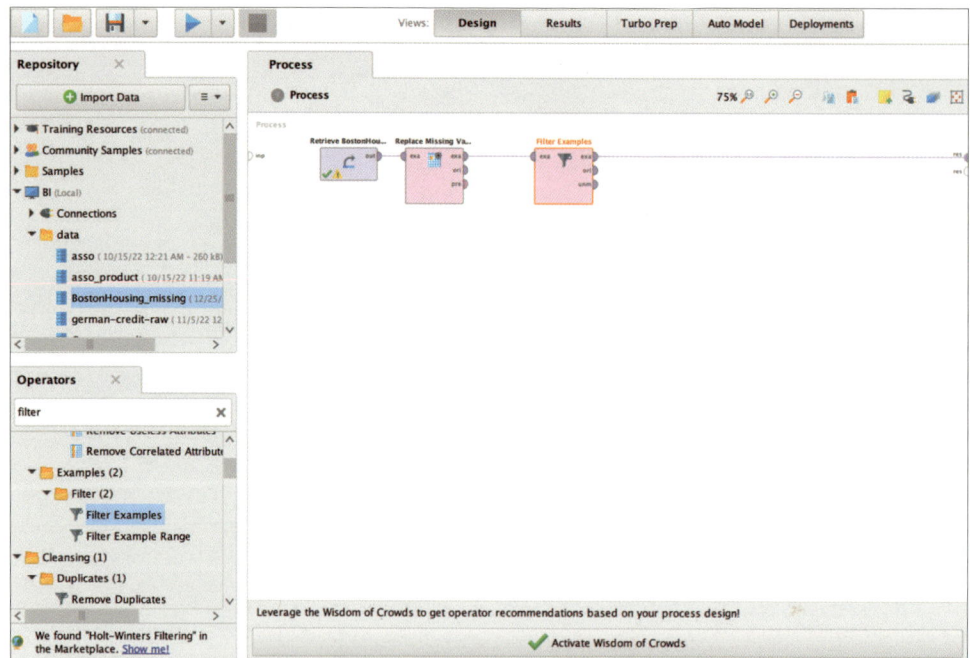

[그림 3-56] 종속변수 결측치 제거

하지만 종속변수는 보통 대체하기 보다는 제거하는 것이 일반적이기 때문에 종속변수들의 결측치는 제거해 보도록 하자. Design View로 돌아가 include special attributes 박스를 비활성화한 후에 Filter examples Operaters를 활용하여 종속변수의 결측치를 제거한다.

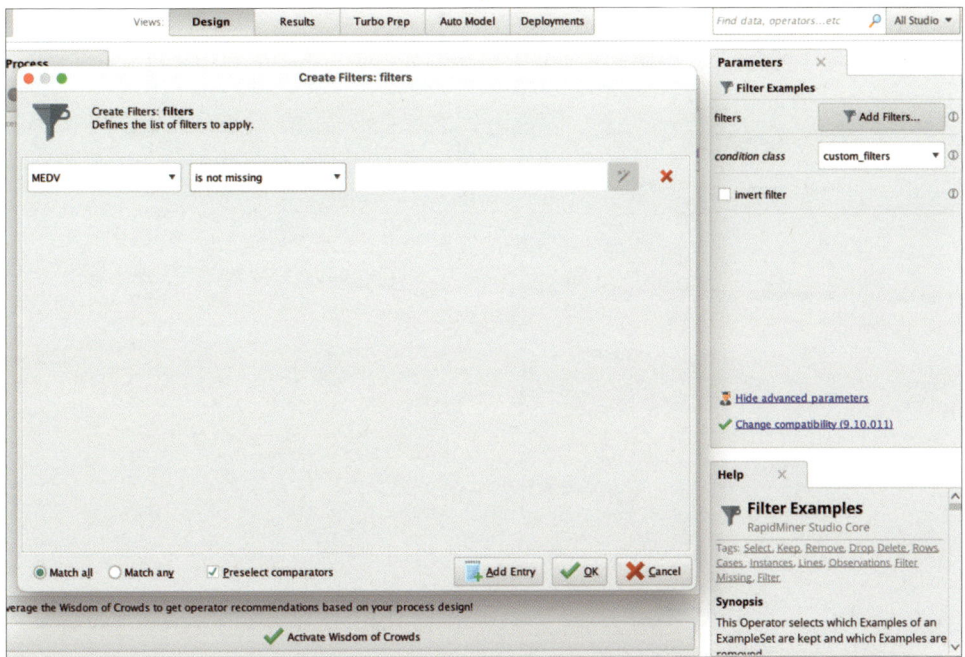

[그림 3-57] Filter examples Operatoer parameter

Filter examples Operator parameter에서 Add Filters…를 클릭한 후 종속변수인 MEDV에서 "is not missing"으로 설정한다.

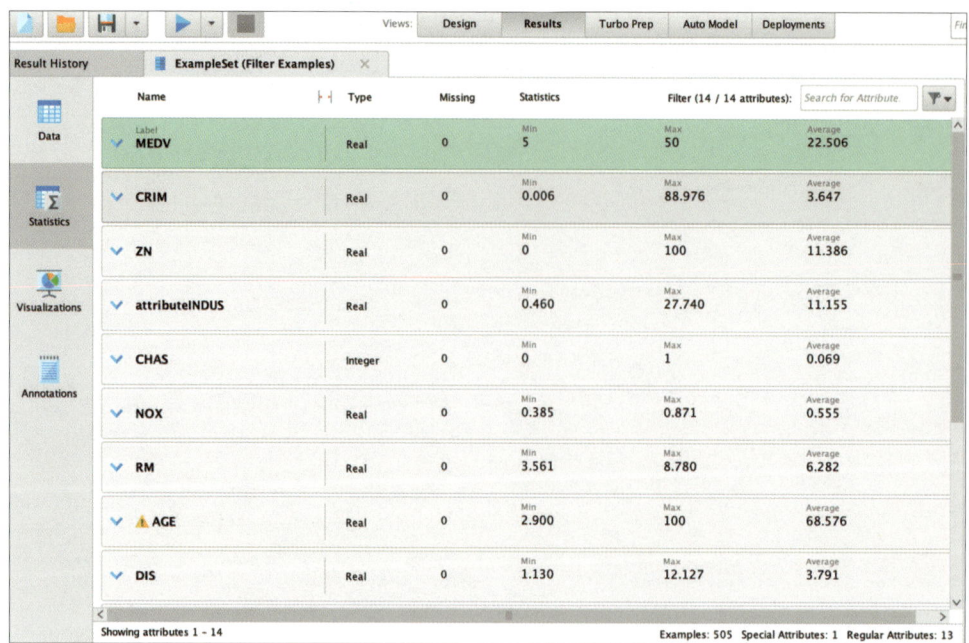

[그림 3-58] 실행 후 Statistics 화면에서 결과 확인

원하던 결과인 독립변수들의 결측치는 모두 평균값으로 대체되고 종속변수의 결측치는 제거가 된 결과를 확인할 수 있다.

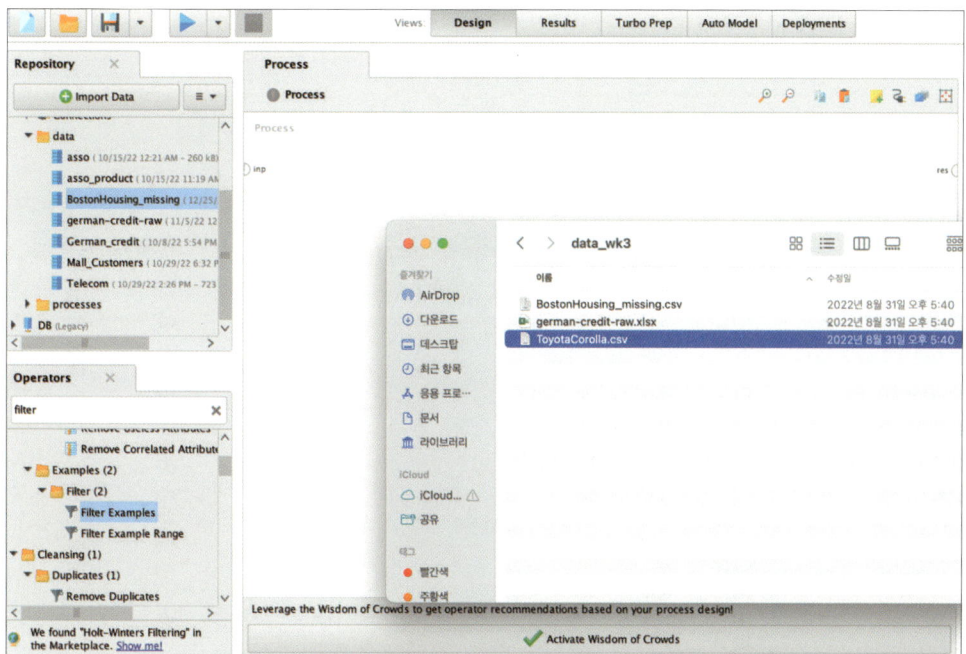

[그림 3-59] 새로운 빈 화면에서 ToyotaCorolla 데이터 가져오기

이번에는 ToyotaCorolla 데이터를 활용해 보기 위해 새 창을 열고 폴더에서 직접 프로세스 창으로 끌고 와 사용한다.

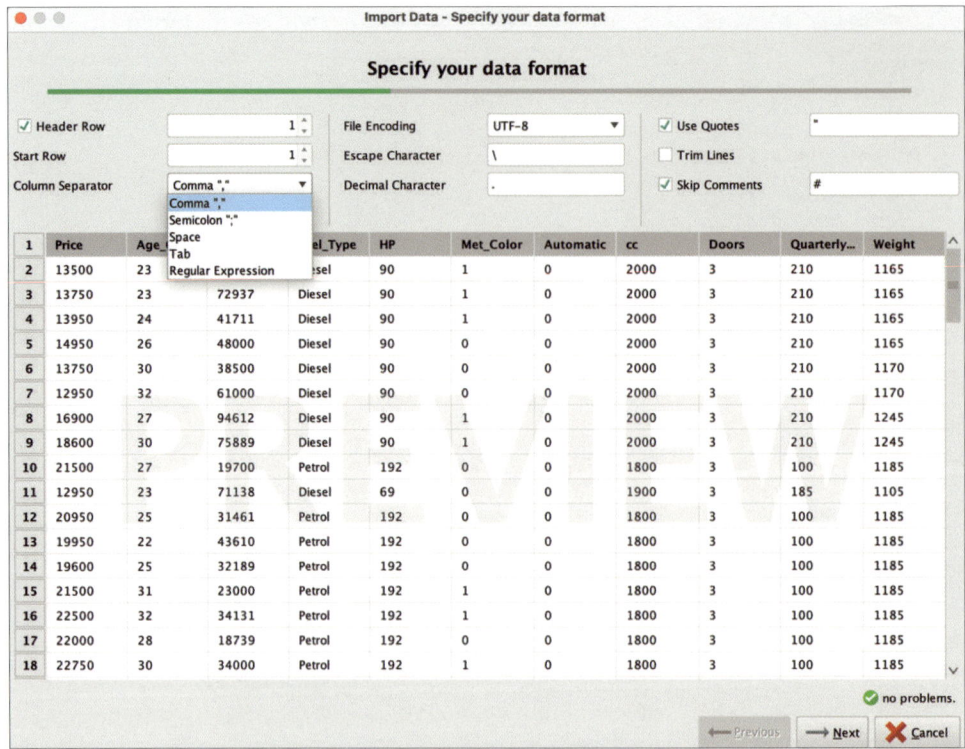

[그림 3-60] Column Separator에서 Comma로 설정

동일하게 Column Separator는 ","으로 설정한다.

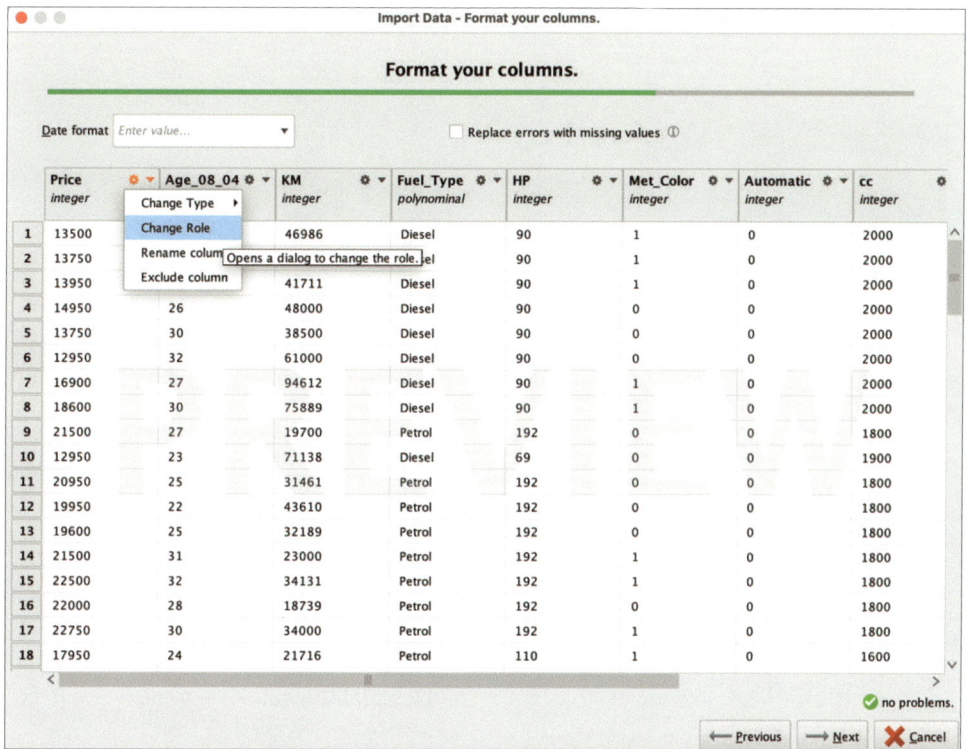

[그림 3-61] Next 누른 후 Price의 역할을 label로 설정

 종속변수인 Price의 Role을 label로 설정하기 위해 Change Role 버튼을 클릭하고 label로 설정한다.

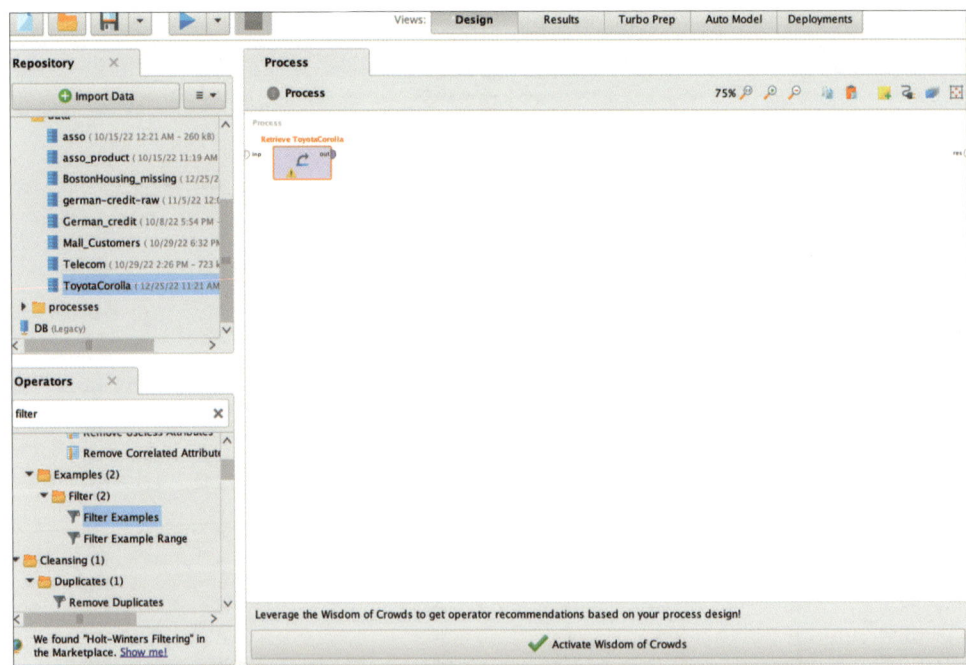

[그림 3-62] 파일 저장 후 ToyotaCorolla 파일 끌어서 Process 창에 가져오기

파일 저장이 완료되면 Process 창에 가져온다.

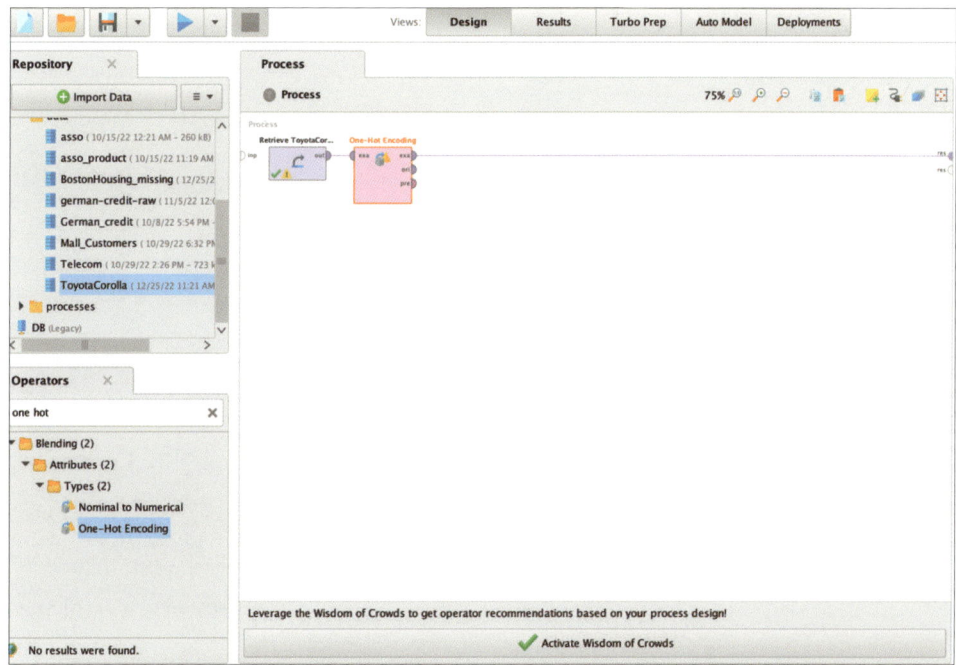

[그림 3-63] Design 패널로 돌아가 One-Hot Encoding 오퍼레이터 끌어서 연결

이번에는 명목형 데이터들을 수치형으로 바꿔주는 One-Hot Encoding Operator를 사용하기 위해 Operator 창에서 검색하여 프로세스 창으로 옮겨준 뒤 데이터, result와 연결해준다.

원하는 한가지의 데이터만 수치형으로 바꾸기 위해 Parameter에서 attribute filter type을 "single"로 설정한다.

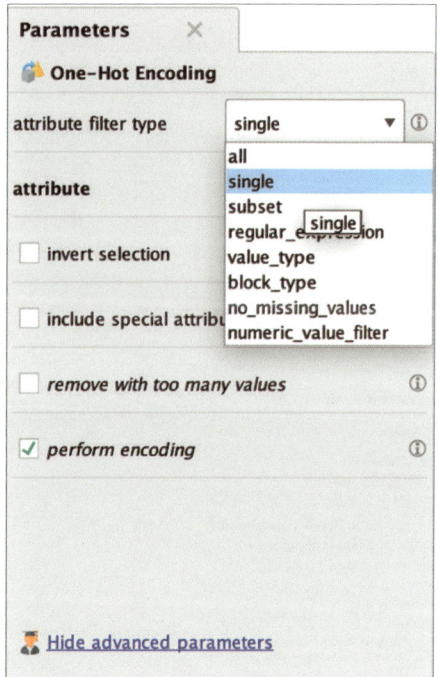

[그림 3-64] One-Hot Encoding의 Parameters

chapter 3 | RapidMiner를 이용한 데이터 전처리 67

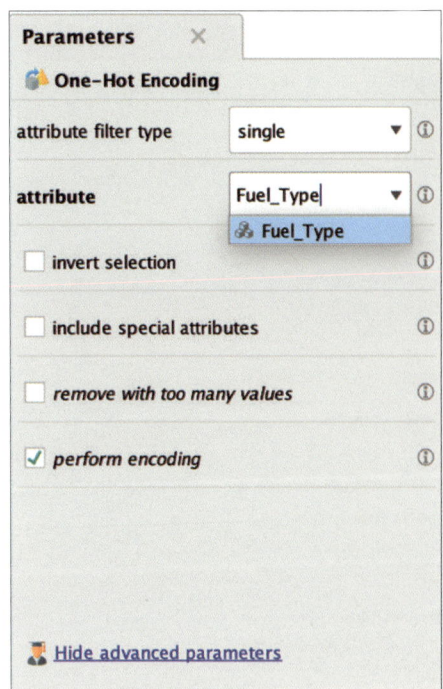

Attribute는 "Fuel_Type"으로 설정한다.

다시 Design View로 돌아가 Operators에서 Numerical to Binominal을 검색하여 One-Hot Encoding 뒤에 연결해 준다. Numerical to Binominal은 수치형 데이터를 이진형 데이터로 바꿔주는 역할이다.

[그림 3-65] attribute는 Fuel Type으로 설정

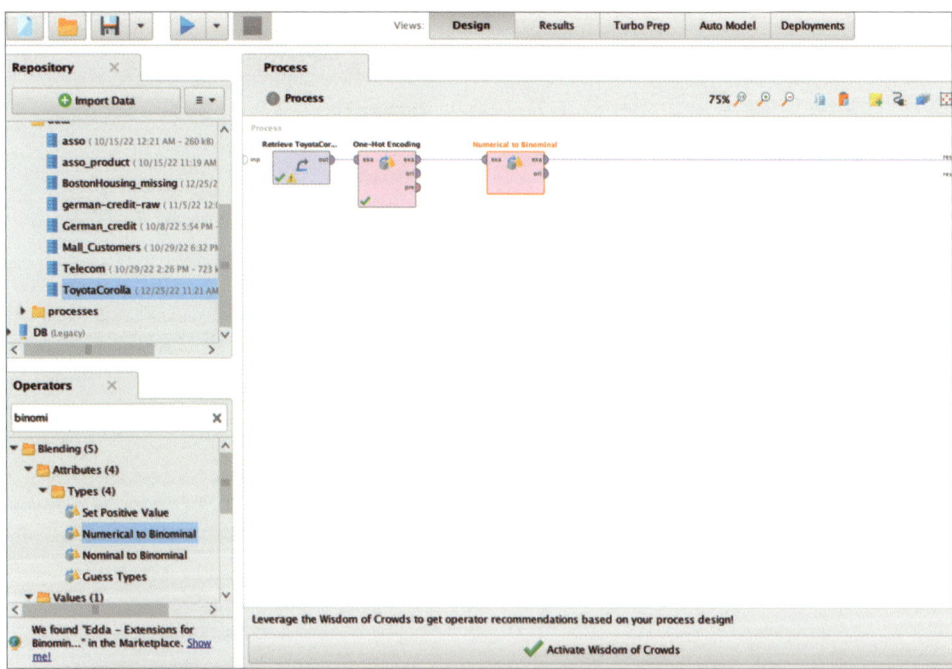

[그림 3-66] Design 패널로 돌아가 Numerical to Binominal 오퍼레이터 뒤쪽에 연결

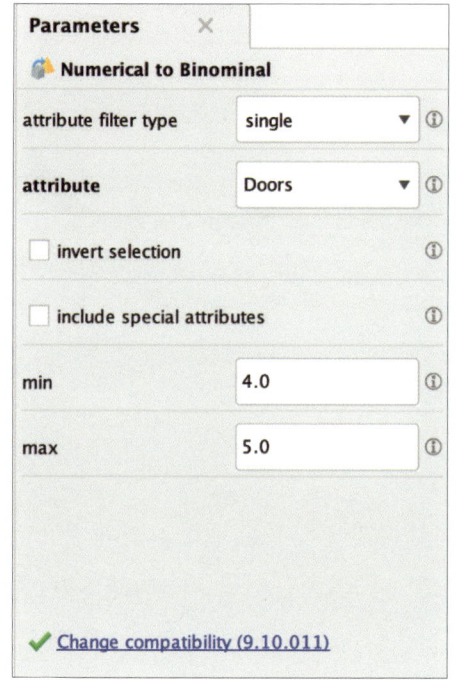

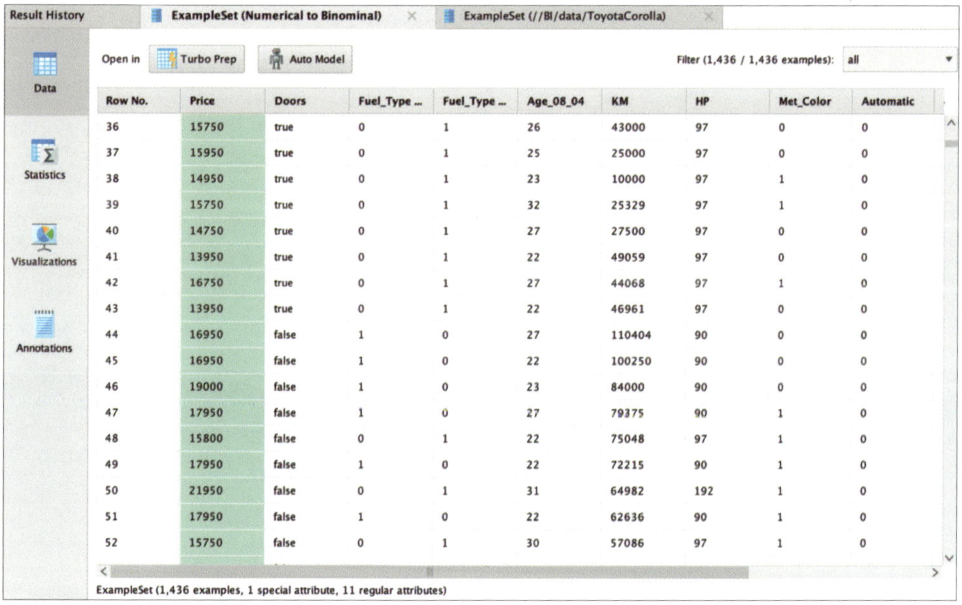

[그림 3-67] Parameters에서 다음과 같이 설정

Parameters에서 min 값은 4.0으로, max 값은 5.0으로 설정한다.

실행 후에는 Doors의 데이터가 이진형 데이터로 알맞게 바뀐 것을 확인할 수 있다.

Row No.	Price	Doors	Fuel_Type ...	Fuel_Type ...	Age_08_04	KM	HP	Met_Color	Automatic
36	15750	true	0	1	26	43000	97	0	0
37	15950	true	0	1	25	25000	97	0	0
38	14950	true	0	1	23	10000	97	1	0
39	15750	true	0	1	32	25329	97	1	0
40	14750	true	0	1	27	27500	97	0	0
41	13950	true	0	1	22	49059	97	0	0
42	16750	true	0	1	27	44068	97	1	0
43	13950	true	0	1	22	46961	97	0	0
44	16950	false	1	0	27	110404	90	0	0
45	16950	false	1	0	22	100250	90	0	0
46	19000	false	1	0	23	84000	90	0	0
47	17950	false	1	0	27	79375	90	1	0
48	15800	false	0	1	22	75048	97	1	0
49	17950	false	1	0	22	72215	90	1	0
50	21950	false	0	1	31	64982	192	1	0
51	17950	false	1	0	22	62636	90	1	0
52	15750	false	0	1	30	57086	97	1	0

[그림 3-68] 실행을 하면 Doors가 true/false로 바뀐 것 확인 가능

chapter 4 회귀분석

　회귀분석은 통계학적인 감독학습 기법의 대표적인 사례이며, 다른 설명 요인의 데이터 값을 이용하여 수치 값을 가지는 종속변수를 예측하는 대표적인 예측 기법이라고 할 수 있다. 회귀분석은 원래 통계학 분야에서 기원하였지만 로지스틱 회귀분석 방법과 함께 통계학적인 머신러닝 기법으로 분류되는 방법이다. 회귀분석을 설명하기 위해서 간단한 사례를 이용하여 설명하고자 한다.

　[그림 4-1]에는 학생들의 중간고사 성적을 이용하여 그 수업의 학기말 총점을 예측하는 사례가 나와 있다. 학기말 총점은 중간고사 성적 이외에 기말고사, 과제, 출석 등에 대한 점수가 포함되는데 학기 중 알 수 있는 중간고사 성적을 바탕으로 총점을 예측하고자 할 때 회귀분석을 이용할 수 있다. 그림에서 점은 과거 이 수업을 수강한 학생들의 중간고사 성적과 총점의 접점을 나타내는데 이 점들의 추세를 대표하는 추세선을 그림과 같이 만들 수 있다면 이 추세선을 이용하여 중간고사 성적을 통해 학기말 총점을 예측할 수 있다. 추세선을 만드는 과정에서 여러 가지 대안이 될 수 있는 추세선을 고려할 수 있는데 이 중에서 데이터의 특성을 가장 잘 반영할 수 있는 대표 추세선을 찾게 되고 이를 회귀선이라고 부른다. 회귀선은 여러 대안이 되는 추세선들 중에서 잔차(또는 편차)의 제곱의 합이 최소가 되는 선이다. 따라서 회귀선을 찾기 위해서는 잔차를 먼저 구해야 한다.

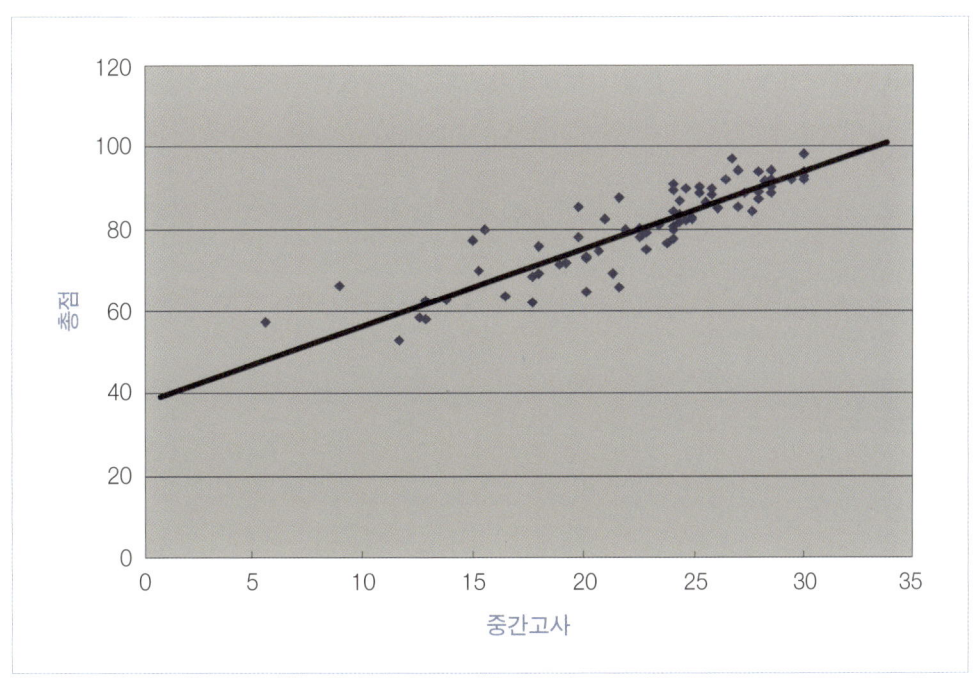

[그림 4-1] 회귀분석의 사례

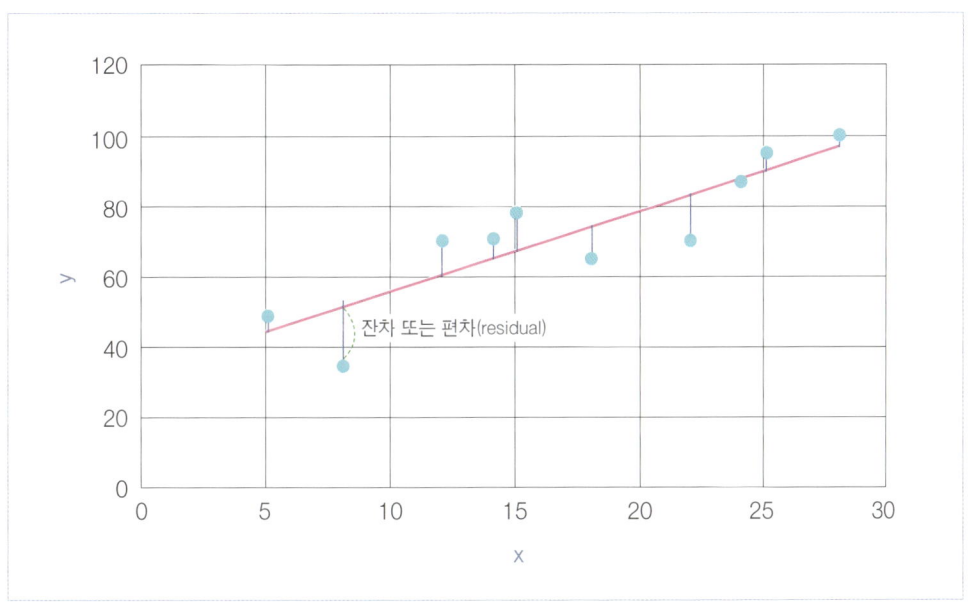

[그림 4-2] 회귀분석에서의 잔차

[그림 4-2]는 회귀분석에서의 잔차(또는 편차)에 대한 그림인데, 여기서 잔차란 추세선

과 개별 데이터의 위치([그림 4-2]에서의 점들)과의 거리를 의미한다. [그림 4-2]에 있는 바와 같이 각 데이터는 각각 잔차를 가지게 되면 이 값의 제곱의 합이 최소인 추세선을 회귀선으로 선택하게 된다. 이런 방법을 최소자승법(Least square method)라고 하는데 회귀선을 도출하는 가장 대표적인 방법 중 하나다.

최소자승법을 통해 회귀선을 찾는 과정을 간단한 예를 통해 확인해 보자. [그림 4-3]에는 같은 데이터에 대한 두 개의 추세선을 보여준다.

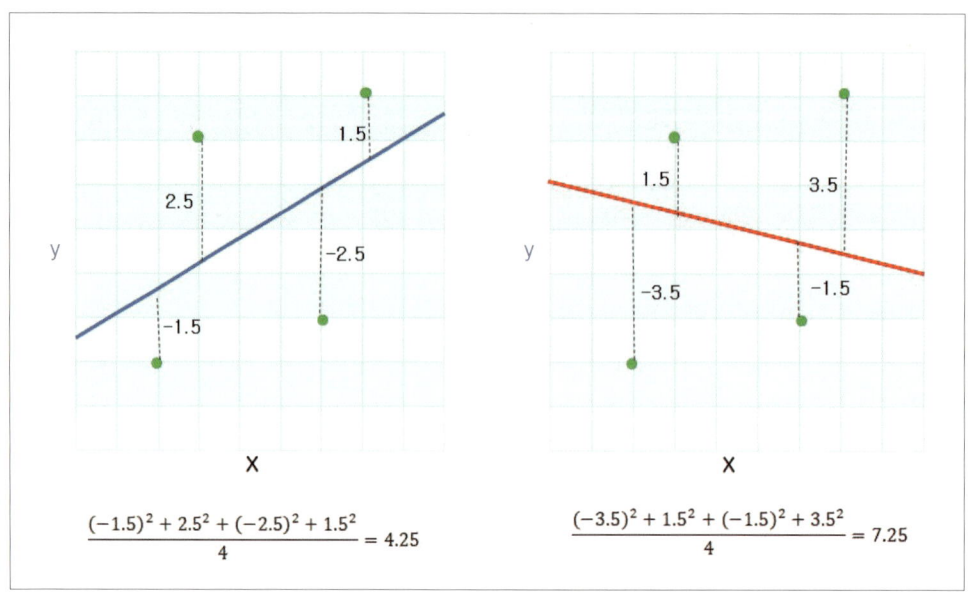

[그림 4-3] 최소자승법의 예

[그림 4-3]의 왼쪽 그림에서 잔차는 각각 -1.5, 2.5, -2.5, 1.5이며 이의 제곱 값의 합을 구한 후 데이터 개수로 나누면 4.25의 값이 산출된다. 오른쪽 그림에서 잔차는 각각 -3.5, 1.5, -1.5, 3.5이며 이의 제곱 값의 합을 구한 후 데이터 개수로 나누면 7.25의 값이 산출된다. 잔차 제곱 값의 합이 최소가 될 때의 추세선이 데이터의 특성을 잘 나타내는 것이므로 왼쪽 그림에 나와 있는 추세선이 오른쪽 그림에서의 추세선에 비해 데이터를 더 잘 표현하는 추세선이며, 만약 두 개의 추세선만을 고려한다면 왼쪽 그림에 있는 추세선을 회귀선으로 선택하게 된다. 실제 회귀분석에서는 수많은 추세선을 고려하게 되며 이 중에서 가장 대표적인 선을 회귀선으로 선택한다.

실제 회귀분석은 여러 가지 형태가 있는데 가장 단순한 형태는 하나의 설명 요인을 이용하여 하나의 종속변수 값을 예측하는 것으로, 흔히 단순 회귀분석(Simple regression)이라고 한다. 한편, 두 개 이상의 설명 요인을 이용하여 하나의 종속변수 값을 예측하는 방법을 다중 회귀분석(Multiple regression)이라고 한다. 단순 회귀분석은 가장 단순한 형태의 회귀분석 방법으로 분석의 결과는 종속변수와 설명 요인 간의 선형 방정식으로 표현할 수 있으며 일반적으로 y = α + βx 으로 표현할 수 있다. 여기서 y 는 종속변수의 예측 값, α 는 절편, β 는 회귀계수, x 는 설명 요인의 값을 나타낸다. 회귀계수는 설명 요인의 값이 한 단위 변화하는데 따라 종속변수의 값이 변하는 정도를 나타내며 이는 앞서 도출한 회귀선의 기울기를 의미한다. 이상의 단순 회귀분석 과정은 [그림 4-4]와 같이 표현할 수 있다.

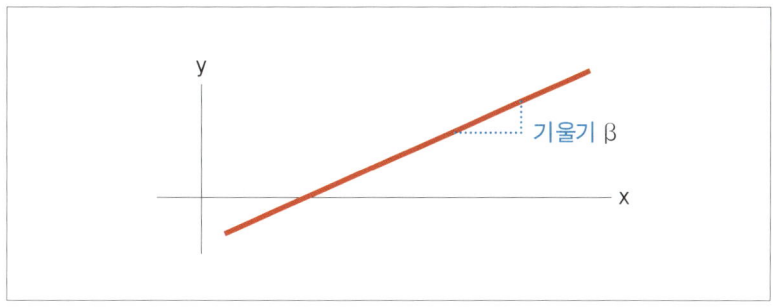

[그림 4-4] 단순회귀분석의 예시

회귀분석의 성능을 평가하기 위해 여러 가지 지표를 사용할 수 있으나 가장 대표적인 지표는 R^2 값이라고 할 수 있다. R^2 값은 총편차 중에서 회귀선으로 설명되는 편차가 차지하는 비중을 의미하는데, 이는 R^2 값을 통해 회귀분석을 이용하여도 피할 수 없는 예측 오차와 회귀분석을 이용하지 않았을 때의 예측 오차와의 관계를 이용하여 어느 정도 예측 오차를 줄일 수 있는지를 나타내는 지표이다. R^2 값은 0부터 1 사이의 값을 가지게 되며 1에 가까울수록 예측 성능이 좋은 것이며, 0에 가까울수록 예측 성능이 좋지 않다고 판단할 수 있다. R^2 값을 계산하는 과정은 다소 어려우므로 본서에서는 자세한 설명을 생략한다.

RapidMiner를 이용한 회귀분석 실습

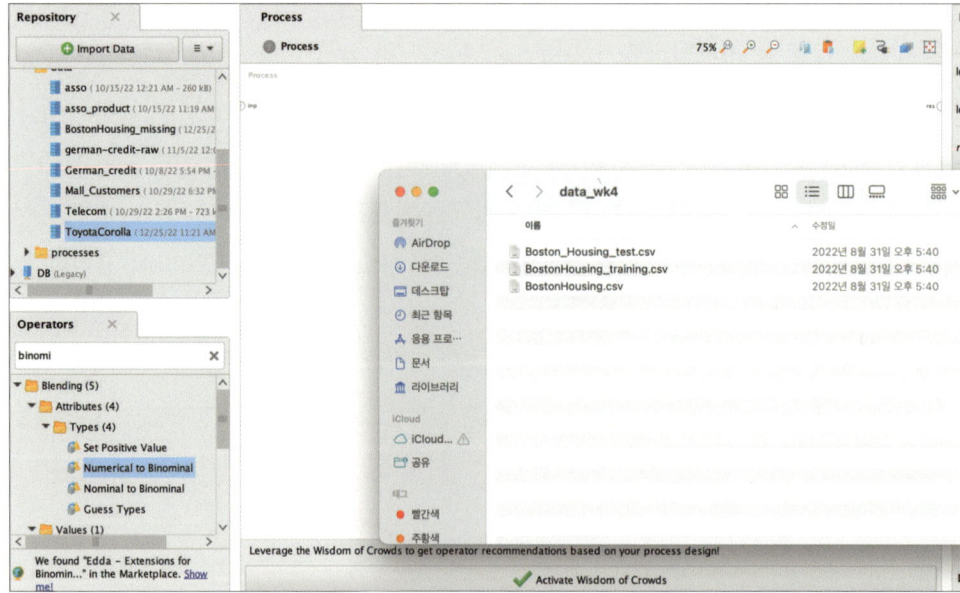

[그림 4-5] BostonHousing 파일 끌어서 가져오기

폴더의 BostonHousing 데이터를 process 창에 직접 끌어온다.

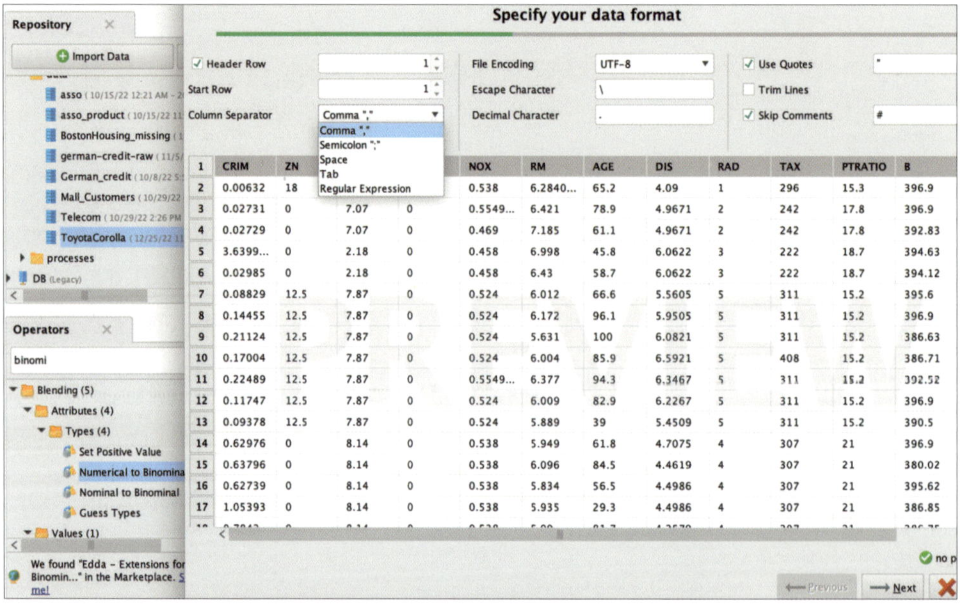

[그림 4-6] Column Separater 항목 Comma로 설정하기

74　비전공자를 위한 데이터 애널리틱스 활용서

BostonHousing.csv 파일은 comma로 구분되어 있기 때문에 Column Separator를 ","로 설정한다.

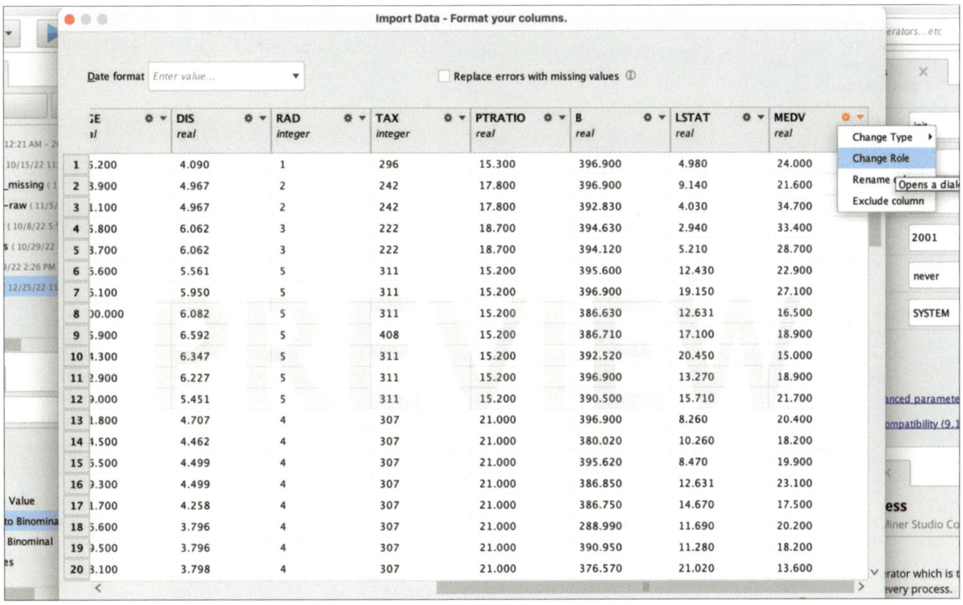

[그림 4-7] Next 누른 후 Medival에서 Change Role을 눌러 label로 설정

MEDV는 종속변수이므로 Change Role을 클릭하고 종속변수를 뜻하는 label로 설정한다.

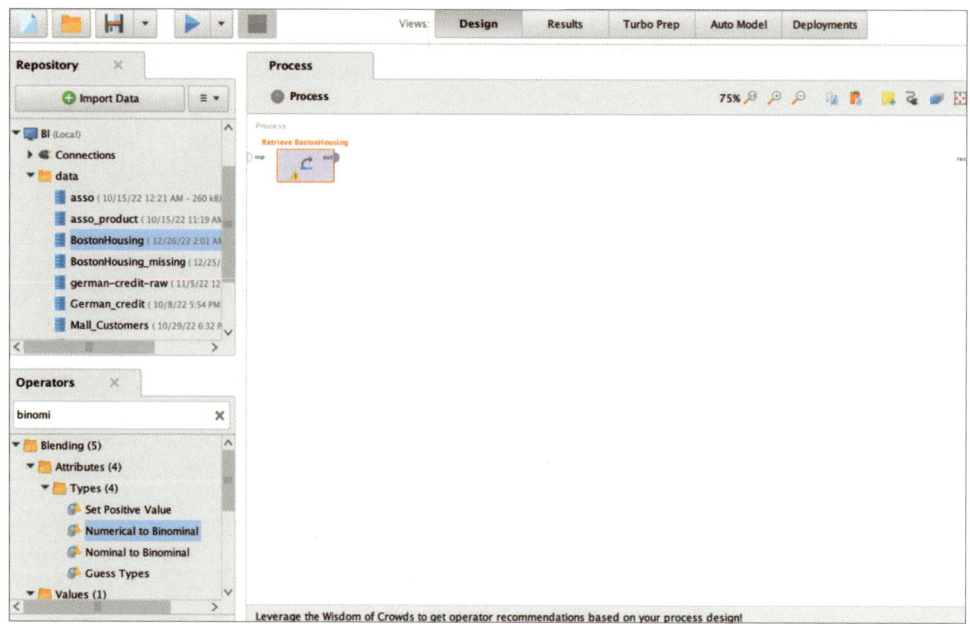

[그림 4-8] 저장 후 Boston Housing 데이터를 끌어서 Process 창에 가져오기

저장까지 완료됐다면 데이터를 Process 창에 끌어서 표시한다.

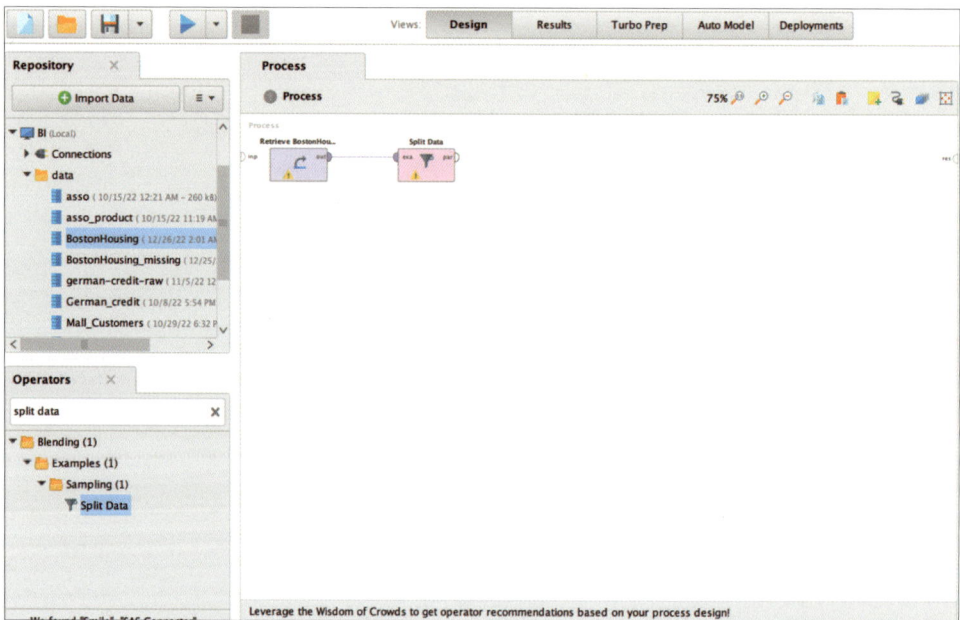

[그림 4-9] Split data의 Parameters에서 Edit Enumeration 버튼 클릭

데이터를 분할하기 위해 Split Data Operator와 연결한다

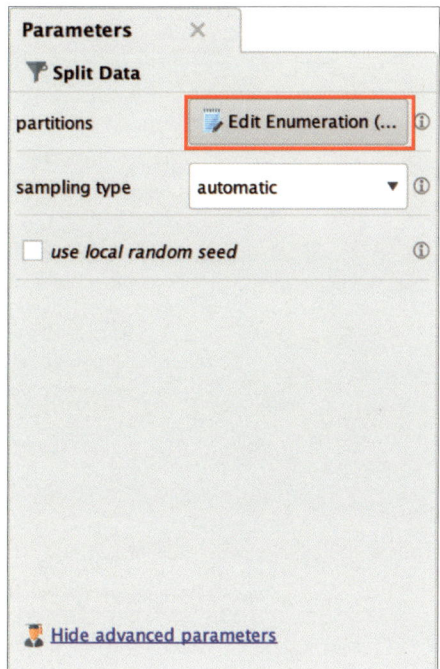

[그림 4-10] Split data의 Parameters에서 Edit Enumeration 버튼 클릭

데이터의 비율을 정하기 위해 Parameter에서 Edit Enumeration를 클릭한다.

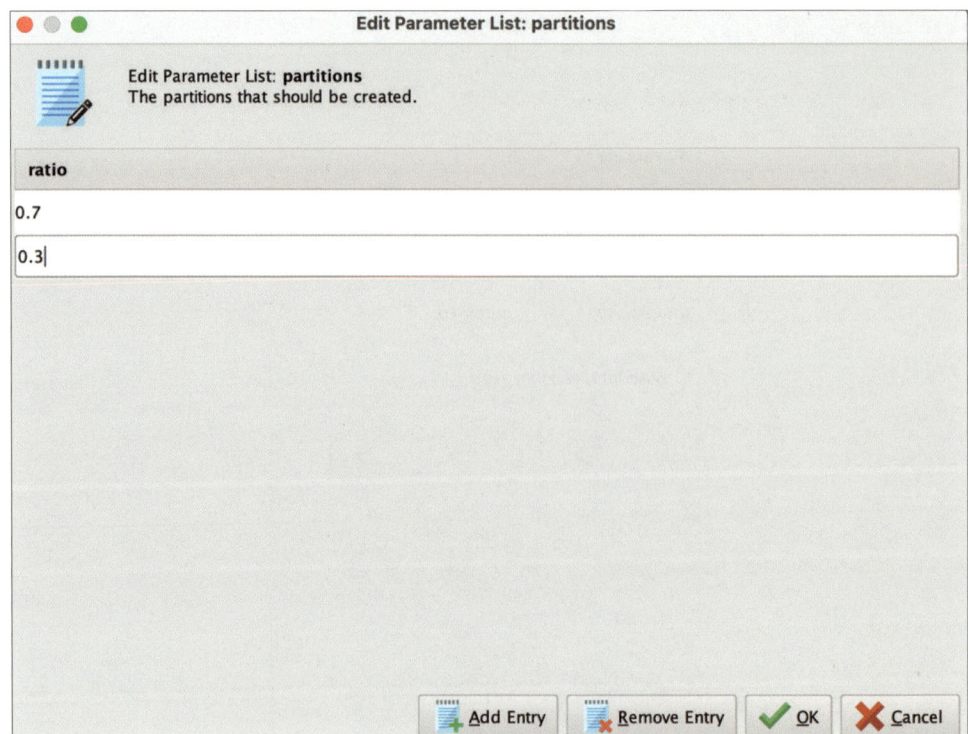

[그림 4-11] 비율을 0.7, 0.3으로 설정한 후 OK 버튼 클릭

Add Entry 버튼을 클릭한 후 0.7과 0.3을 각각 기입한 후 OK 버튼을 클릭한다.(비율이기 때문에 합이 1이 되도록 설정한다.)

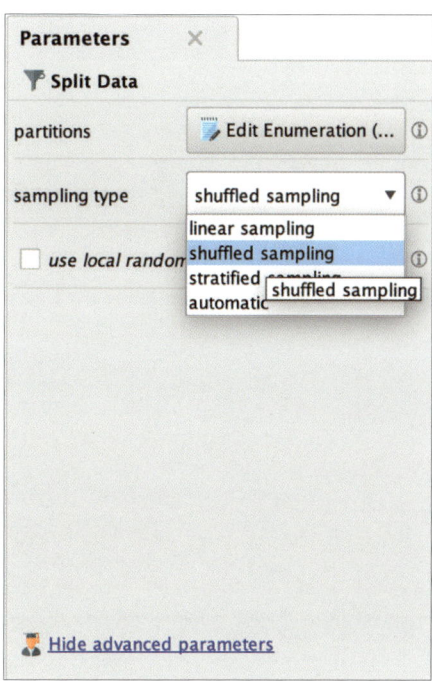

[그림 4-12] sampling type

섞어서 샘플링하기 위해 sampling type에서 shuffled sampling을 선택한다.

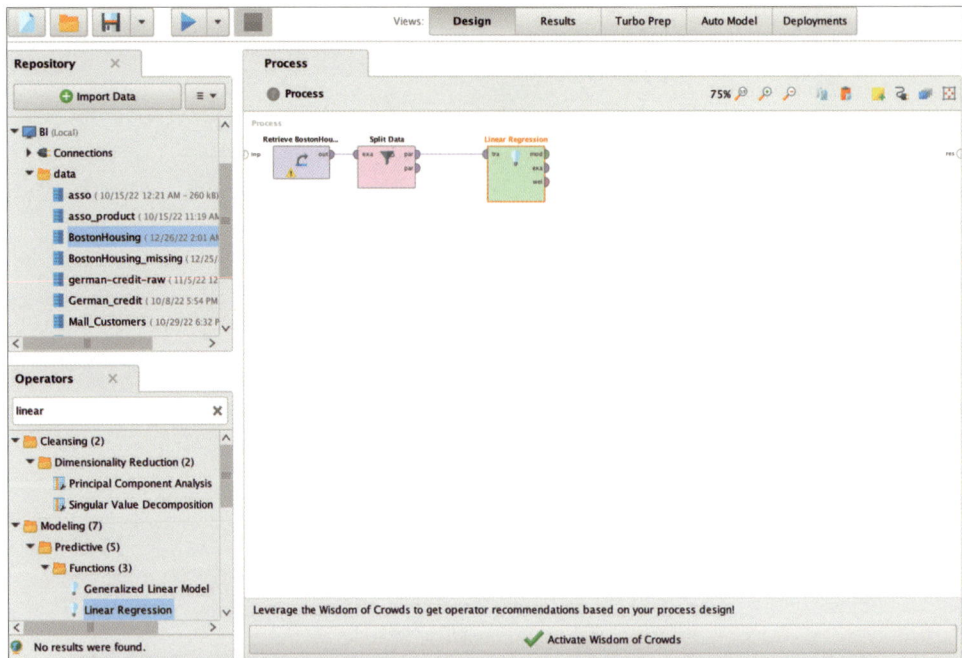

[그림 4-13] Linear Regression 오퍼레이터 끌어서 연결

Operators에서 Linear Regression을 검색한 후 process 창으로 끌어온다. 그리고 split data 와 연결한다. (Linear Regression 오퍼레이터에서 'tra'는 training을 의미함)

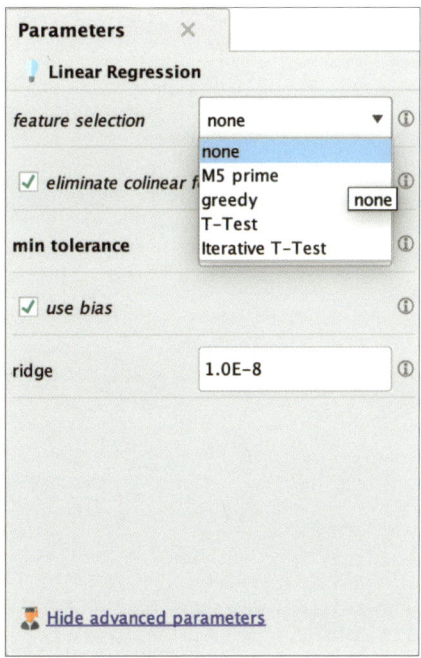

[그림 4-14] Linear Regression 오퍼레이터의 Parameters

Linear Regression Operator의 Parameters에서 Feature selection을 "none"으로 설정한다.

[그림 4-15] Apply model 오퍼레이터 끌어서 연결하기

모형을 적용하기 위해 Operators에서 Apply Model을 검색하여 process로 끌어온 다음 Linear Regression과 연결한다.

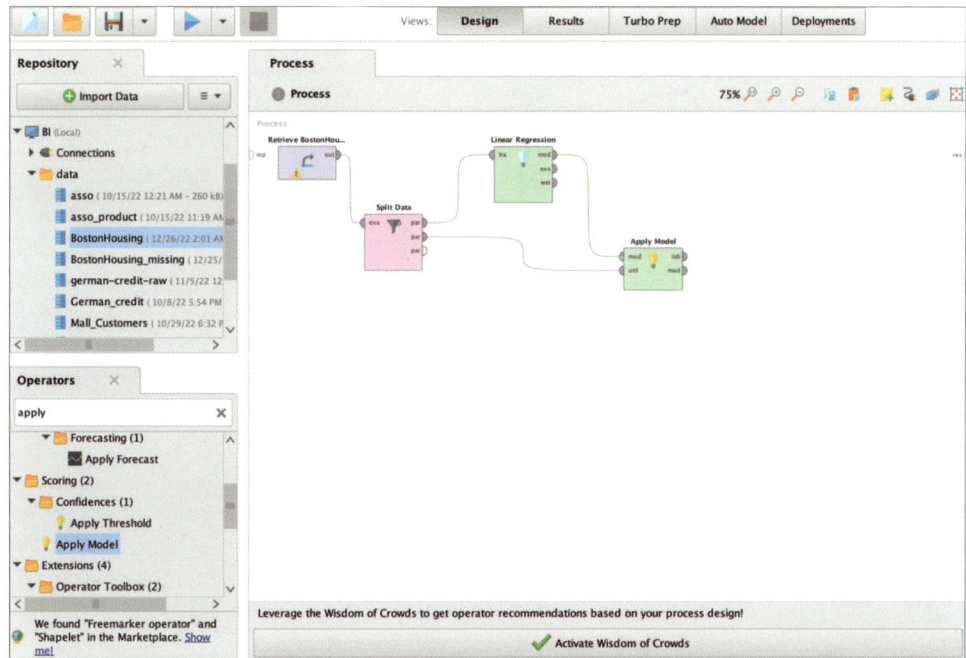

[그림 4-16] 다음과 같이 오퍼레이터들을 연결

[그림 4-16]과 같이 Process가 연결되도록 한다. Test Data Set은 ApplyModel의 input으로 연결하도록 한다.

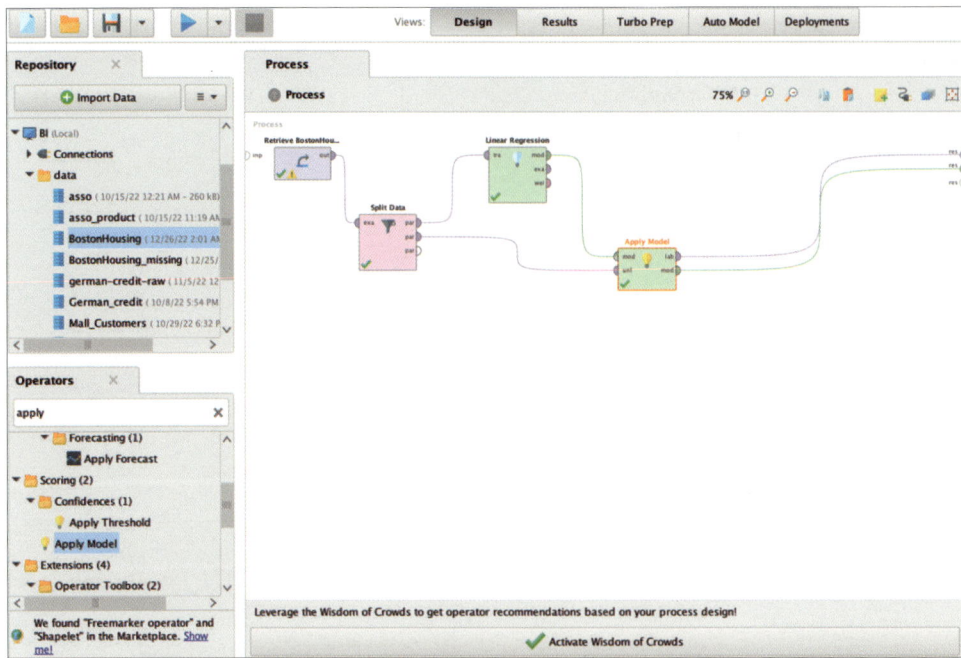

[그림 4-17] 다음과 같이 연결 후 실행 버튼 클릭

Result에도 연결시키고 완료된 후에는 실행 버튼을 클릭한 뒤 결과를 확인해 보자.

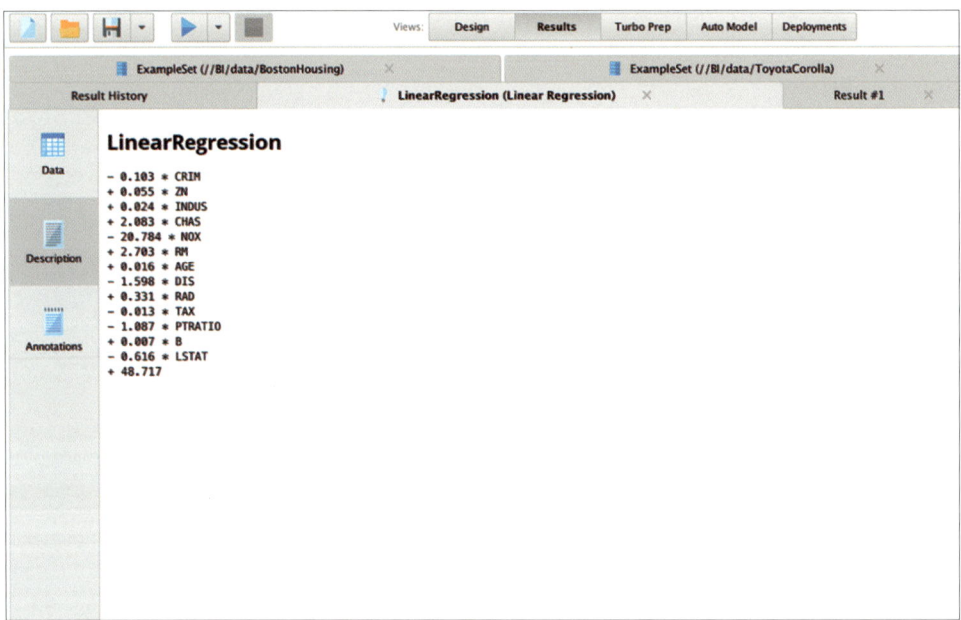

[그림 4-18] Results 패널에서 Description 확인

Description을 확인해 보면 선형회귀식이 생긴 것을 알 수 있다.

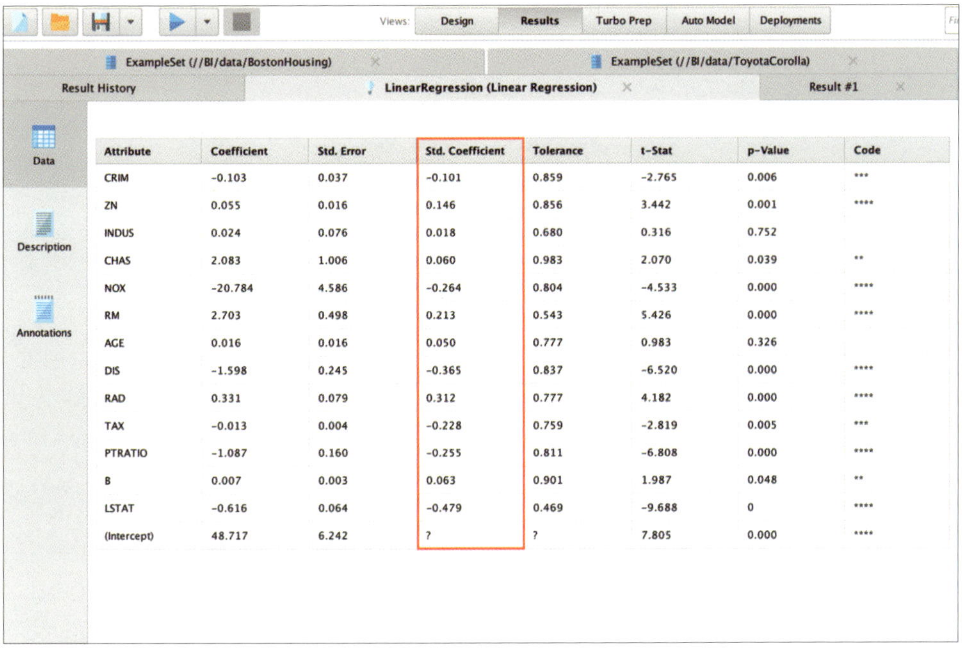

Attribute	Coefficient	Std. Error	Std. Coefficient	Tolerance	t-Stat	p-Value	Code
CRIM	-0.103	0.037	-0.101	0.859	-2.765	0.006	***
ZN	0.055	0.016	0.146	0.856	3.442	0.001	****
INDUS	0.024	0.076	0.018	0.680	0.316	0.752	
CHAS	2.083	1.006	0.060	0.983	2.070	0.039	**
NOX	-20.784	4.586	-0.264	0.804	-4.533	0.000	****
RM	2.703	0.498	0.213	0.543	5.426	0.000	****
AGE	0.016	0.016	0.050	0.777	0.983	0.326	
DIS	-1.598	0.245	-0.365	0.837	-6.520	0.000	****
RAD	0.331	0.079	0.312	0.777	4.182	0.000	****
TAX	-0.013	0.004	-0.228	0.759	-2.819	0.005	***
PTRATIO	-1.087	0.160	-0.255	0.811	-6.808	0.000	****
B	0.007	0.003	0.063	0.901	1.987	0.048	**
LSTAT	-0.616	0.064	-0.479	0.469	-9.688	0	****
(Intercept)	48.717	6.242	?	?	7.805	0.000	****

[그림 4-19] Data를 선택해 Std.Coefficient 확인

Data를 확인해 보면 Std.Coefficient를 확인할 수 있다. Std.Coefficient(표준화 계수)는 각 변수가 결과에 어떤 영향을 끼쳤는지 알려주는 지표이다.

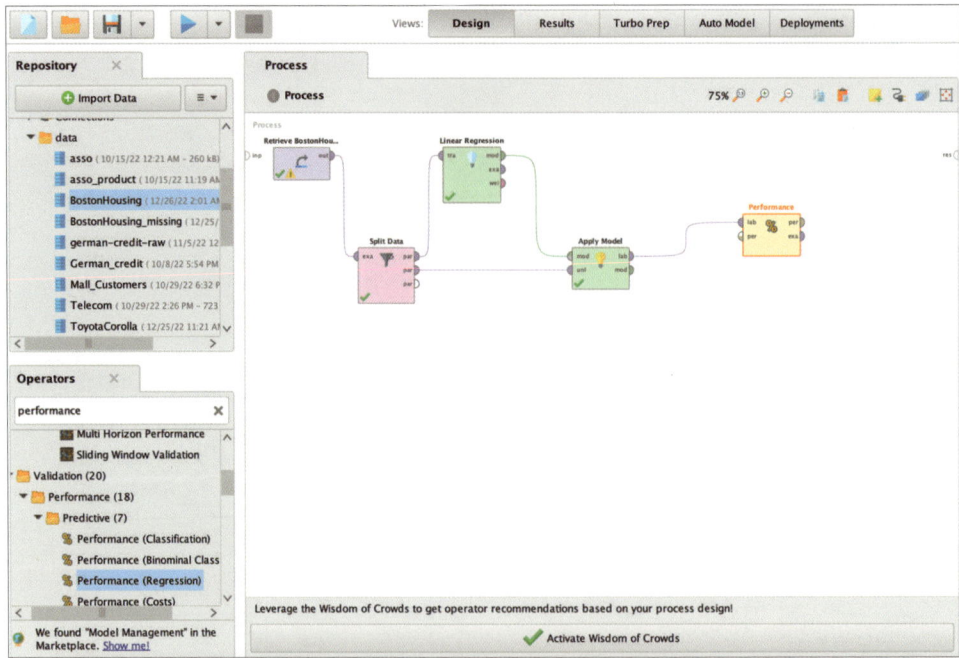

[그림 4-20] Design 패널로 돌아가 'Performance (Regression)' 오퍼레이터 가져온 후 연결하기

Design 패널로 돌아가 보자. Performance(Regression)을 Operator 창에서 검색하여 Process로 가져와 Apply Model 다음으로 연결한다.

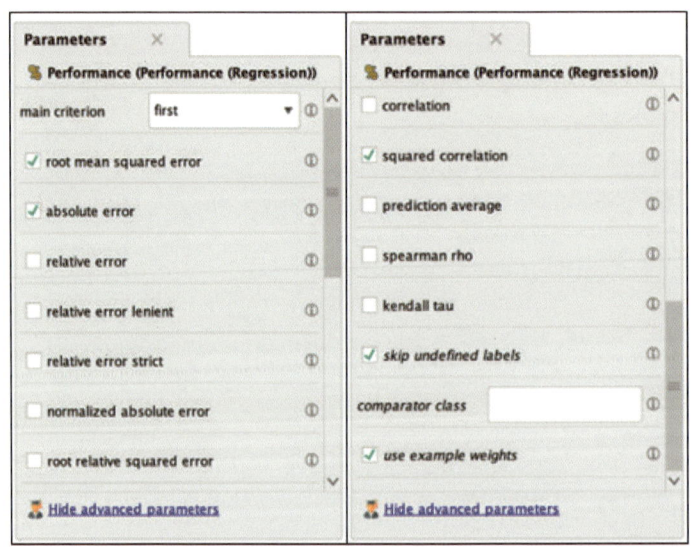

[그림 4-21] Performance (Regression) 오퍼레이터의 Parameters에서 다음과 같이 설정

Parameters에서 RMSE(Root Mean Squared Error), absolute error, squared correlation skip undefined labels, use example weights 항목을 체크한다.

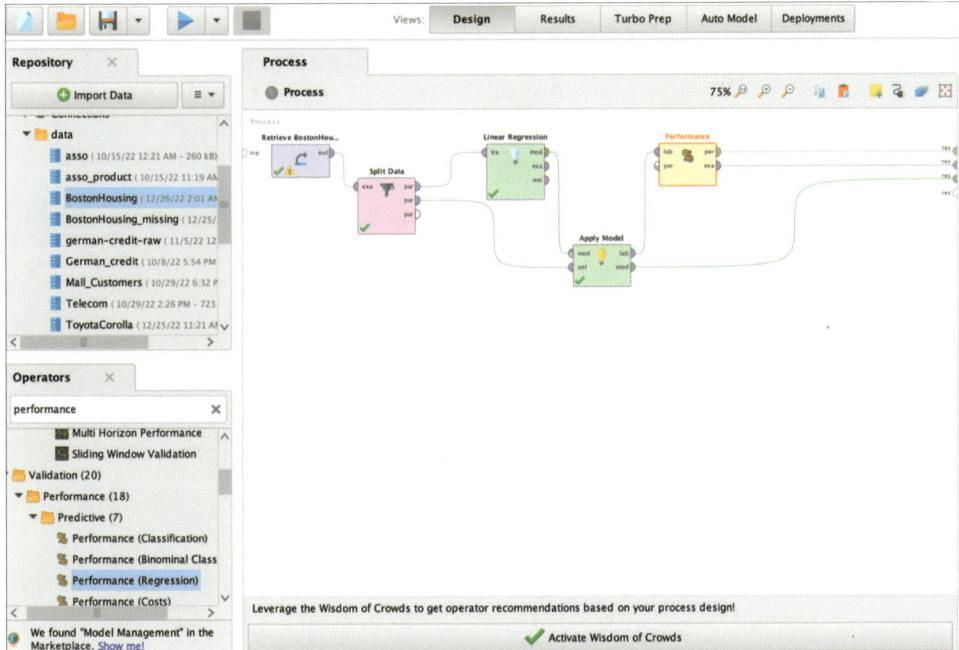

[그림 4-22] 다음과 같이 연결 후 실행 버튼 클릭

[그림4-22]와 같이 연결이 완료되면 실행 버튼을 클릭한다.

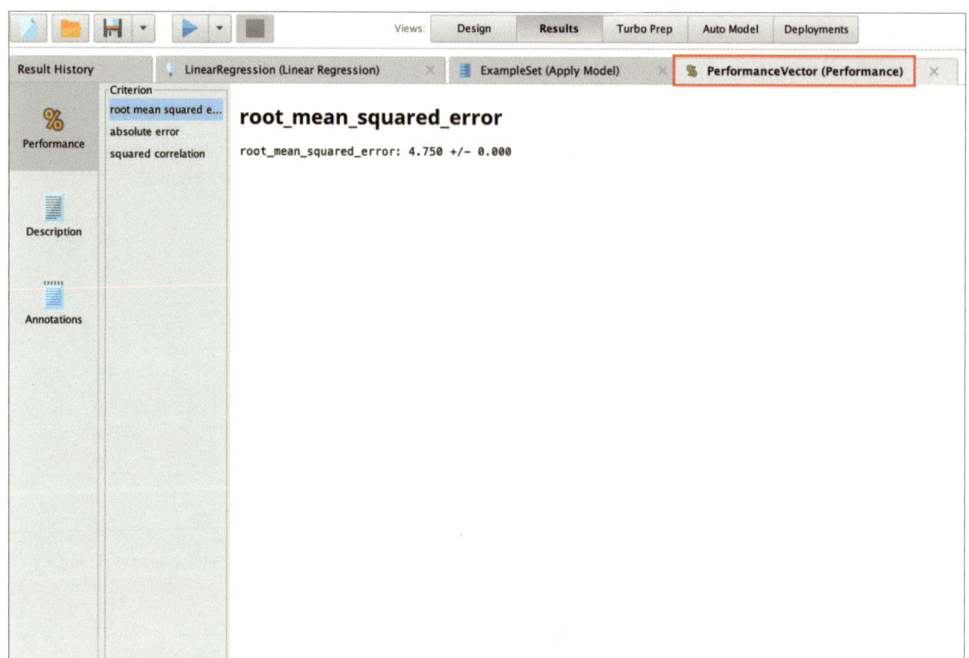

[그림 4-23] Results 창에서 PerformanceVector 탭 클릭

Parameters에서 확인하고 싶었던 RMSE과 같은 값들을 확인할 수 있다.

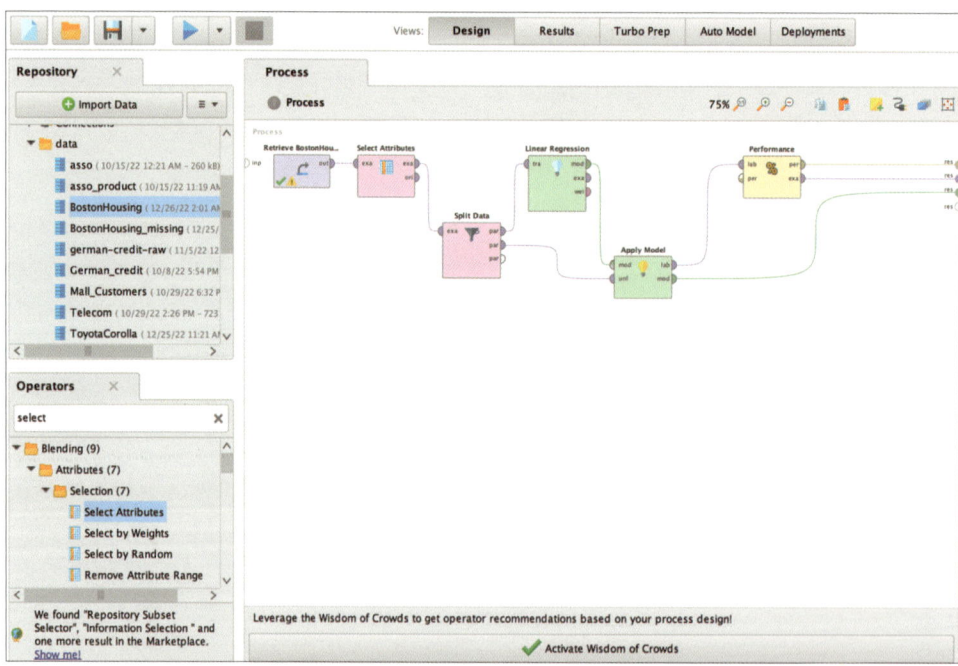

[그림 4-24] Design 패널로 돌아가 Select Attributes 오퍼레이터 끌어서 연결

특정한 변수만 선택하고 싶을 때 사용하는 Select Attributes 오퍼레이터를 끌어서 데이터와 Split Data Operator와 연결한다. 일반적으로 Select Attributes Operator는 데이터를 나누기 전에 실행하는 것이 좋다.

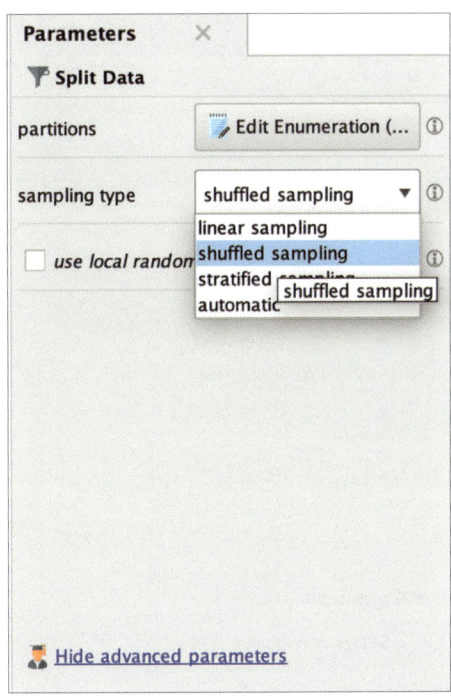

[그림 4-25] Select Attributes의 Parameters에서 type을 subset으로 설정

Select Attributes의 Parameters에서 여러 항목을 선택하기 위해 Attribute filter type을 subset으로 선택한다.

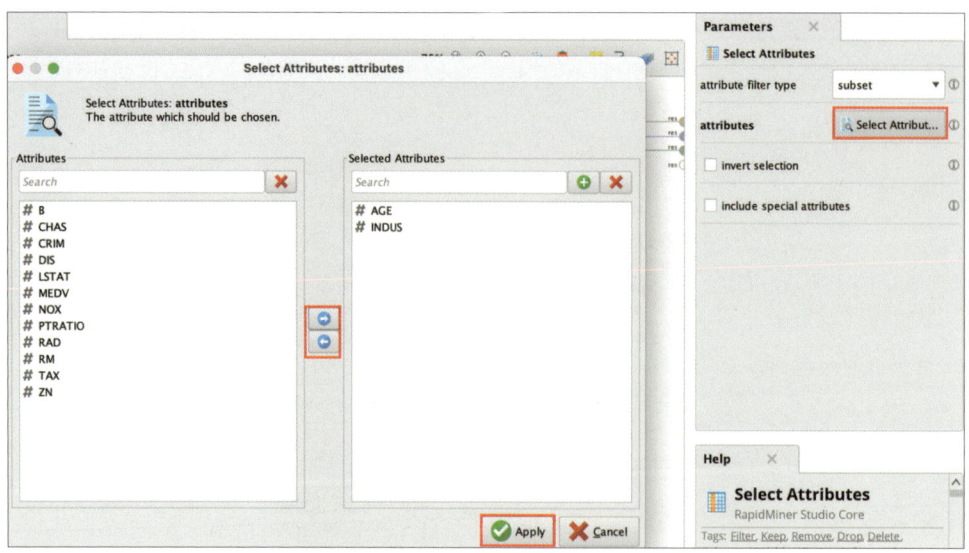

[그림 4-26] Select Attributes 클릭 후 다음과 같이 설정

[그림 4-26]과 같이 AGE, INDUS를 선택하고 apply를 클릭한다.

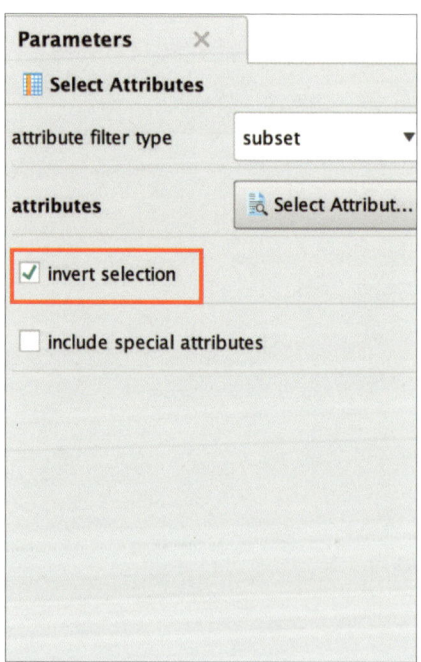

[그림 4-27] 적용 후 invert selection 항목 체크하기

마지막으로 Invert selection 항목을 체크한다.

Attribute	Coefficient	Std. Error	Std. Coefficient	Tolerance	t-Stat	p-Value	Code
CRIM	-0.104	0.037	-0.103	0.859	-2.815	0.005	***
ZN	0.053	0.016	0.140	0.854	3.345	0.001	****
CHAS	2.173	0.994	0.062	0.984	2.186	0.030	**
NOX	-19.270	4.248	-0.245	0.809	-4.536	0.000	****
RM	2.801	0.483	0.221	0.556	5.794	0.000	****
DIS	-1.691	0.224	-0.386	0.811	-7.544	0.000	****
RAD	0.318	0.075	0.300	0.774	4.218	0.000	****
TAX	-0.012	0.004	-0.213	0.763	-2.949	0.003	***
PTRATIO	-1.066	0.157	-0.250	0.813	-6.811	0.000	****
B	0.007	0.003	0.066	0.902	2.082	0.038	**
LSTAT	-0.590	0.058	-0.459	0.501	-10.153	0	****
(Intercept)	47.965	6.182	?	?	7.759	0.000	****

[그림 4-28] 실행 후 Results 패널 확인

결과를 확인해 보면 아까와 달리 95% 신뢰 수준에서 유의미하지 않은 독립변수들은 제거된 것을 확인할 수 있다.

의사결정나무분석

　의사결정나무분석은 대표적인 분류분석 기법으로 가장 기본적인 분석기법 중 하나이다. 의사결정나무분석은 마치 스무고개 문제와 같은 방식으로 동질적인 개체를 찾아내는 분석기법이다. 스무고개 문제는 예를 들면 운동장에 100명의 대상자를 모집해 두고 20여 개의 문제를 출제한 후 각 문제의 답을 O 또는 X로 구분하여 O로 생각하는 집단과 X로 생각하는 집단을 찾아간다. 즉, 첫 번째 문제에서 정답이 O인 경우 O로 답을 선택한 응답자는 살아남지만 X로 답을 선택한 응답자는 제외된다. 다음 단계에서는 이전 문제에서 O로 정답을 맞힌 응답자만 대상으로 다음 문제를 출제하고 마찬가지 방식으로 정답을 선택한 응답자는 잔류하고, 오답자들은 제외된다. 이런 방식으로 여러 단계를 진행하면 문제를 잘 맞힌 사람들을 걸러낼 수 있다. 한편, 중간 단계에서 오답으로 제외된 응답자들에게 "패자부활"의 기회를 주기도 한다. 이때 정답을 맞힌 경우에는 정답자 그룹에 포함되어 퀴즈를 계속 참여할 수 있다. 이렇게 퀴즈에 능통한 사람들의 집단과 퀴즈에서 오답을 낸 사람들의 집단을 찾아 낼 수 있는데 의사결정나무분석의 과정이 이와 유사하다.

　의사결정나무분석에서의 분석 과정은 스무고개 문제 보다는 과학적인 과정을 통해 분류분석을 진행한다. 예를 들어, 금융기관에 대출을 신청한 사람들을 대상으로 대출을 허용할 수 있는 사람들의 집단과 허용할 수 없는 사람들의 집단을 심사를 통해 결정한다. 즉, 대출 기간 만료 후 원금 상환을 할 가능성이 높고 대출 기간 중 발생하는 이자를 적시에 납부하는 사람들에게는 대출을 허용하겠지만 이자를 제때 납부할 가능성이 없거나 대출기간 만료 후 원금을 상환할 수 없는 사람들에게는 대출이 허용되지 않을 것이다. 금융기관에서는 여러 가지 정성적, 정량적 분류 모형을 사용하여 대출 심사를 진행하는데 의사결정나무분석도 정량적인 심사 모형 중 하나로 사용될 수 있다. 즉, 신용 상태가 좋아

원금과 이자를 제때 납부할 수 있는 사람들의 집단과 신용 상태가 나빠 제때 납부할 가능성이 낮은 사람들의 집단으로 나누는 과정이라고 할 수 있다. 이를 스무고개 문제와 같이 생각해 보면, 스무고개 문제에서 퀴즈에 능통한 사람들의 집단과 그렇지 못한 사람들의 집단으로 나누는 것과 유사한 과정이라고 생각할 수 있다.

의사결정나무분석에서는 스무고개 문제에서의 단계별 퀴즈 문제가 아니라 대출 신청자의 인구통계학적 데이터나 신용 관련 재무 데이터의 상태를 기준으로 분류를 진행한다. 예를 들면, 과거 대출 신청자들의 나이를 기준으로 30세 미만과 30세 이상인 경우, 각각의 집단에 소속된 신청자들에 대한 정상 상환 여부에 대한 비율을 계산하여 해당 집단에서의 종속변수 값을 결정하게 된다. 이 과정을 예시 자료로 다시 설명해 본다.

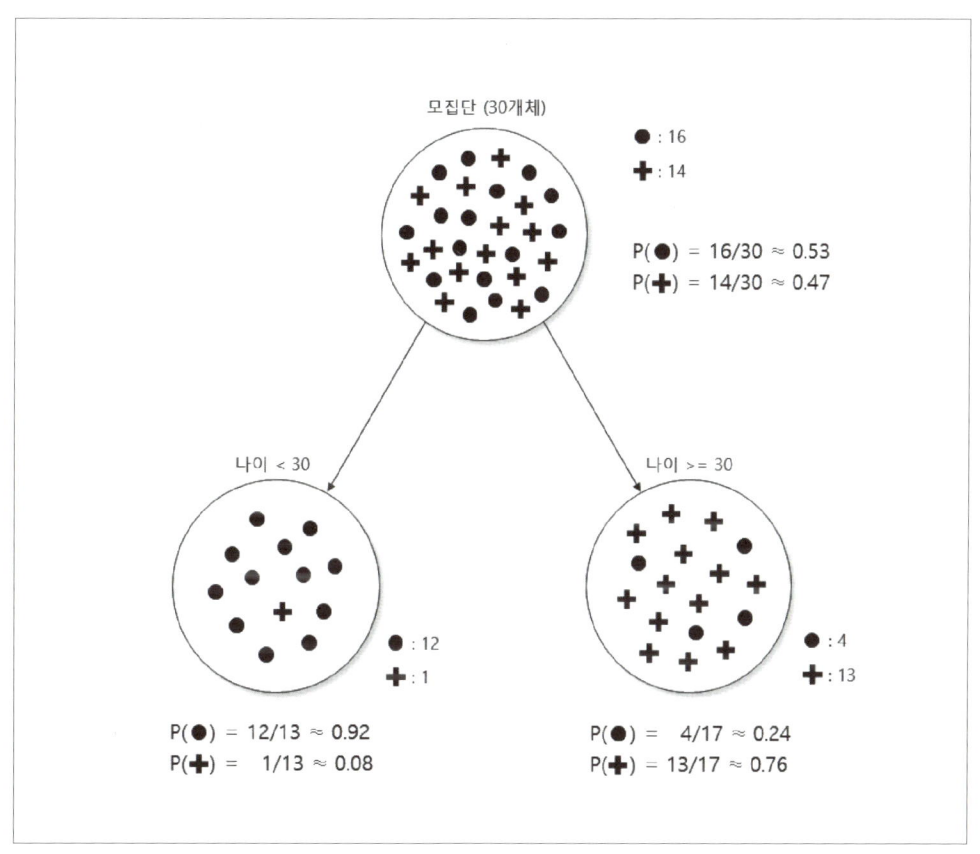

[그림 5-1] 의사결정나무분석 진행 예시

[그림 5-1]에서 과거 금융기관에 대출을 신청한 신청자가 총 30명이었고 이 중 14명은

정상적으로 상환을 한 "정상" 신청자이고 16명은 정상적인 상환을 하지 못한 "불량" 신청자라고 가정하자. 이해를 돕기 위해 그림에서 정상 신청자는 별표로, 불량 신청자는 동그라미로 표현하였다. 의사결정나무분석을 진행하기 전인 모집단 단계에서는 30명의 신청자가 모두 하나의 집단으로 모여 있다. 특정 기준에 의해 대출 신청자의 나이 데이터가 신용평가에 중요한 요인이라고 판단되었다고 가정하고, 나이는 30세를 기준으로 판단하는 것이 적정하다고 분석이 된다면 그림과 같이 모집단을 2개의 하위 집단으로 분리할 수 있다.

여기서 왼쪽 원에는 대출 신청자 중 30세 미만의 신청자만 분포되어 있고, 이 중 12명은 불량 신청자이고 1명은 정상 신청자인 것으로 나타났다. 반면, 30세 이상의 신청자들은 총 17명인데 이 중 4명이 불량이고 13명은 정상이었다. 그러면 왼쪽 원 안에는 과반이 불량 신청자이기 때문에 왼쪽 원에 배정된 신청자는 불량 신청자로 분류한다. 오른쪽 원은 과반이 정상 신청자이므로 이 원에 배정되는 신청자는 모두 정상 신청자로 분류하게 된다.

전술한 분석 과정에서 대출 신청자의 여러 데이터 중 나이 데이터가 신용평가의 중요 요인으로 판단되었다고 가정하였는데, 실제로는 이를 판단할 수 있는 지표를 이용하여 중요 여부를 판단하게 된다. 이 지표는 흔히 "불순도"라는 지표를 의미하는데 의사결정나무의 여러 알고리즘에서 사용하는 불순도 지표의 수식이 약간씩 차이가 있다. 의사결정나무 분석의 대표적인 알고리즘인 C5.0 알고리즘을 중심으로 불순도 지표를 소개한다.

C5.0에서의 불순도 지표는 "엔트로피(Entropy)"를 사용하는데 엔트로피의 수식은 다음과 같다.

$$H(X) = -p_1 \log_2 p_1 - p_2 \log_2 p_2 - K - p_m \log_2 p_m$$

여기서 P_1은 첫 번째 소속 집단에 포함될 확률, P_2는 두 번째 소속 집단에 포함될 확률을 의미하는데, 예를 들면 앞에서의 예시에서 원 안에 포함된 대출 신청자의 분포를 통해서 각 확률을 계산할 수 있다. 나이를 기준으로 두 개의 원을 만들었을 때 정상 신청자의 비율은 오른쪽 원 내의 전체 신청자 17명 중 13명이었으므로 13/17(약 76%)이다. 한편, 불량 신청자의 비율은 17명 중 4명에 해당하는 4/17(약 24%)이다. 즉, 오른쪽 원 내에서의 P_1은 0.76, P_2는 0.24의 확률 값이라고 할 수 있다. 따라서 이를 기준으로 오른쪽 원 내의 엔트로피 값을 계산하면 $-[p(●) \log2 p(●) + p(✚) \log2 p(✚)]$이고 이를 다시 계산하면

−[0.24 × (−2.1) + 0.76 × (−0.39)], 즉 0.79로 계산된다.

여러 데이터 요인 중에서 나이가 중요한 요인이라고 판단하기 위해서는 오른쪽 원에서의 엔트로피 값뿐만 아니라 왼쪽 원에서의 엔트로피 값이 필요하고, 두 값을 데이터의 개수로 가중합계 하여 나이로 나누었을 때의 엔트로피 값을 계산해야 한다.

왼쪽 원에서의 엔트로피 값은 0.39 (= −[0.92 × (−0.12) + 0.08 × (−3.7)])로 계산된다. 나이 값을 기준으로 만들어진 분석 단계에서의 가중합계 엔트로피 값은 0.62(= 0.43 × 0.39 + 0.57 × 0.79)이다. 나이 변수의 중요도를 평가하기 위해서는 모집단 (나이를 기준으로 분리하기 이전 단계 집단)에서의 엔트로피 값이 필요하다. 모집단에서의 엔트로피 값은 0.99 (= −[0.53 ×(−0.9) +0.47 ×(−1.1)])이다.

모집단에서의 엔트로피 값과 나이 단계에서의 엔트로피 값의 차이가 나이의 중요도라고 할 수 있다. 이는 나이를 기준으로 데이터를 두 개의 집단으로 나누었을 때, 나누지 않았을 때보다 집단 내 개체들의 동질성(종속변수 값의 동일 정도)을 얼마나 높여 주는지를 판단할 수 있는 값이기 때문이다. 이 값을 의사결정나무분석에서는 정보이득(information gain)이라고 하는데 예시에서의 정보이득은 0.37 (= 0.99−0.62)이다. 나이 뿐만 아니라 다른 요인들(예를 들면, 주거지, 소득수준, 보통예금 잔고 등)이 있다면 각각에 대해 유사한 방식으로 정보이득 값을 계산하고 이 중 가장 큰 값을 가지는 요인을 가장 중요한 요인으로 판단하여 데이터를 분리하는 기준으로 사용하게 된다. 만약, 나이가 가장 중요한 요인으로 선택되었다면 이를 기준으로 데이터를 두 개의 집단으로 나누고 그 다음 단계에서는 다른 요인을 이용하여 같은 방식으로 정보이득을 계산하여 분석을 진행하게 된다.

이러한 방식으로 데이터를 여러 개의 집단으로 나누는 과정을 반복하면 궁극적으로는 데이터가 매우 적은 집단이 만들어질 수도 있는데 그렇게 되면 소위 "과적합" 현상이 발생할 수 있으므로 바람직하지 않다. 과적합 현상은 과거 데이터를 학습하여 미래 데이터에 대한 예측이나 분류를 하는 과정에서 과거 데이터에 대한 과도한 학습으로 인해 과거 데이터를 "암기"하는 단계에 이르게 되는 것을 의미하는데, 일반적으로 과적합 현상이 발생하면 미래 데이터에 대한 예측이나 분류가 제대로 되지 않게 된다. 이는 미래가 과거와 반드시 동일하지 않다는 사실에 기반한 것으로 대부분의 애널리틱스 기법에서 과적합 현상을 방지해야만 하는 이유 중 하나다.

RapidMiner를 이용한 의사결정나무분석 실습

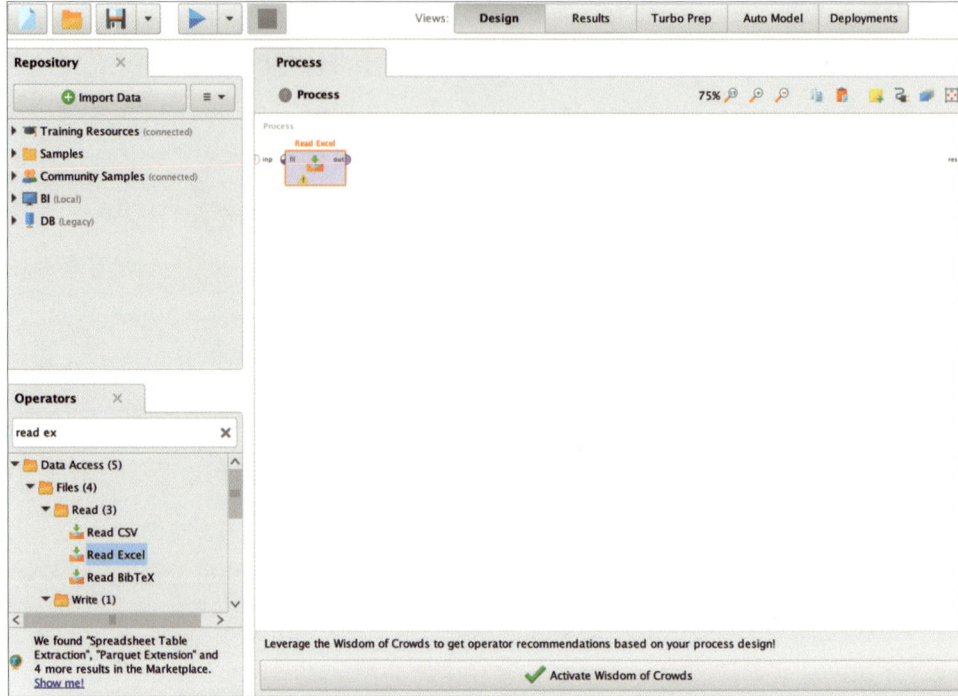

[그림 5-2] Read Excel 오퍼레이터 끌어서 Process 창에 가져오기

폴더에서 process 창으로 끌어 오는게 아닌 Read Excel Operator를 사용하여 데이터를 불러보자. Operator에서 read excel을 검색하여 process로 끌어 오자.(Repository에 저장하지 않고 일회성으로 데이터를 불러오고 싶은 경우 사용)

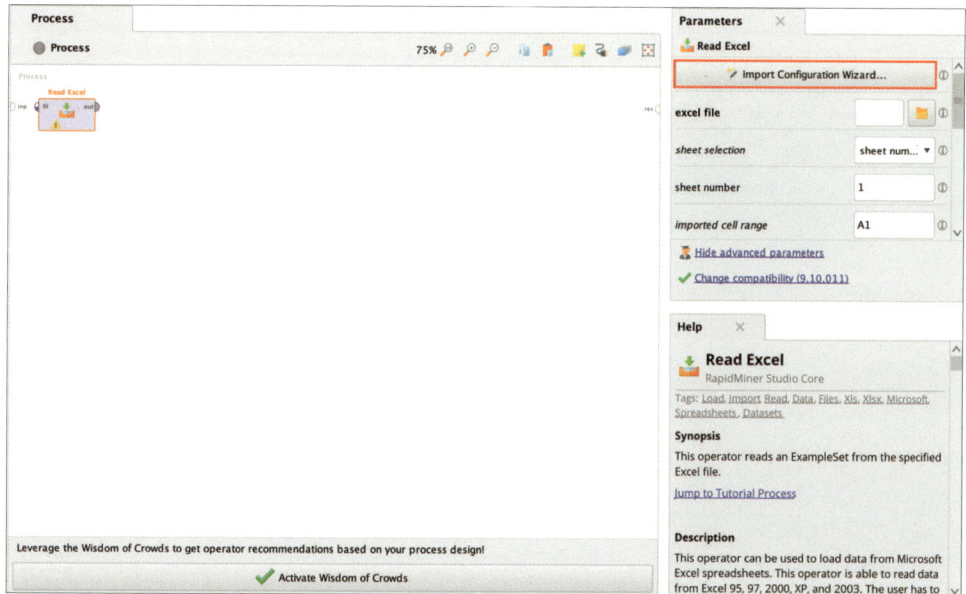

[그림 5-3] Parameters

　분석할 데이터를 불러오기 위해서 Parameters에서 Import Configuration Wizard를 클릭한다.

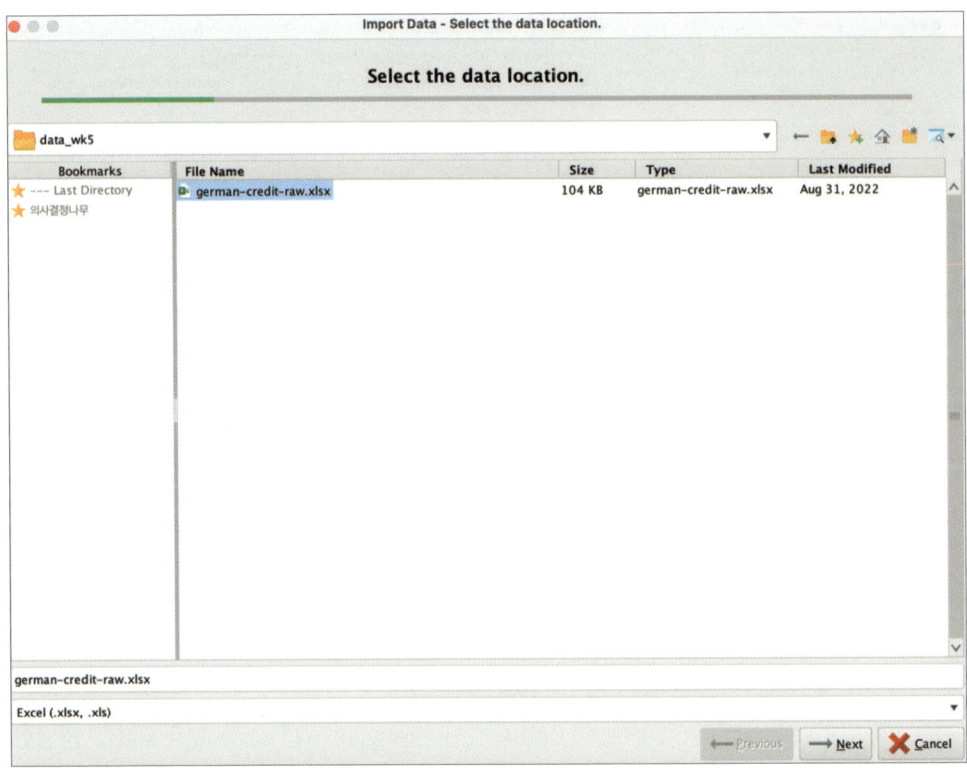

[그림 5-4] 분석할 데이터를 찾은 후 Next 버튼 클릭

분석할 데이터의 폴더를 찾아 데이터를 클릭한 후 Next 버튼을 클릭한다.

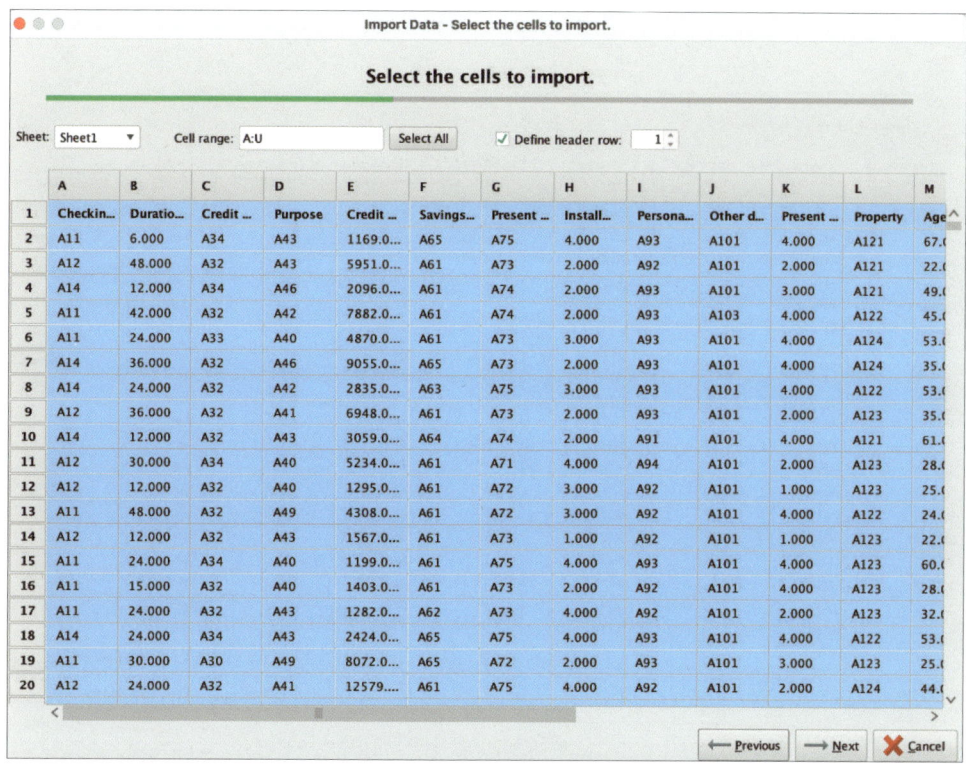

[그림 5-5] Next 버튼 누르기

데이터를 확인하고 Next 버튼을 클릭한다.

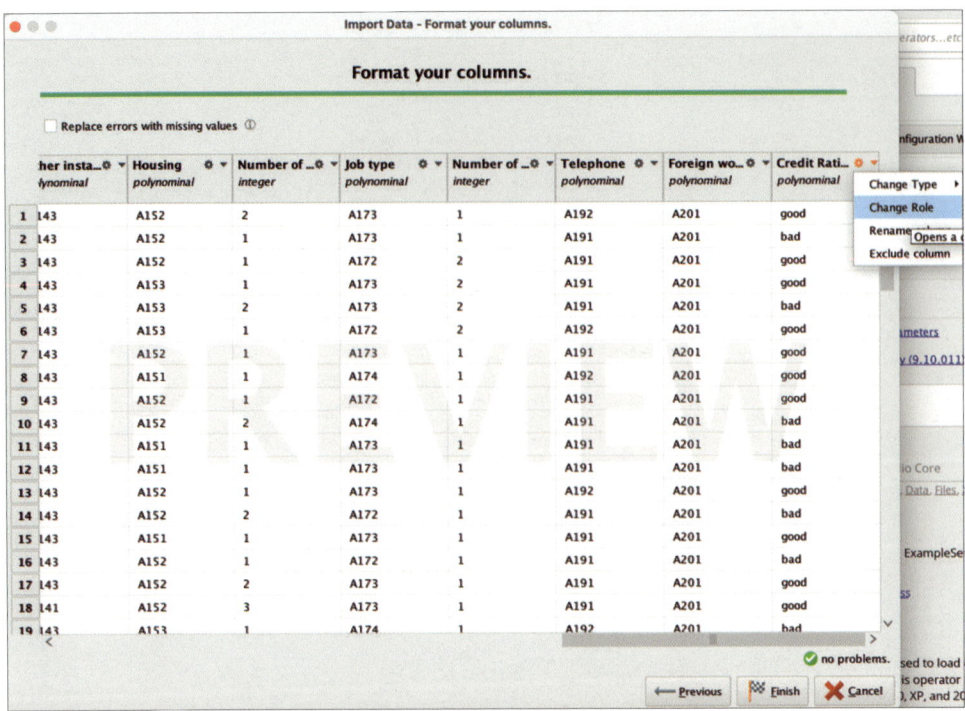

[그림 5-6] Credit Rating에서 Change Role

Credit Rating이 종속변수이기에 Change Role을 통해 label로 설정하고 Finish 버튼을 클릭한다.

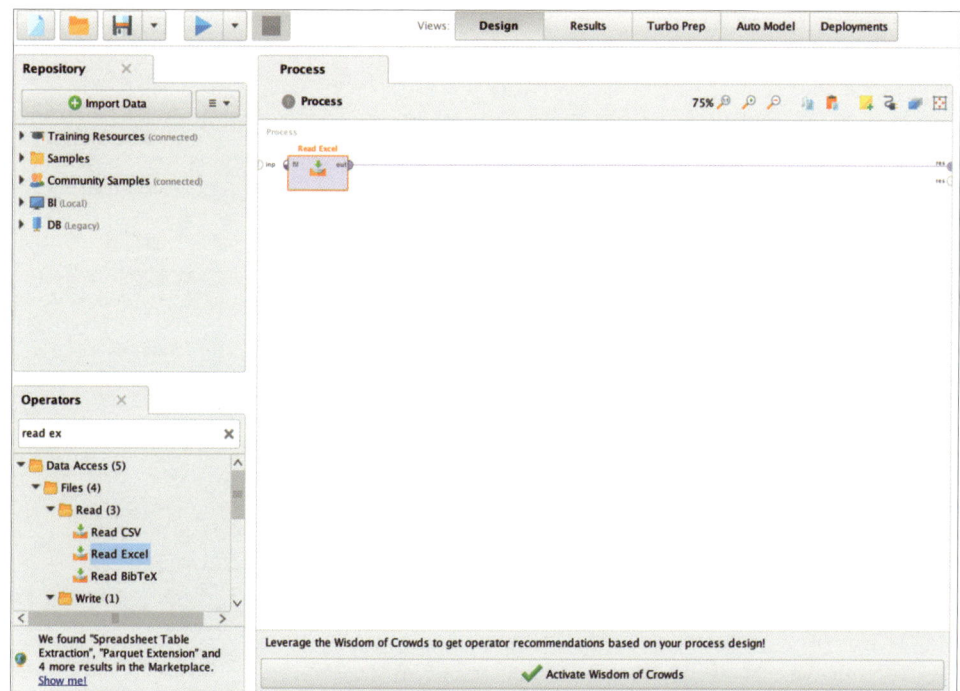

[그림 5-7] Output 포트를 Result 포트에 연결 후 실행

데이터 분석 전 탐색을 위해 result 포트에 연결한 후 실행한다.

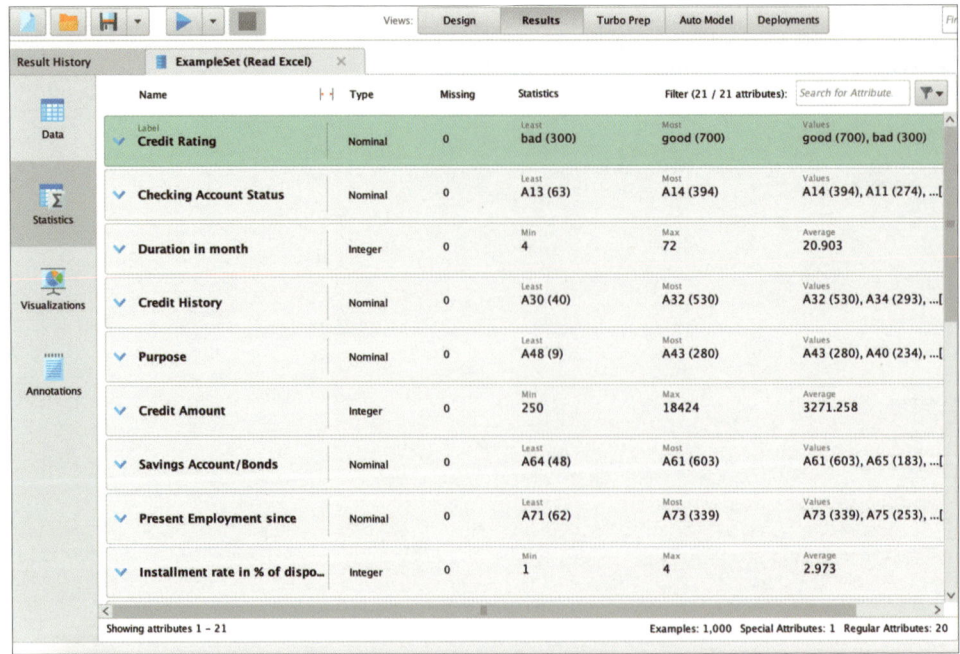

[그림 5-8] Results 화면에서 Statistics 클릭

Credit Rating의 분포를 확인하고, 균형이 맞지 않는 Imbalanced data 셋이라는 것을 확인한다.

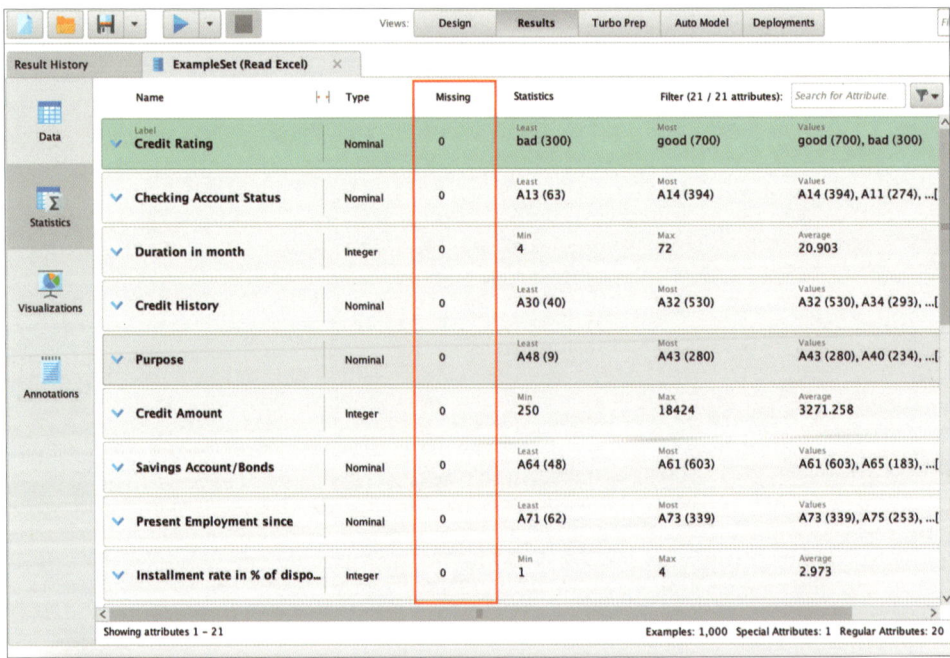

[그림 5-9] Missing 부분 확인

기본적으로 데이터 분석을 하기 전에는 결측치를 확인해야 하는데 확인해 본 결과 결측치가 없다는 것을 알 수 있다.

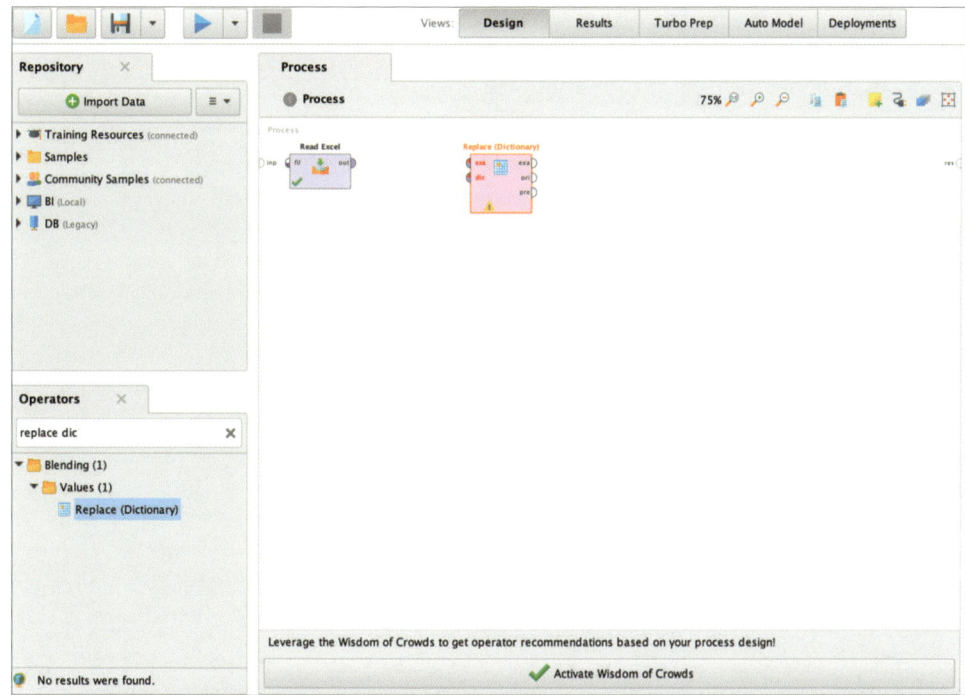

[그림 5-10] Replace (Dictionary)

Replace (Dictionary) (코드 값을 실제 값으로 바꿔주는 오퍼레이터)를 검색하여 process 창으로 갖고 온다.

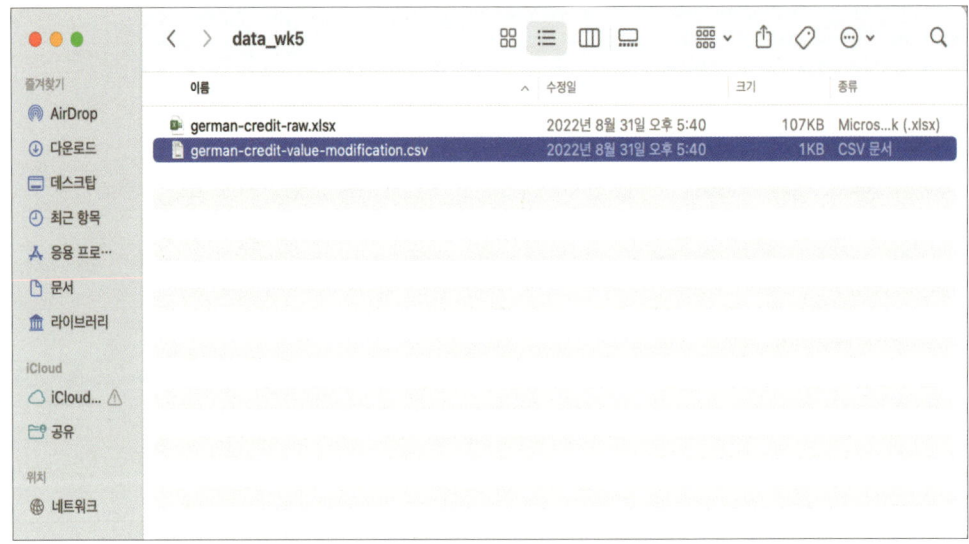

[그림 5-11] 두 번째로 불러올 파일 형태 확인

또 다른 데이터의 확장자를 살펴보면 .csv임을 알 수 있다.

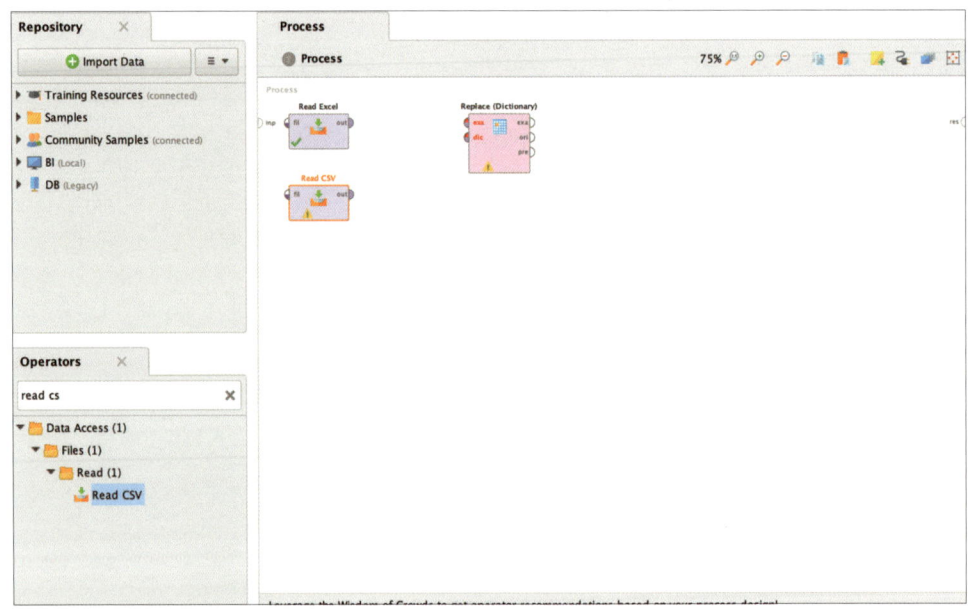

[그림 5-12] Read CSV 오퍼레이터 끌어서 Process 창에 가져오기

CSV 파일을 일회성으로 불러올 수 있는 오퍼레이터인 Read CSV를 검색하여 Process 창

에 가져온다.

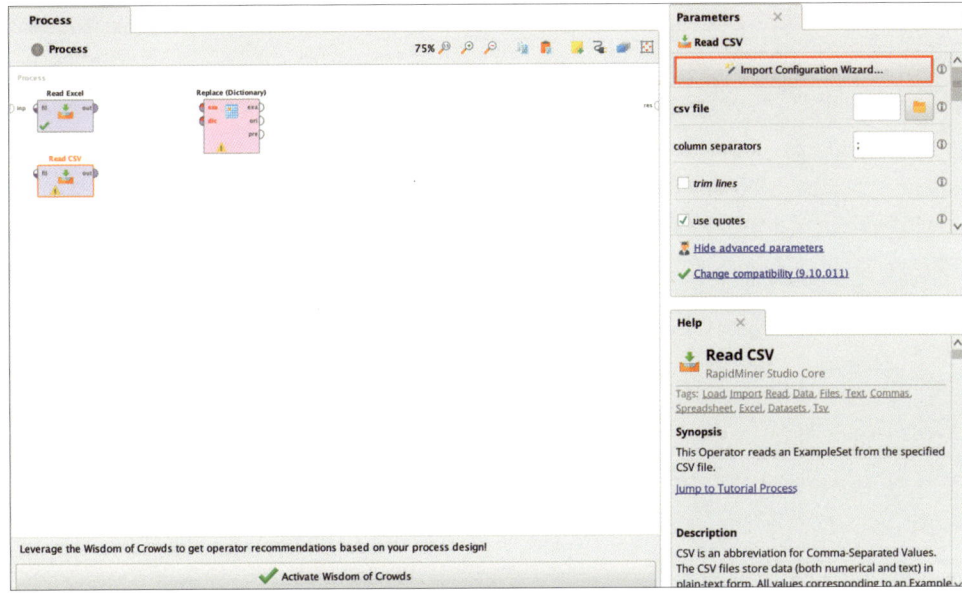

[그림 5-13] Parameters에서 Import Configuration Wizard 버튼 클릭

불러올 CSV 파일을 선택하기 위해 Import Configuration Wizard를 클릭한다.

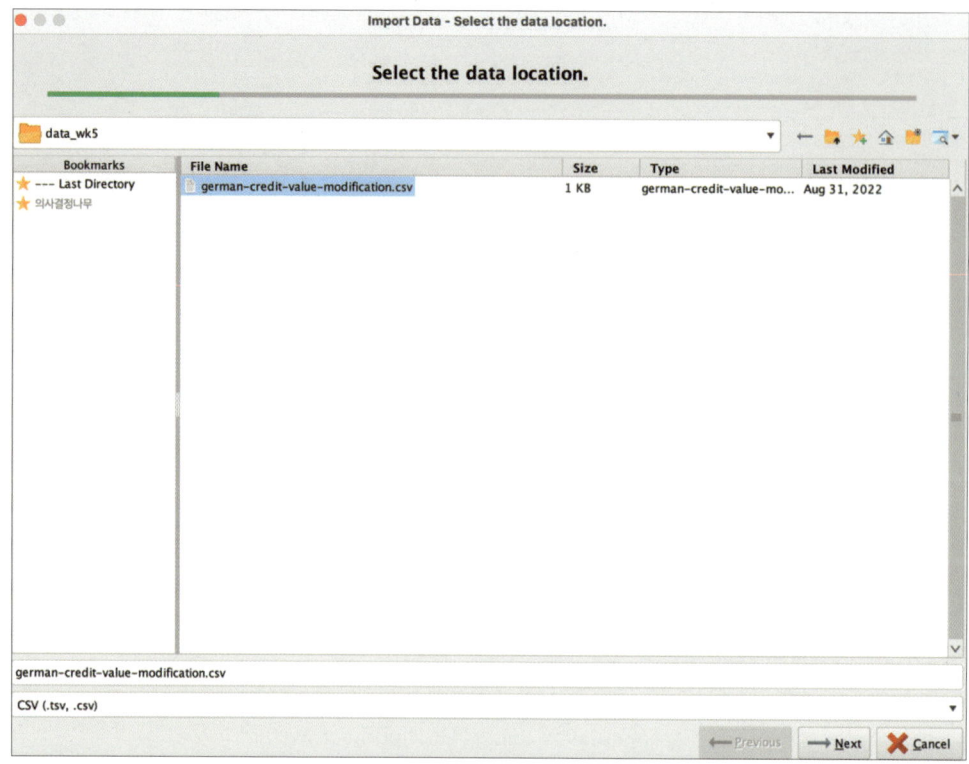

[그림 5-14] 불러올 파일 선택 후 Next 버튼 클릭

데이터가 있는 위치로 들어가 데이터를 선택한 후 Next 버튼을 클릭한다.

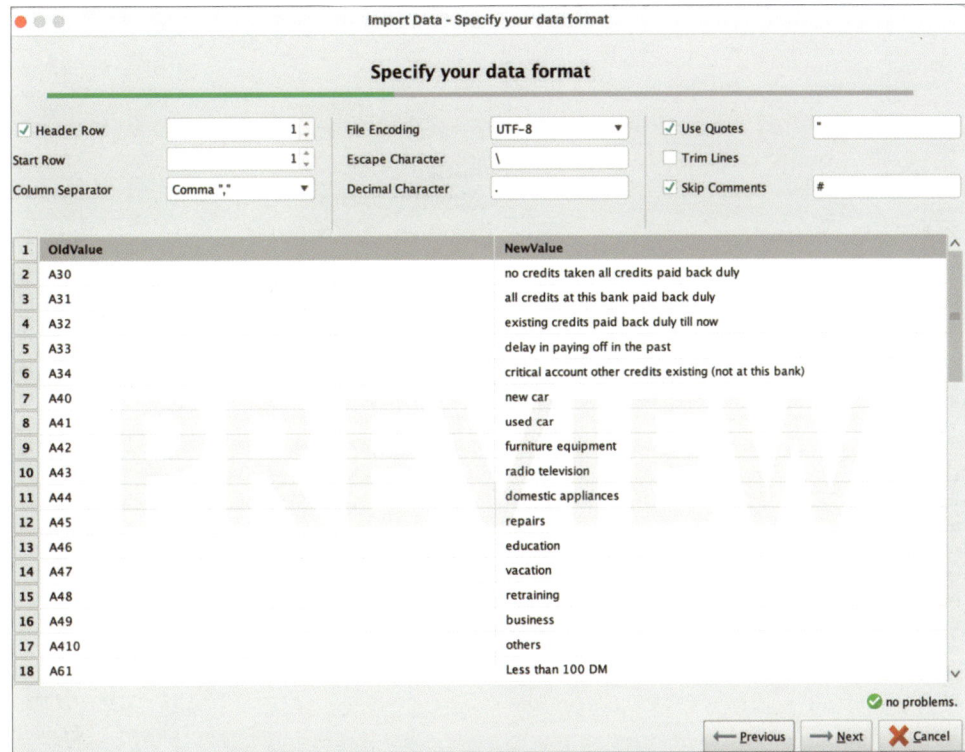

[그림 5-15] Column Separator 확인

현재 csv 파일의 Column Separator를 확인한다.

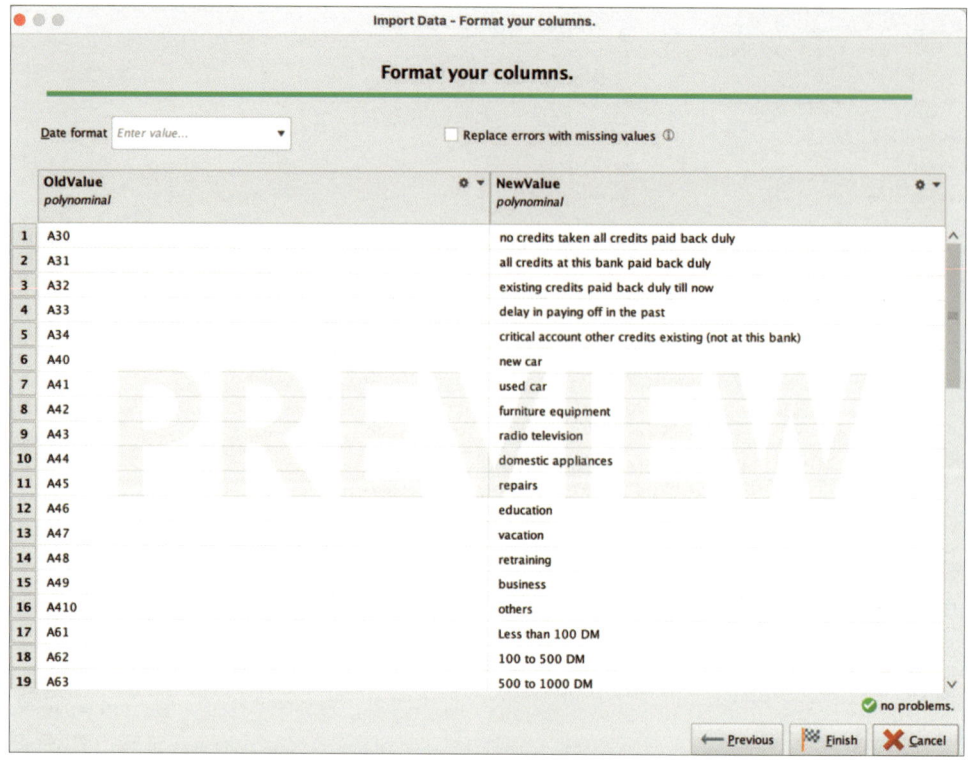

[그림 5-16] Finish 버튼 클릭

현재 데이터에서는 종속변수가 없으므로 Finish를 클릭하고 데이터를 불러온다.

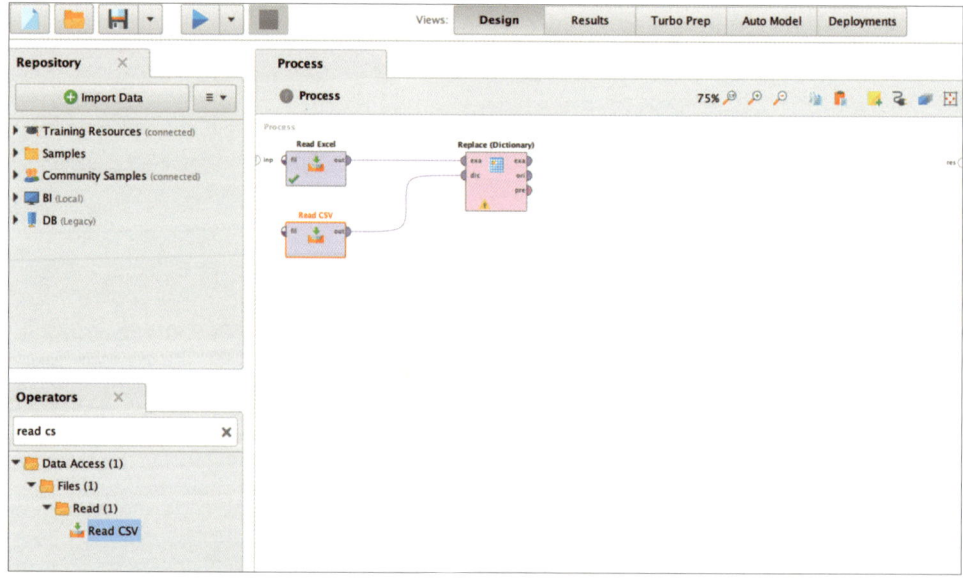

[그림 5-17] 포트 연결

[그림 5-17]과 같이 엑셀 output 포트는 example 포트에, csv output 포트는 dictionary 포트에 연결한다.

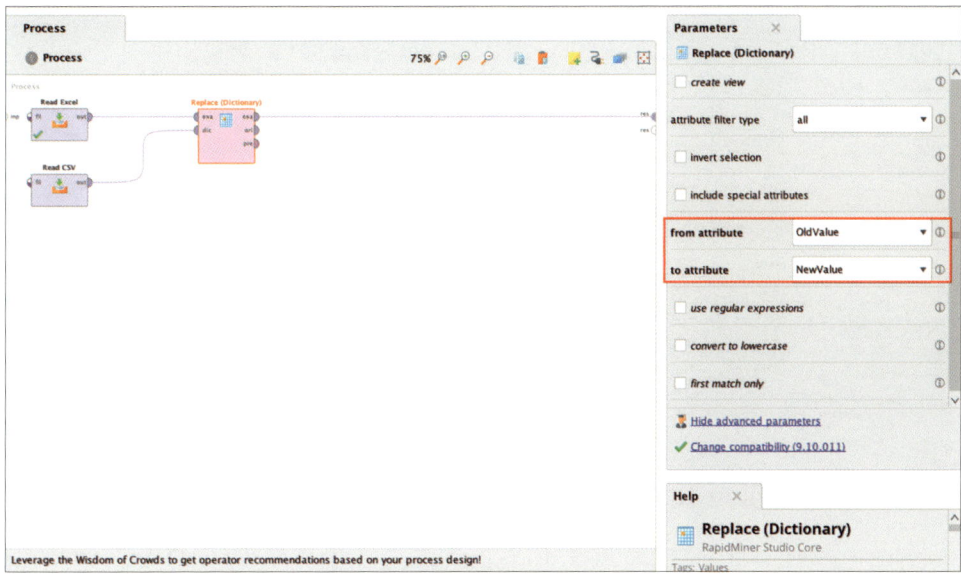

[그림 5-18] Replace (Dictionary)

[그림 5-18]과 같이 오퍼레이터들을 attribute filter type : all, from attribute : OldValue, to attribute : NewValue로 설정한다.

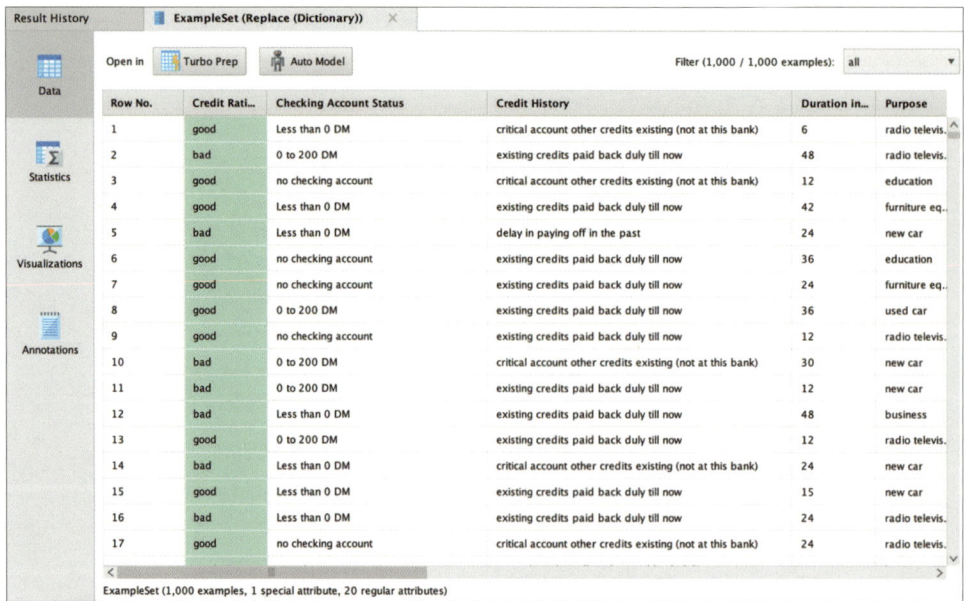

[그림 5-19] 실행 후 결과 확인

실행 후 결과를 보면 데이터의 설명이 있어 이해할 수 있다.

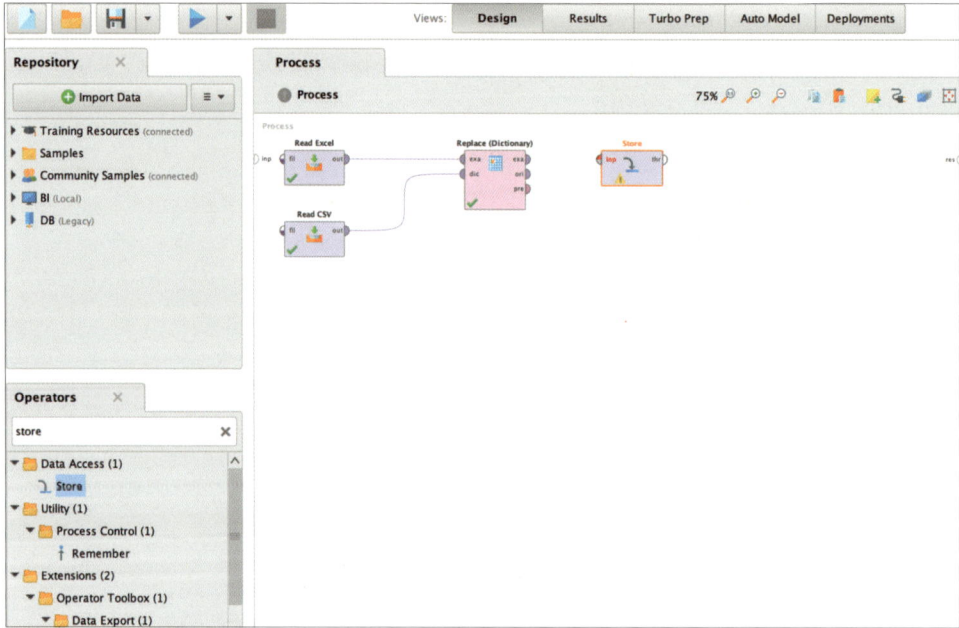

[그림 5-20] Design 패널로 돌아가 Store 오퍼레이터 끌어서 가져오기

Design View로 돌아와 지정한 Repository에 저장할 수 있도록 Operator에서 store를 검색하여 process로 끌고 온다.

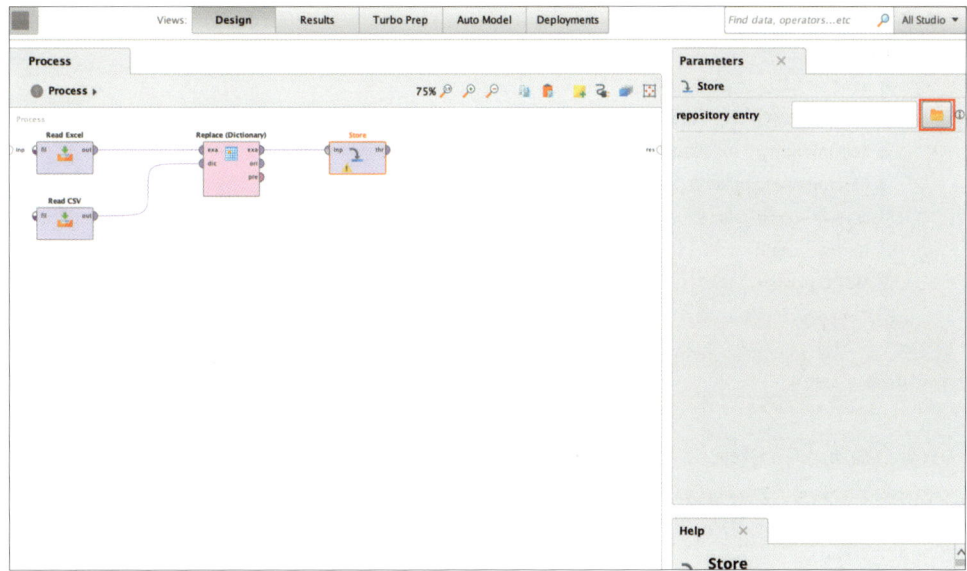

[그림 5-21] Store 오퍼레이터의 Parameters에서 아이콘 클릭

저장 위치를 지정하기 위해 Parameters에서 폴더 아이콘을 클릭한다.

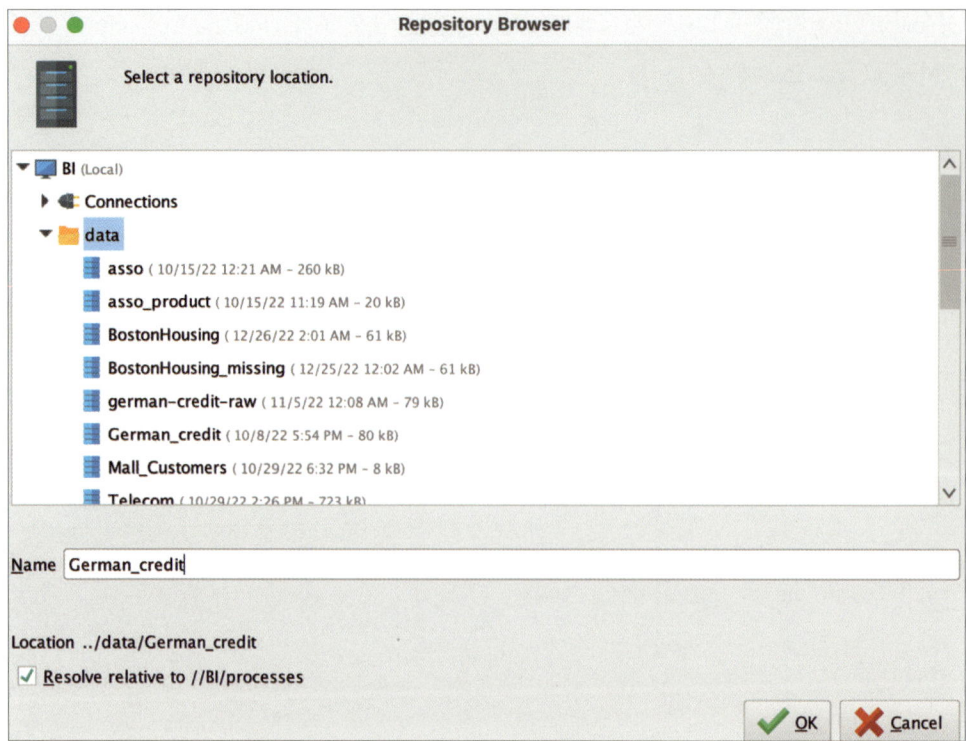

[그림 5-22] 원하는 이름으로 저장

이를 원하는 이름으로 저장한다.

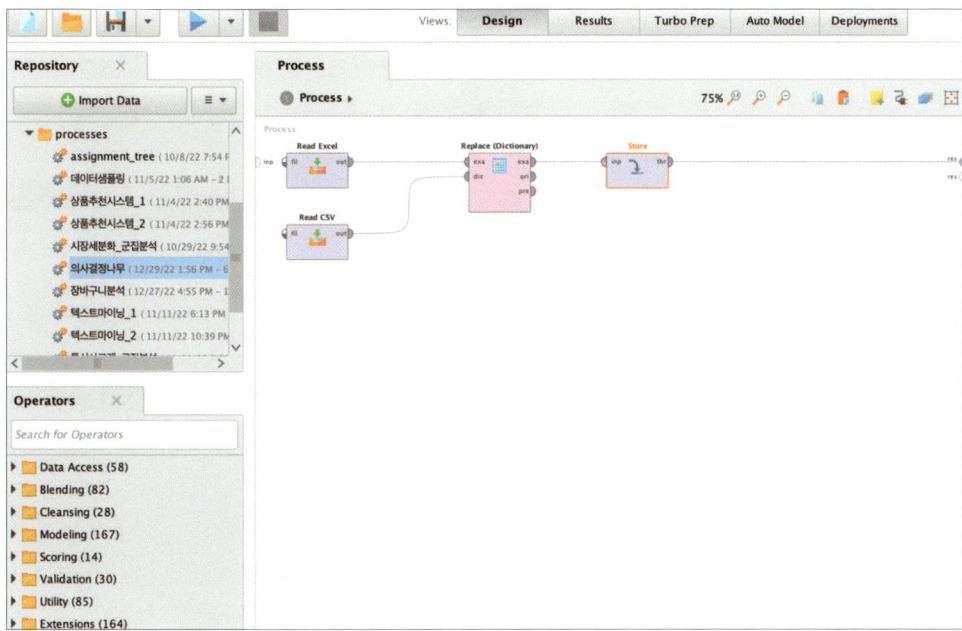

[그림 5-23] 포트 연결 후 실행

실행을 해야 저장되기 때문에 포트 연결 후 실행 버튼을 클릭한다.

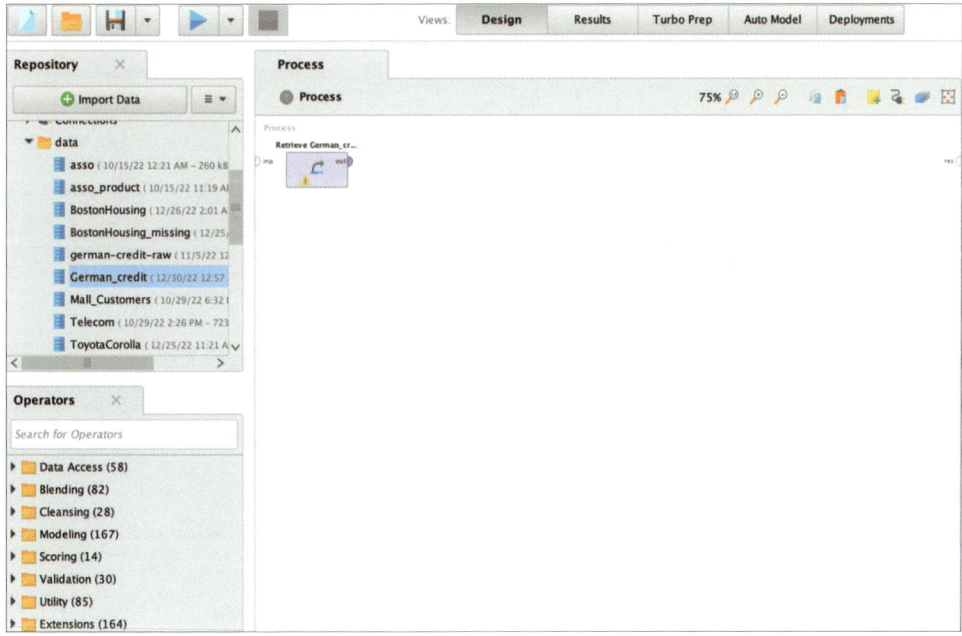

[그림 5-24] Blank Process에 German-credit 끌고 오기

chapter 5 | 의사결정나무분석　113

비어있는 Process에서 German-credit 파일을 끌어서 Process 창에 끌고 온다.

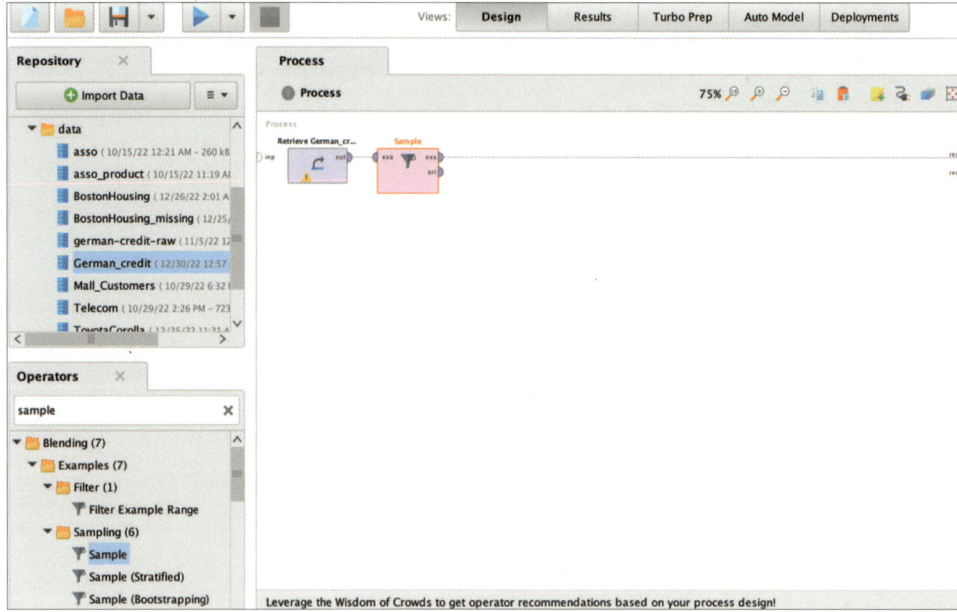

[그림 5-25] Sample 오퍼레이터 끌어서 연결하기

Undersampling을 하기 위해 Sample Operator와 데이터를 연결한다.

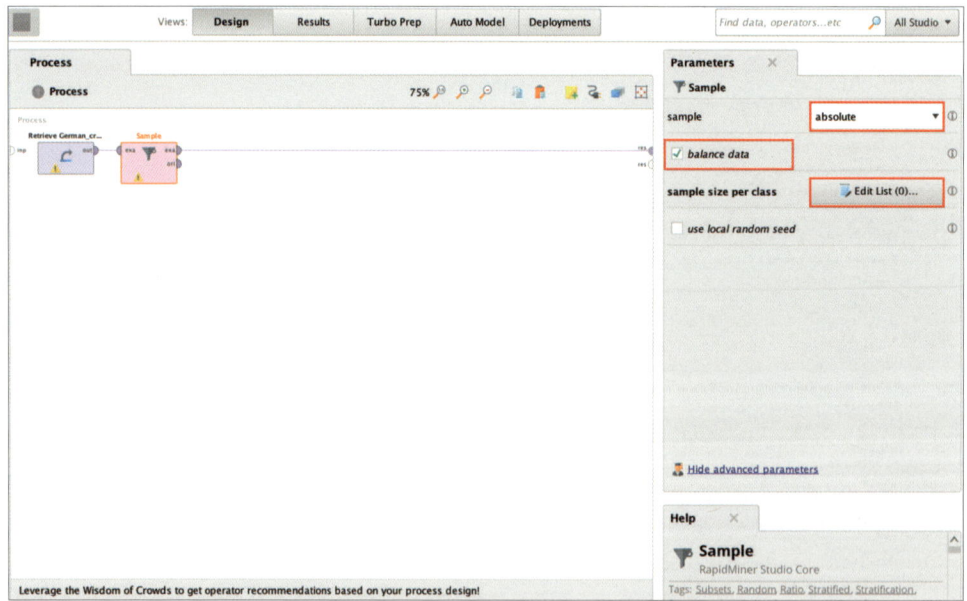

[그림 5-26] 다음과 같이 설정 후 Edit List 클릭

Undersampling을 위한 설정을 완료하기 위해 Edit List를 클릭한다.

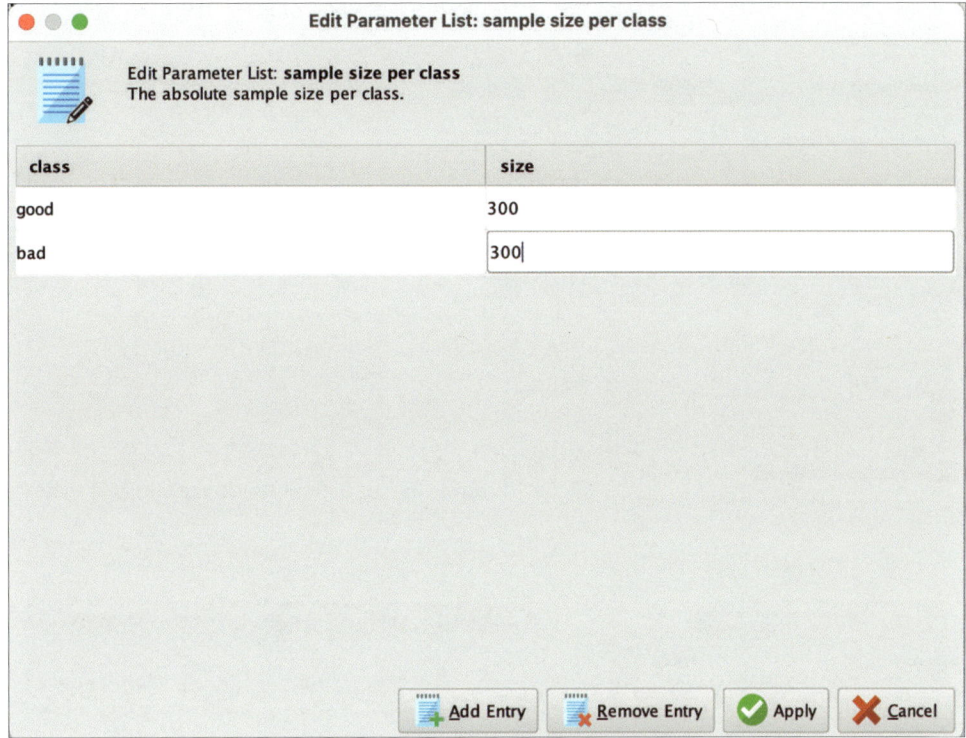

[그림 5-27] 다음과 같이 설정 후 Apply 클릭

적절한 사이즈를 입력한 후 Apply를 클릭한다. 필자는 각각 300을 입력하였다.

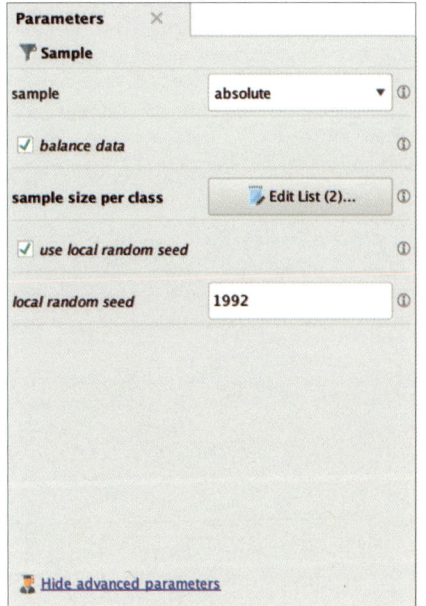

Use local random seed 항목을 체크한 후 seed 값을 입력한다. 다음에 다시 실험을 진행했을 때 seed 값이 같은 값으로 입력되면 동일한 실험값을 얻을 수 있다.

[그림 5-28] use local random seed 부분 체크

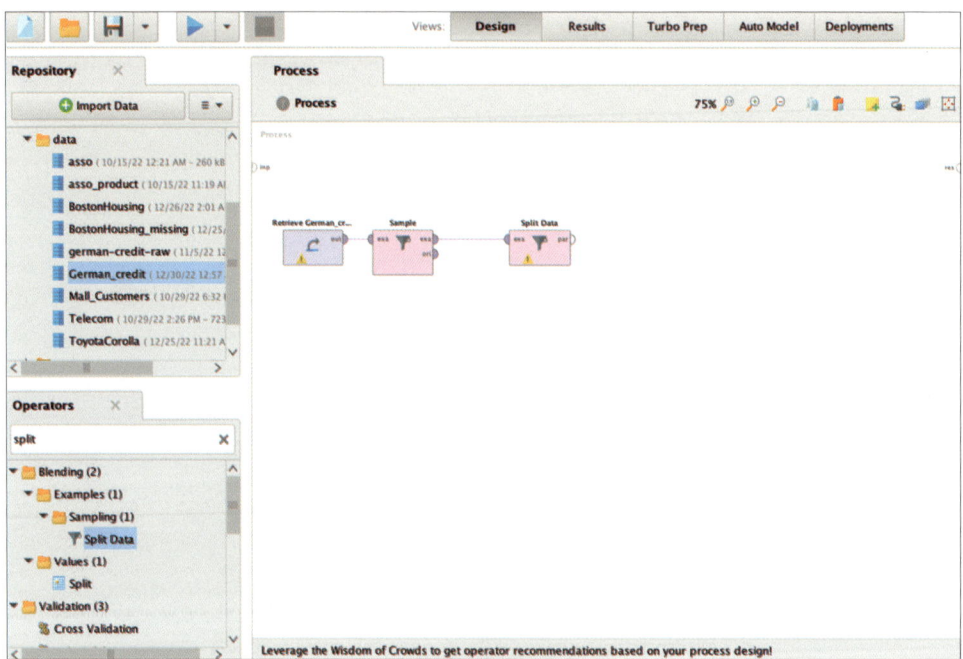

[그림 5-29] Split Data

데이터를 Train과 Test로 분리하기 위해 Split Data Operator를 끌어서 연결한다.

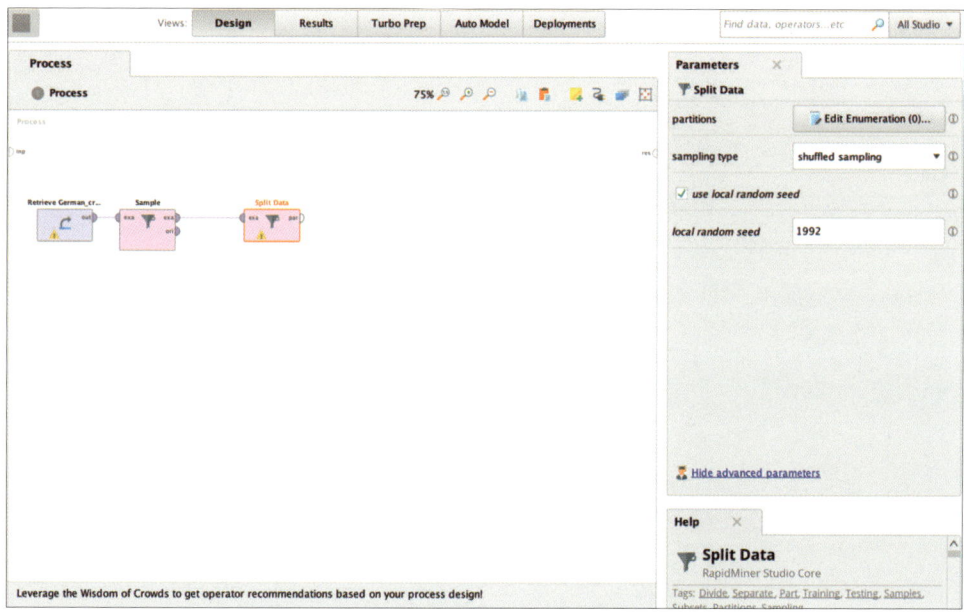

[그림 5-30] Split Data 오퍼레이터의 Parameters

Shuffled sampling을 위해 항목을 체크하고 use local random seed를 체크한다.

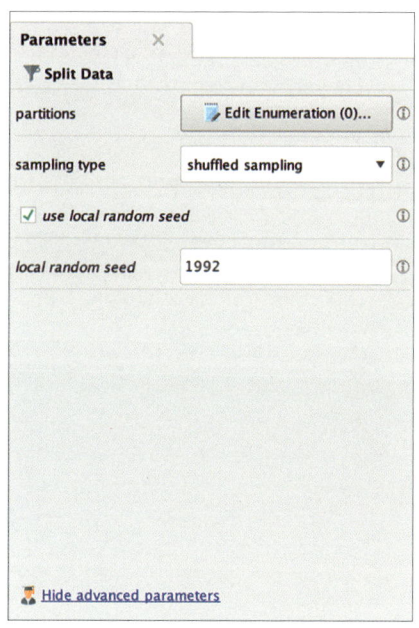

training data와 test data를 어떤 비율로 쪼갤지 정하기 위해 Edit Enumeration을 클릭한다.

[그림 5-31] Parameters의 Edit Enumeration 클릭

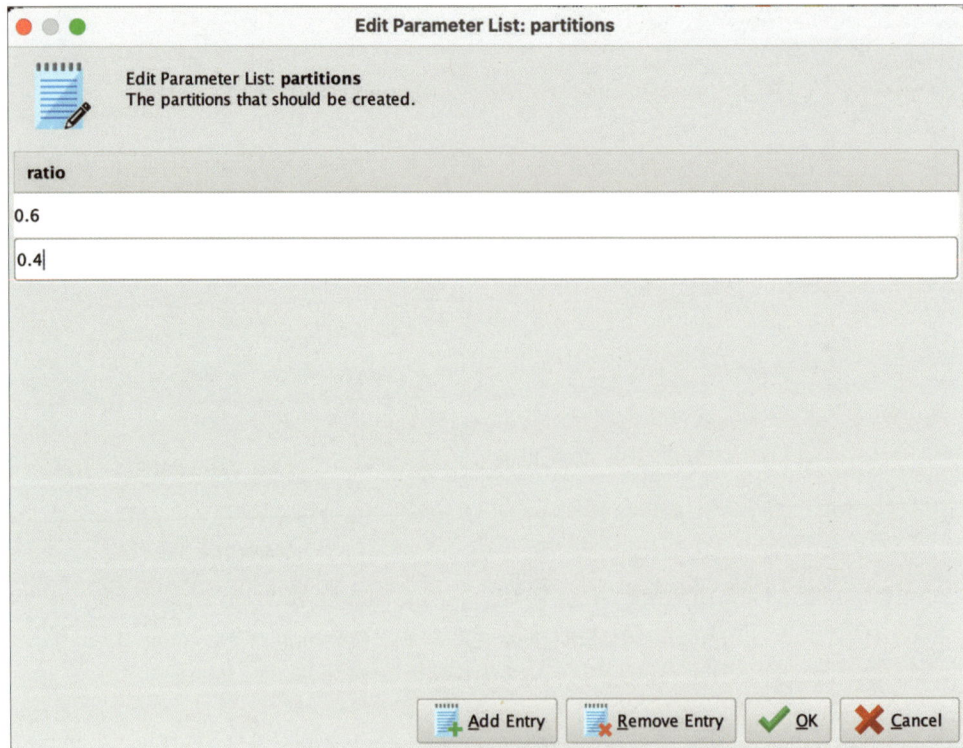

[그림 5-32] 다음과 같은 비율로 설정 후 OK 버튼 클릭

Add Entry 버튼을 활용해 blank를 추가할 수 있다. [그림 5-32]처럼 ratio를 0.6과 0.4로 설정한다.

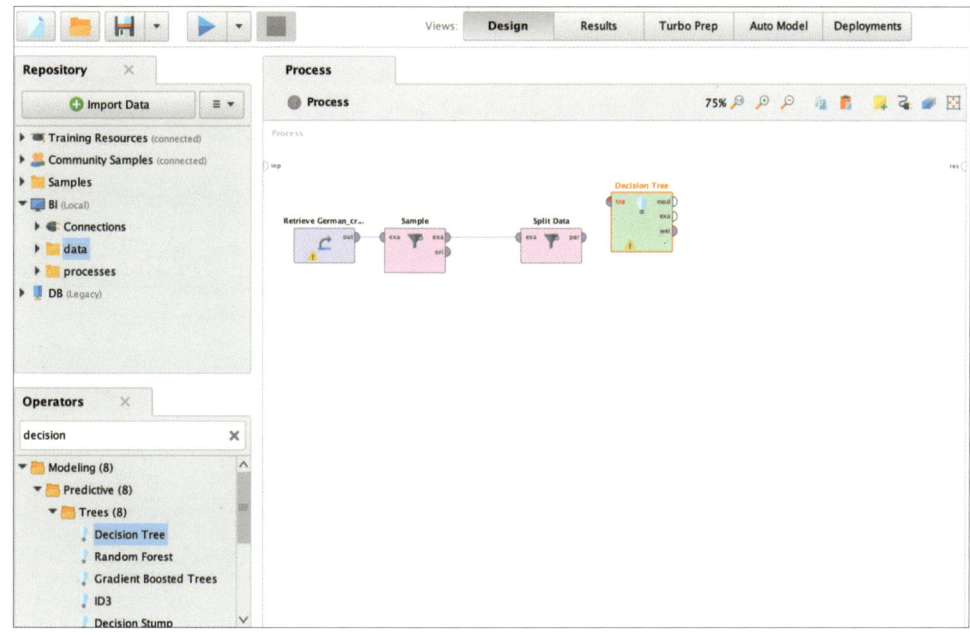

[그림 5-33] Decision Tree 오퍼레이터 끌어서 가져오기

데이터 모델링을 하기 위해서 Operator에서 Decision Tree를 검색하여 Process로 끌고 온다.

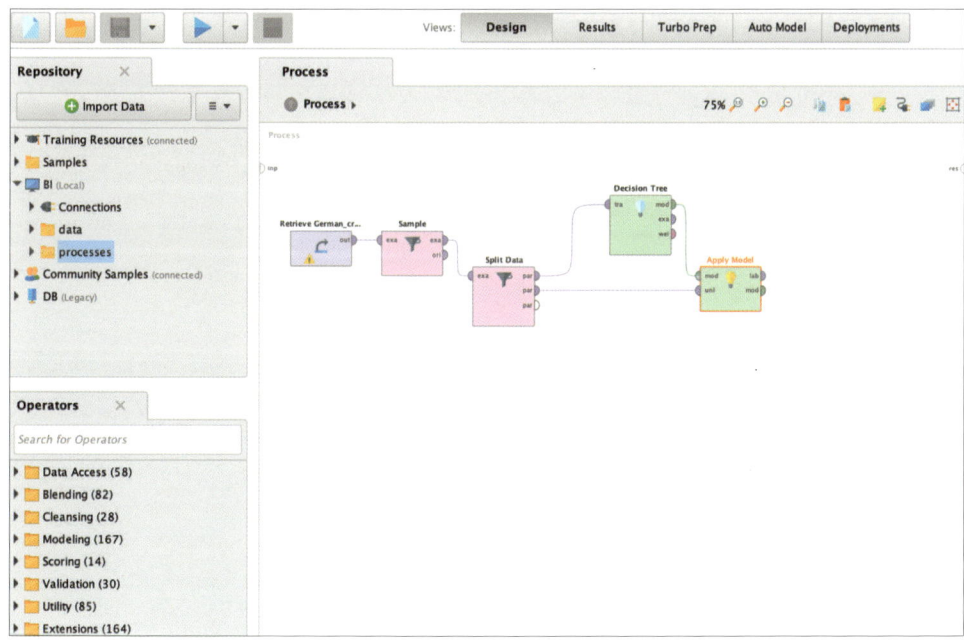

[그림 5-34] Apply Model 오퍼레이터 가져와서 연결하기

[그림 5-34]처럼 Split Data의 두 번째 포트(Test Data)와 Apply Model의 unl(unlabel) 포트를 연결한다.

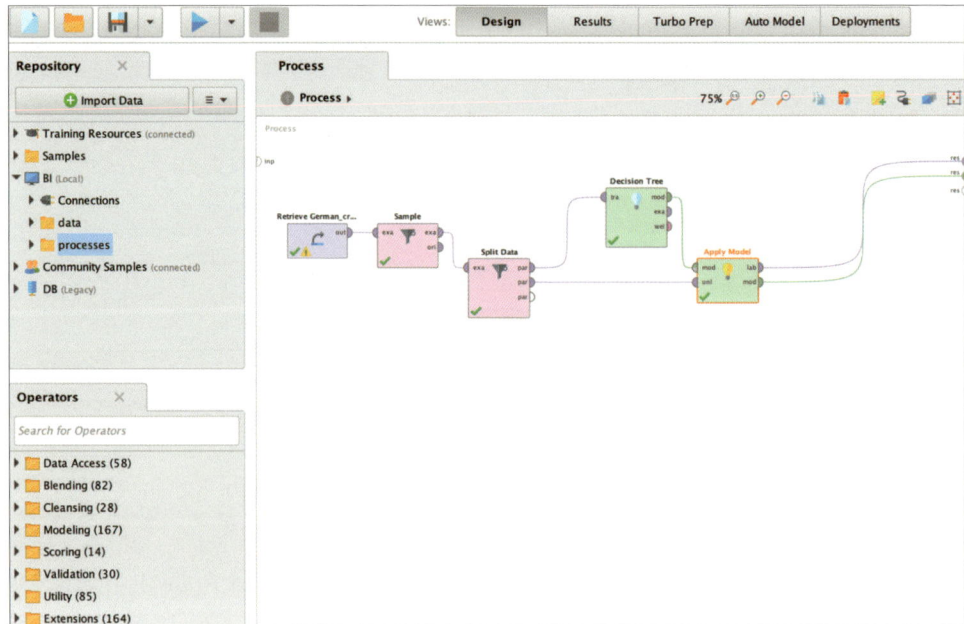

[그림 5-35] 프로세스 완료를 위한 연결

[그림 5-35]와 같이 result 포트에 모두 연결한 뒤 실행 버튼을 클릭한다.

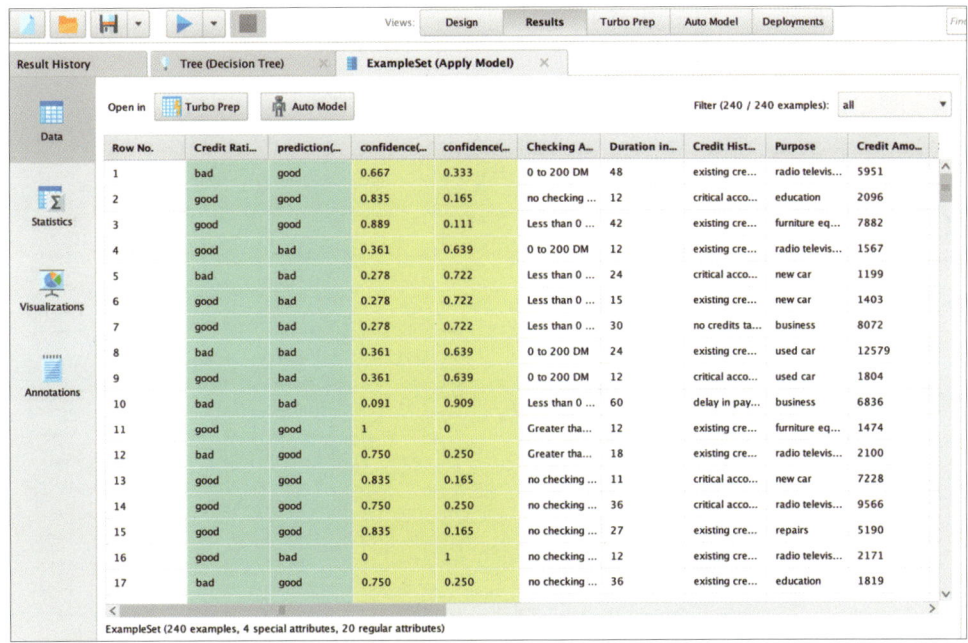

[그림 5-36] Results 화면에서 ExampleSet을 클릭

세부 결과를 확인할 수 있는 ExampleSet을 클릭한다.

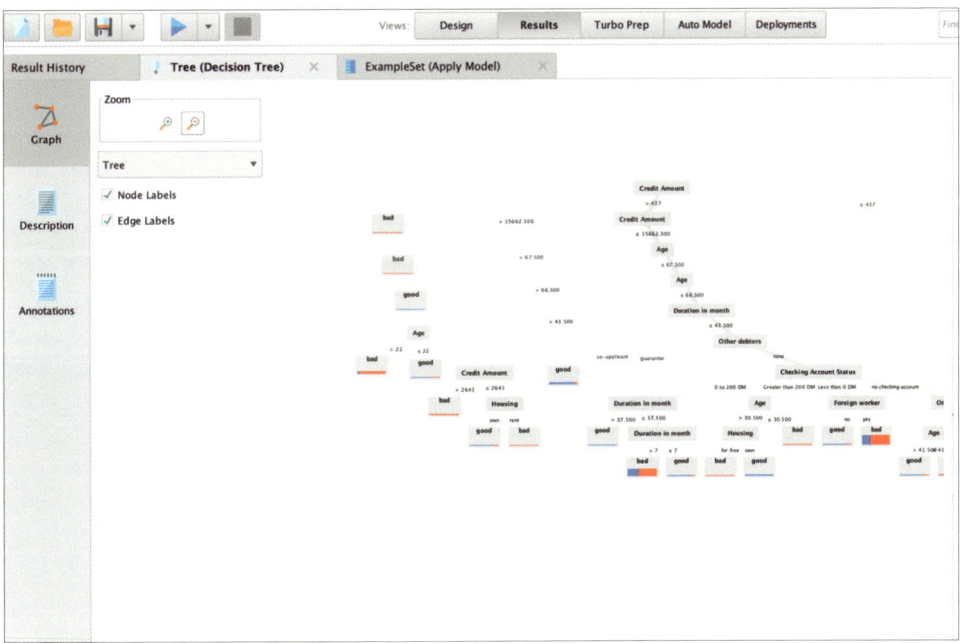

[그림 5-37] Tree(Decision Tree) 클릭

chapter 5 | 의사결정나무분석 121

의사결정나무 결과 확인을 위해 Tree(Decision Tree) 버튼을 클릭하자.

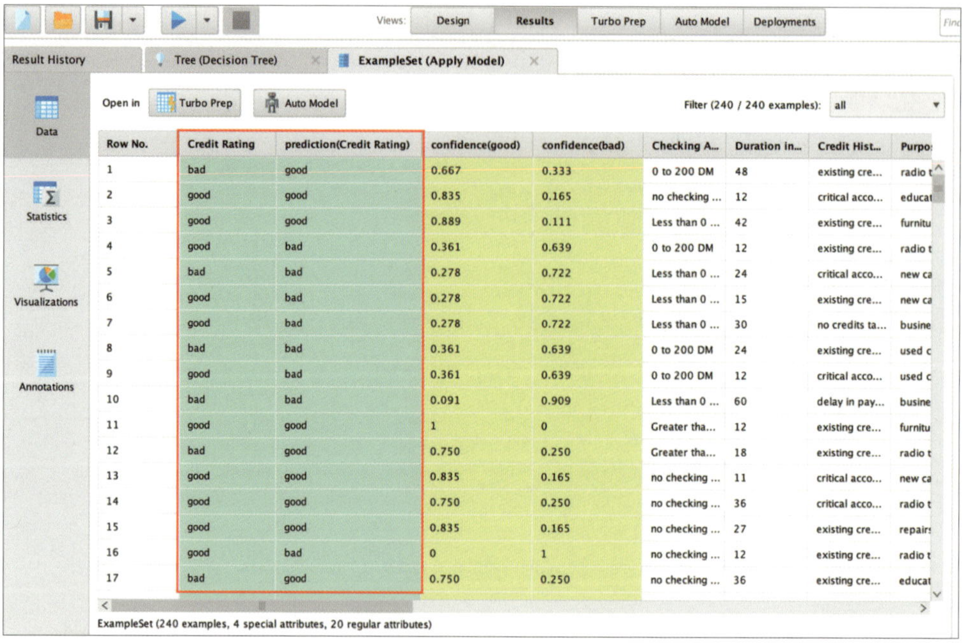

[그림 5-38] Results 창에서 Credit Rating과 Prediction(Credit Rating) 값 비교

ExampleSet(Apply Model)을 확인하면 예측 값과 실제 값의 비교가 가능하다.

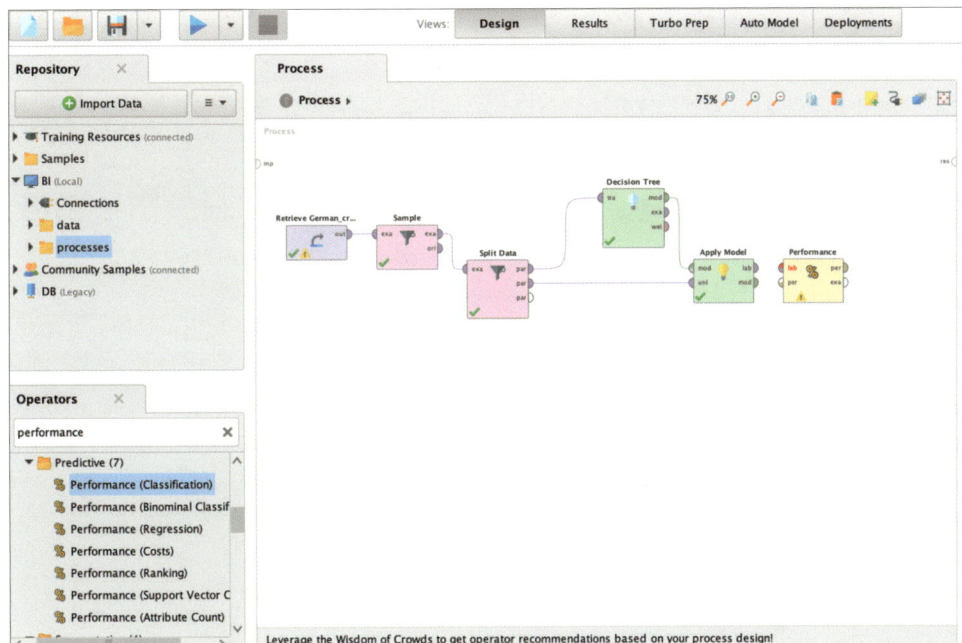

[그림 5-39] Performance (Classification) 오퍼레이터 가져오기

모델의 성능이 어떤지 알기 위해 Operators에서 performance 오퍼레이터를 사용한다. 그 중에서도 Classification을 사용하는데, 모델이 good/bad을 분류하는 모델이기 때문이다.

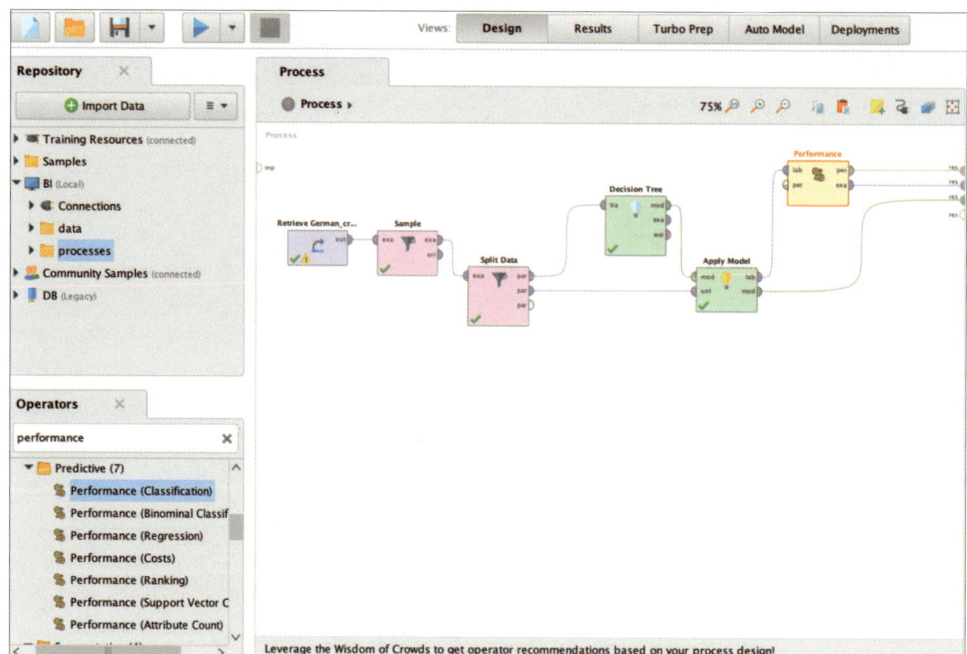

[그림 5-40] 프로세스 완료를 위한 연결

[그림 5-40]과 같이 Apply Model, Performance, res를 연결한 뒤에 실행한다.

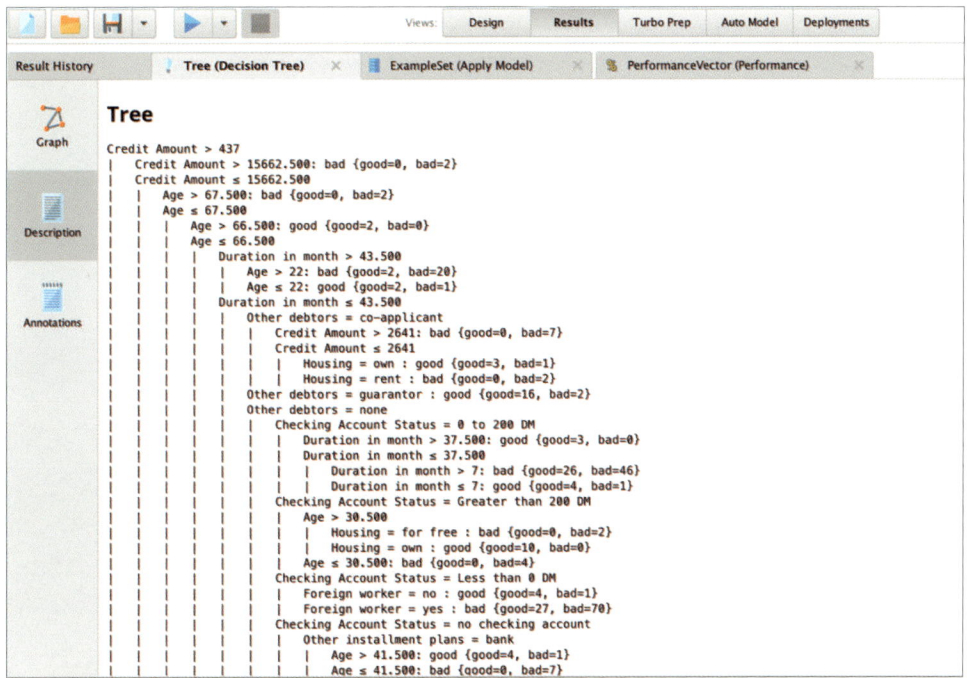

[그림 5-41] Results 창에서 Description 클릭

Graph에서 의사결정나무의 모습 확인이 가능하며 전과 차이가 없다. Description에서 규칙을 확인할 수 있다.

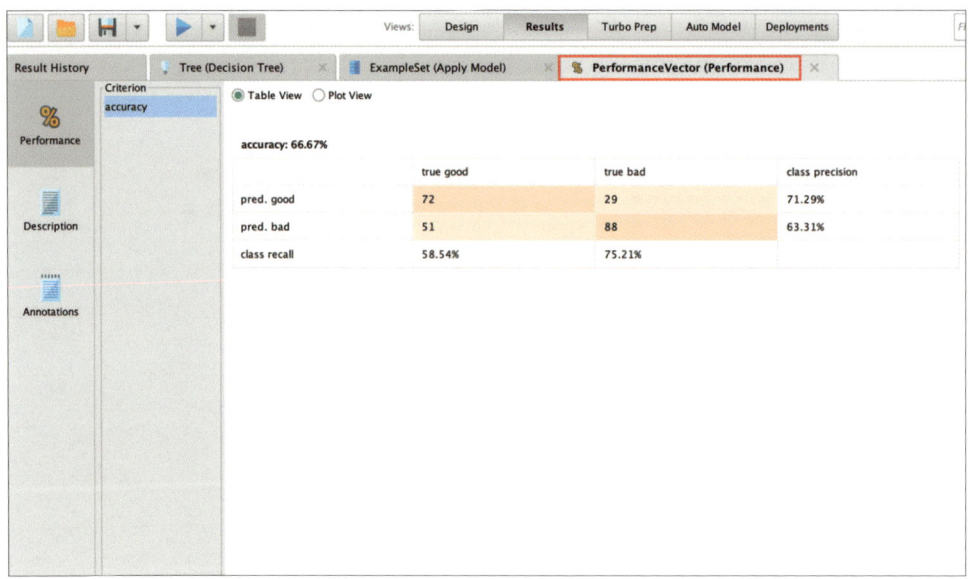

[그림 5-42] PerformanceVector(Performance)

PerformanceVector(Performance)를 확인하면 혼동행렬(Confusion Matrix)을 확인할 수 있다.

[그림 5-43] accuracy(정확도) 확인

혼동행렬 위에 의사결정나무의 정확도를 알려주는 accuracy도 확인할 수 있다.

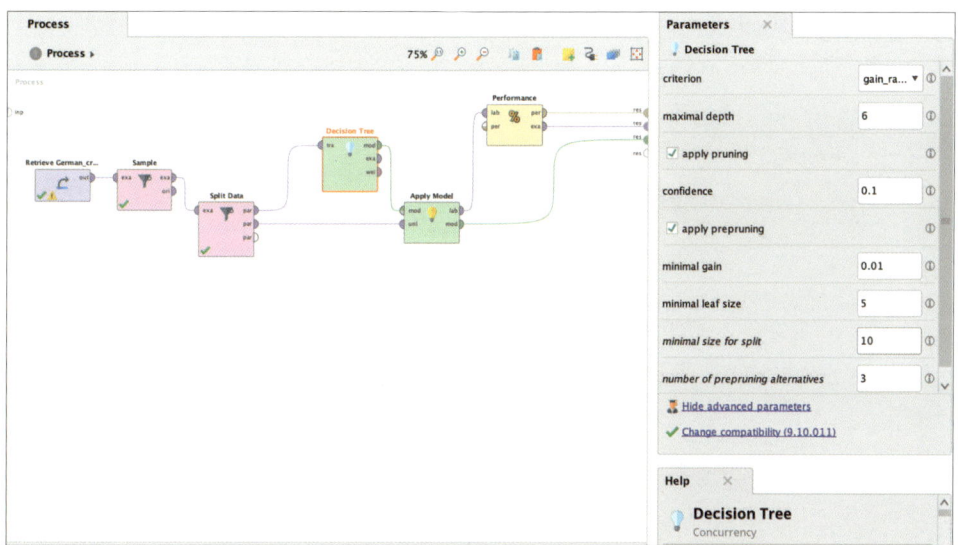

[그림 5-44] Design 패널로 돌아가 Decision Tree를 클릭

다시 Design View로 돌아가 Decision Tree의 파라미터를 확인하기 위해 클릭해 준다.

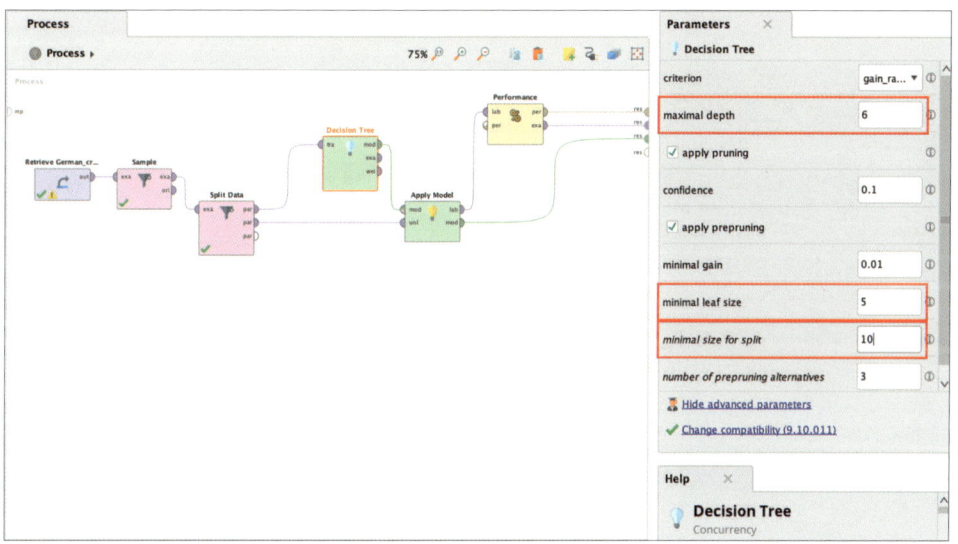

[그림 5-45] maximal depth, minimal leaf size, minimal size for split 조정

의사결정나무가 과적합 되는 걸 막기 위해 maximal depth, minimal leaf size, minimal size for split을 조정한다.

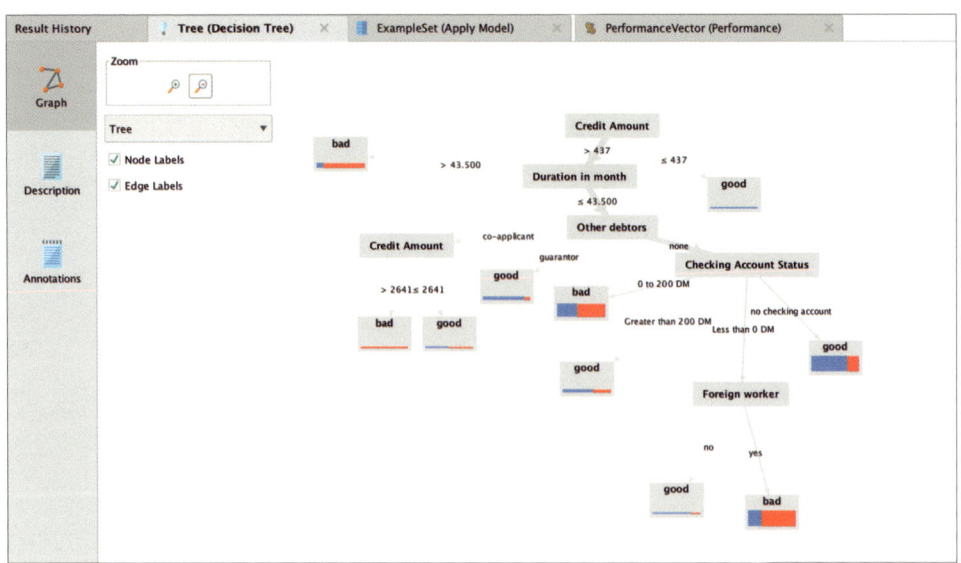

[그림 5-46] 실행 버튼을 클릭 후 Graph 모양 확인

과적합 방지를 위한 파라미터의 조절을 한 만큼 의사결정나무의 크기가 작아진 것을 확인할 수 있다.

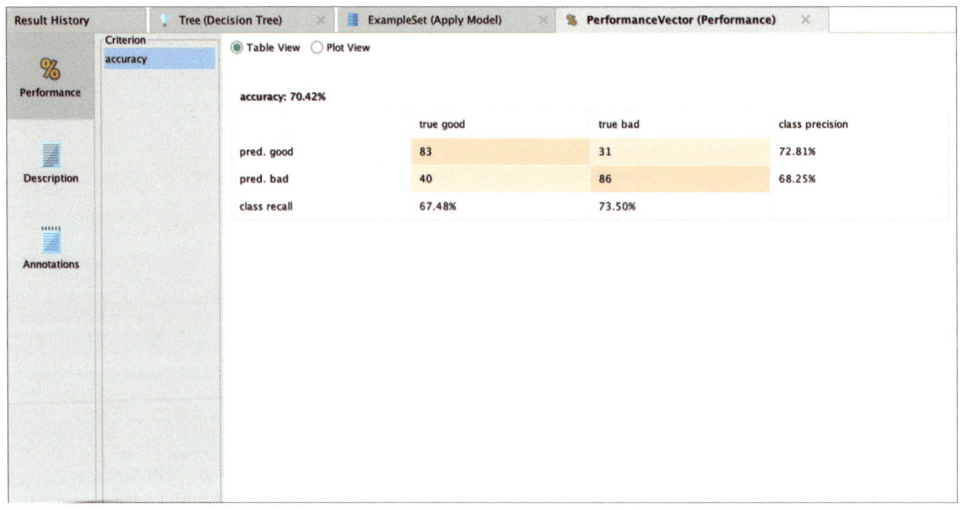

[그림 5-47] PerformanceVector 클릭

파라미터를 조절하고 나서 정확도를 의미하는 accuracy가 70.42%로 올라간 것을 확인할 수 있다. 이처럼 정확한 데이터 분석을 위해서는 적절한 파라미터의 조절은 필수적이다.

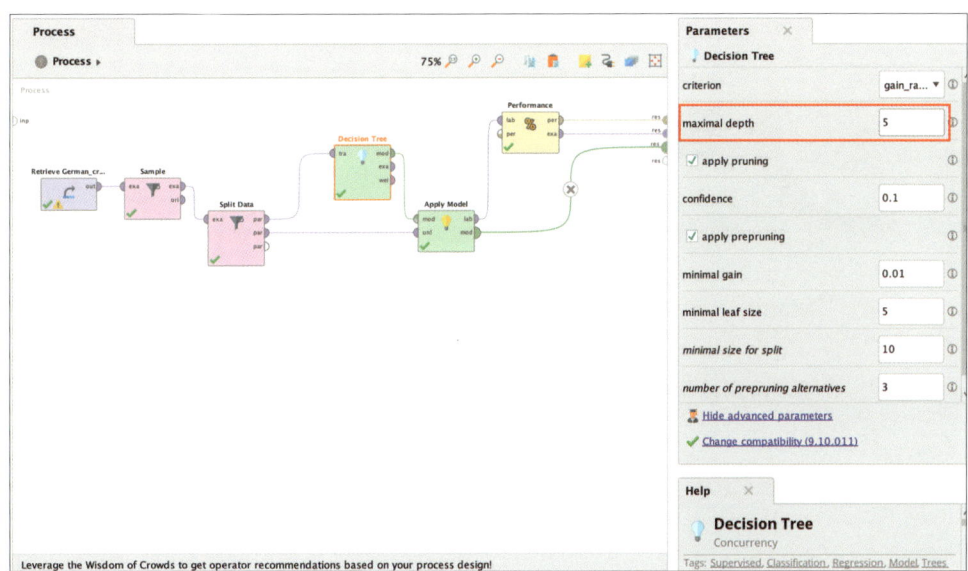

[그림 5-48] Design 패널로 돌아가 maximal depth를 5로 변경

Maximal Depth는 어떤 값이 가장 적절한지 파악하기 힘들기 때문에 시행착오를 겪어가면서 여러 숫자를 대입해 봐야 한다. 이번에는 5라는 숫자를 대입해 보자.

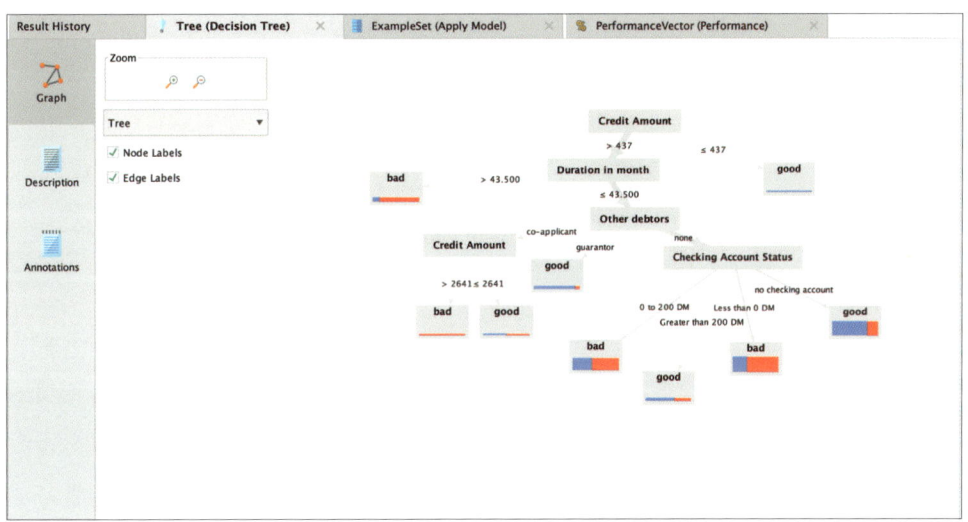

[그림 5-49] 실행 후 Graph 모양 확인

결과를 확인해 보니 이전과 달리 Foreign worker가 의사결정나무 그래프에 나오지 않는 것을 확인할 수 있다.

장바구니분석

　장바구니분석은 연관규칙분석(association rule mining)을 마케팅 데이터에 적용한 것으로, 상품 또는 서비스들의 구매 패턴을 분석하여 같이 판매될 가능성이 높은 다른 상품을 도출하는 분석 기법이다. 즉, 상품에 대한 거래 데이터로부터 상품 구매의 연관성 정도를 파악하여 구매 가능성이 높은 상품을 찾아내는 것이다. 연관성을 판단하는 기준은 세 개의 지표 값을 보고 판단하는데 지지도, 신뢰도, 향상도가 그것이다.

　지지도(support)는 전체 거래 중에서 상품 X와 상품 Y가 동시에 판매되는 비율을 의미하는 것으로 이를 계산하는 수식은 아래 식과 같다.

$$S = p(X \cap Y) = \frac{\text{상품 } X \text{와 상품 } Y \text{를 포함하는 거래 수}}{\text{전체 거래 수}(N)}$$

　지지도는 특정 연관규칙의 중요성을 의미하는데, 장바구니분석에서는 연관된 구매 상품들의 수익성을 평가하는데 사용된다. 즉, 두 개의 상품이 같이 구매될 가능성이 높다고 하더라도 전체 구매 거래량 중 차지하는 비중이 매우 낮다면 수익성에 도움이 되지 않을 것이다. 따라서 분석 과정에서 수익성을 보장할 수 있는 최소한의 지시노 값을 정해 두고 이를 초과하는 연관 상품들만 다음 단계에서 고려하게 된다.

　지지도를 이용하여 분석가가 정해 둔 기준 값 이상의 값을 갖는 상품 조합을 찾게 되면 그 다음 단계에서는 신뢰도 값을 계산하게 된다. 신뢰도(confidence)는 상품 X가 포함된 거래 중에서 상품 Y도 포함된 거래의 비율을 의미하는데 그 계산식은 아래와 같다.

$$C = p(Y|X) = \frac{P(X \cap Y)}{P(X)} = \frac{\text{상품 } X \text{와 상품 } Y \text{를 포함하는 거래 수}}{\text{상품 } X \text{를 포함한 거래 수}}$$

신뢰도는 수식에서 보는 바와 같이 조건부 확률을 이용하는 개념이며 두 상품 간의 구매 연관성 강도를 측정하는 지표이다. 즉, 신뢰도가 높은 상품 조합은 두 상품이 같이 구매될 확률이 높다는 것을 의미한다. 예를 들어, 상품 X가 구매될 때 상품 Y가 구매될 때의 신뢰도 값이 0.7이라면 상품 X를 구매하는 고객은 상품 Y를 구매할 가능성이 70%라는 것을 의미한다.

신뢰도를 통해 같이 구매될 가능성이 높은 상품 조합을 찾게 되면 마지막으로 검토하게 되는 지표가 향상도이다. 향상도(lift)는 상품 X와 상품 Y가 같이 포함된 거래가 있을 때, 이것이 상품 간의 특성에 의해 같이 구매된 것인지, 그와 무관하게 임의로 각각 구매된 것인지를 알고자 할 때 보는 지표라고 할 수 있는데 그 계산식은 아래와 같다.

$$L = \frac{P(Y|X)}{P(Y)} = \frac{P(X \cap Y)}{P(X)P(Y)}$$

향상도는 상품 Y가 구매되는 사건이 상품 X가 구매되는 사건에 얼마나 영향을 받는지를 나타낸다. 즉, 상품 X가 구매될 때 상품 Y가 같이 구매되는 상황에서의 향상도가 1.2라고 하면 상품 X를 구매하지 않은 고객이 상품 Y를 구매할 가능성보다 상품 X를 구매한 고객이 상품 Y를 구매할 가능성이 1.2배 높다는 것을 의미한다. 향상도는 1 값을 중심으로 1보다 큰 값을 나타내는 경우에 두 상품이 같이 구매될 개연성이 높다고 판단하고, 1보다 작은 값을 나타내는 경우에는 두 상품이 같이 구매될 개연성이 낮다고 본다. 구매의 개연성은 흔히 경제학에서 얘기하는 보완재와 대체재의 개념과 유사하다고 생각해도 된다. 즉, 보완재는 두 상품이 같이 구매됨으로써 효용이 증가하기 때문에 보다 같이 구매할 개연성이 더 높다고 생각할 수 있고, 대체재는 그 반대의 경우를 생각하면 된다. 보완재의 예는 커피와 설탕, 식빵과 버터 등이 있을 수 있고, 대체재의 예는 커피와 녹차 등을 생각할 수 있다. 즉, 커피와 설탕은 같이 사용함으로써 효용이 더 높아진다고 생각할 수 있지만 커피와 녹차는 같이 소비되기 보다는 대체적인 소비재로서의 역할을 한다는 것이다.

이상의 과정을 정리하면 다음과 같다. 먼저, 같이 구매될 가능성이 있는 상품의 조합을 도출한다. 이 과정에서 일반적으로 지지도와 함께 Apriori라는 알고리즘을 같이 사용한다.

Apriori 알고리즘은 상품의 조합을 효율적으로 찾는 체계적인 방법인데 그 과정은 본서의 범위를 벗어나므로 자세한 설명은 생략한다.

  Apriori 알고리즘을 생략하고 간략히 상품 조합을 찾는 방법은 지지도 값이 분석가가 설정한 값 이상인 상품 조합만 찾으면 된다. 다음 단계로 지지도 기준을 만족하는 상품 조합에 대해 신뢰도를 계산하여 일정 수준 이상의 신뢰도 값을 가지는 상품 조합을 연관성이 높은 상품 조합으로 선정한다. 이 과정에서 신뢰도 값의 수준은 분석가가 데이터의 양 등을 고려하여 적절하게 결정하여야 한다. 마지막으로 신뢰도 기준을 만족한 상품 조합에 대해 향상도 값을 계산하여 향상도가 1 이상의 값을 가지는 상품 조합을 최종 상품 조합으로 선정하게 되며, 이 상품 조합들이 같이 구매될 가능성이 높은 상품들의 조합이라고 할 수 있다.

  [그림 6-1]은 장바구니분석의 결과 예시이다. 그림에 나타난 것과 같이 두 개 이상의 상품과 타 상품과의 연관성을 지지도, 신뢰도, 향상도를 통해 판단할 수 있다. 예를 들어 10행에서 어떤 고객이 citrus fruit과 other vegetables 상품을 구매하였다면 root vegetable을 같이 구매할 확률은 신뢰도 값인 약 35.91%이고, 향상도가 3.29이므로 전 사건(citrus fruit과 other vegetables 상품을 구매)이 전제 될 때, 전 사건이 전제되지 않는 경우보다 3.29배 구매 확률이 높아진다고 할 수 있다. 그리고 지지도가 0.01이므로 전체 거래 중에서 이런 거래의 비율이 약 1%에 해당한다고 볼 수 있다.

	rules	support	confidence	lift
1	rules	support	confidence	lift
2	{herbs} => {root vegetables}	0.007016	0.43125	3.956477379
3	{berries} => {whipped/sour cream}	0.009049	0.272171254	3.796885505
4	{other vegetables,tropical fruit,whole milk} => {root vegetables}	0.007016	0.410714286	3.768073694
5	{beef,other vegetables} => {root vegetables}	0.007931	0.402061856	3.688692491
6	{other vegetables,tropical fruit} => {pip fruit}	0.009456	0.263456091	3.482648725
7	{beef,whole milk} => {root vegetables}	0.008033	0.377990431	3.467850639
8	{other vegetables,pip fruit} => {tropical fruit}	0.009456	0.361867704	3.448613248
9	{pip fruit,yogurt} => {tropical fruit}	0.006406	0.355932203	3.392047694
10	{citrus fruit,other vegetables} => {root vegetables}	0.010371	0.35915493	3.295045459
11	{other vegetables,whole milk,yogurt} => {tropical fruit}	0.007626	0.342465753	3.263711904
12	{other vegetables,whole milk,yogurt} => {root vegetables}	0.007829	0.351598174	3.225716452
13	{tropical fruit,whipped/sour cream} => {yogurt}	0.006202	0.448529412	3.215223589

[그림 6-1] 장바구니분석의 결과 예시

RapidMiner를 이용한 장바구니분석 실습

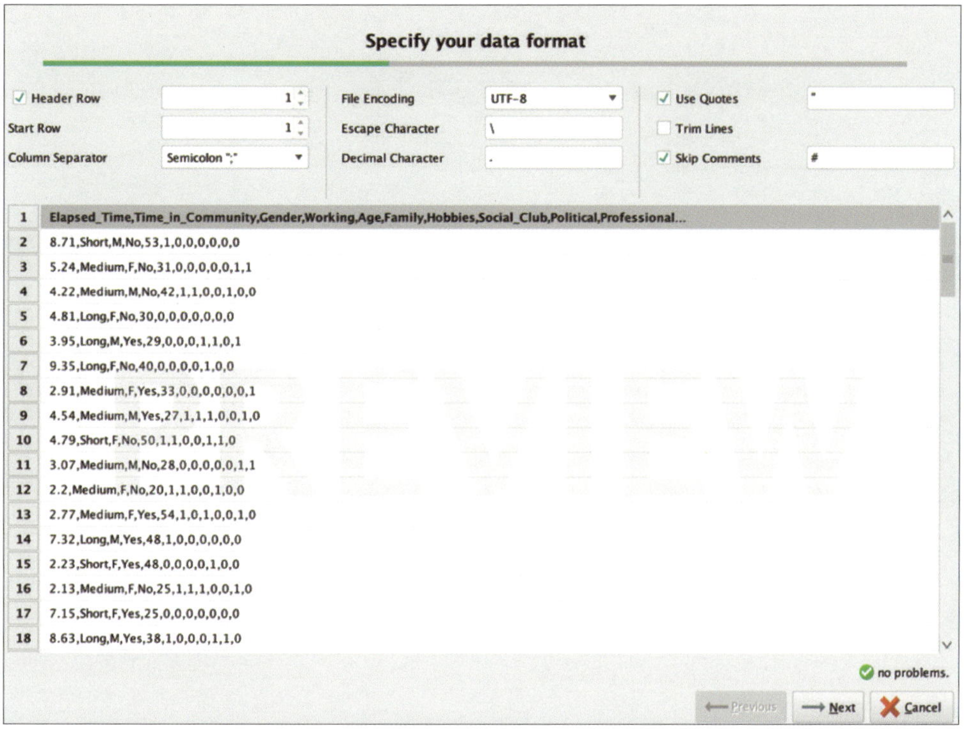

![Specify your data format 화면]

[그림 6-2] 분석할 데이터 RapidMiner Studio에 불러오기

분석할 데이터를 끌고 와서 RapidMiner에 적재하자.

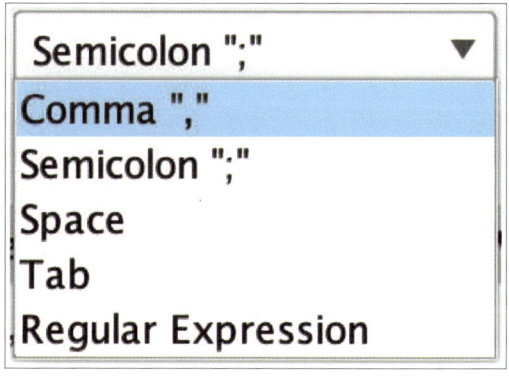

현재 데이터를 보면 ";"로 separate 되어 있는 것을 확인할 수 있다. 따라서 ","로 변경하도록 하자.

[그림 6-3] Column Separator 항목 "Comma"로 변경하기

chapter 6 | 장바구니분석 **133**

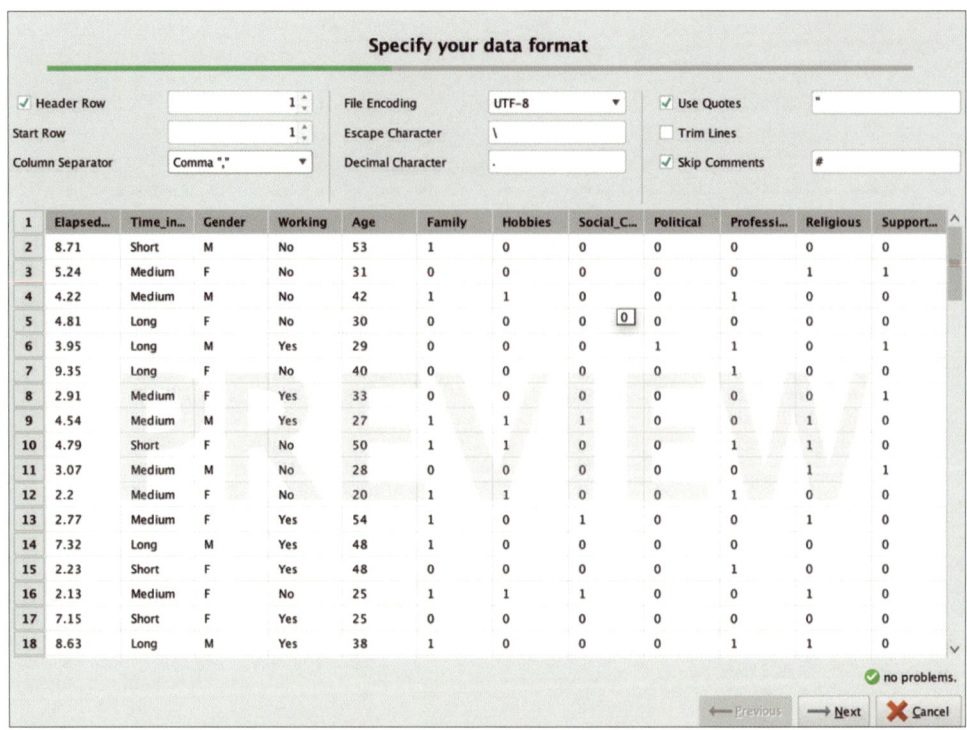

[그림 6-4] "Comma"로 변경 후 자료 확인하기

　Column이 잘 구분되어 있는 것을 확인할 수 있다. Next 버튼을 눌러 다음으로 넘어가 보자.

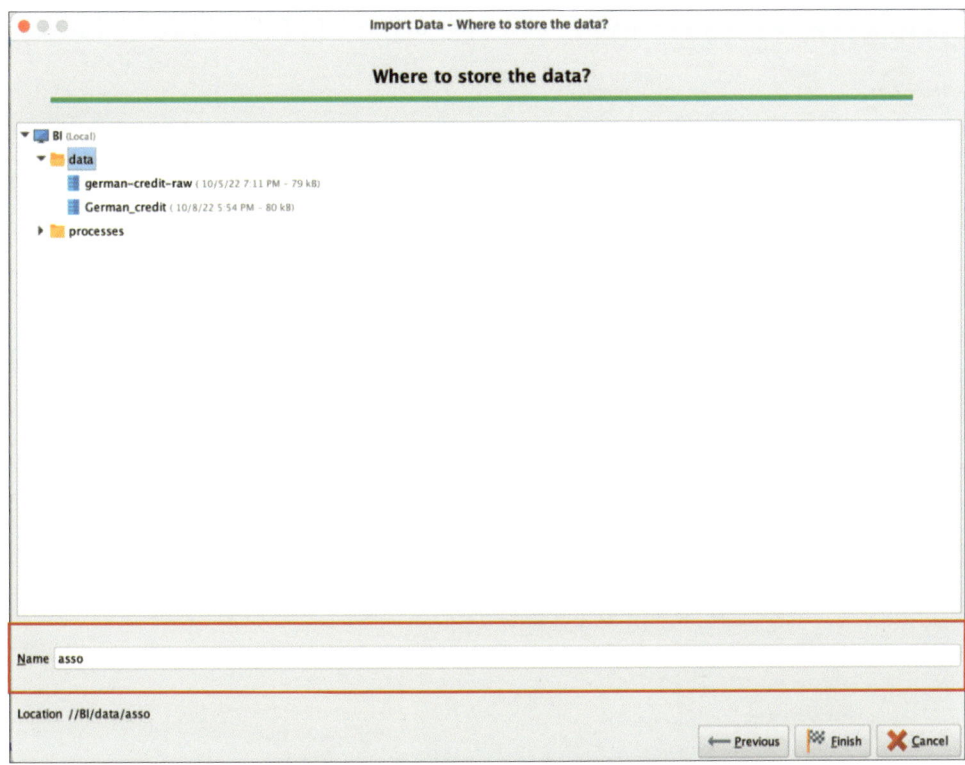

[그림 6-5] data에 "asso"라는 이름으로 설정 후 Finish

전에 만들어 두었던 Bi Repository의 data 폴더에 asso라는 이름으로 만들고 Finish 버튼을 클릭한다.

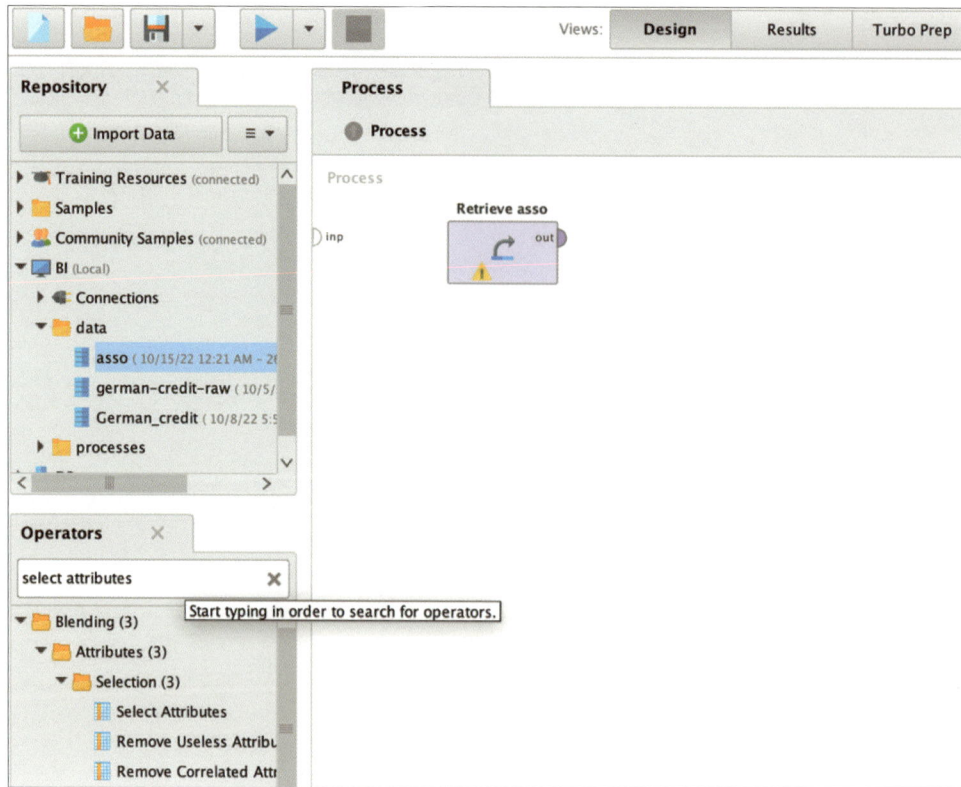

[그림 6-6] Operators에서 "select attributes" 검색

Operators에서 Select Attributes를 검색한다.

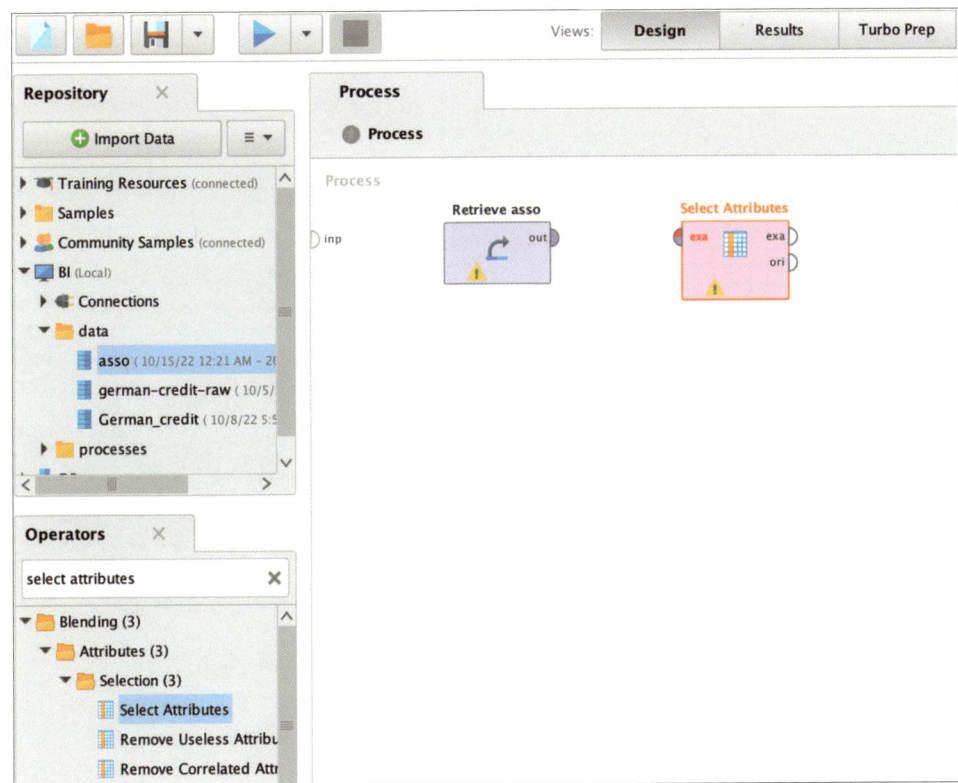

[그림 6-7] Select Attributes 프로세스 창에 가져오기

process 창에 가져와 데이터와 연결한다.

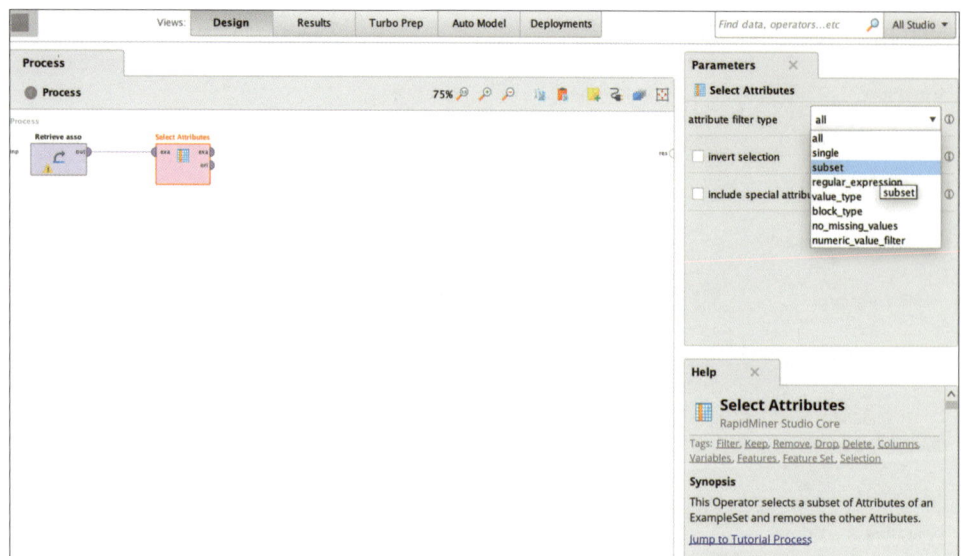

[그림 6-8] Select Attributes의 Parameters에서 type을 subset으로 설정

여러 개의 변수를 사용할 것이므로 parameters의 attribute filter type에서 subset을 선택한다.

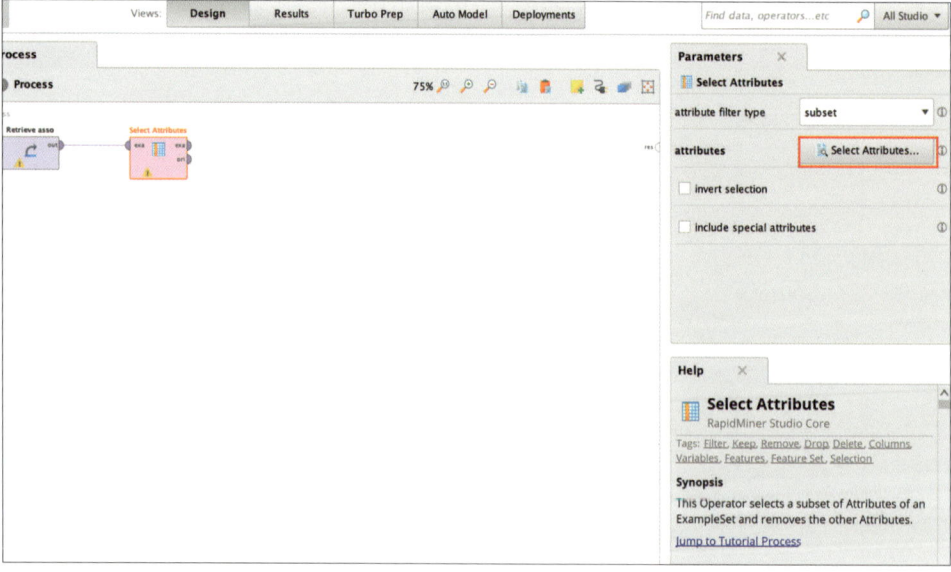

[그림 6-9] Select Attributes 버튼 클릭

Select Attributes 버튼을 클릭한다.

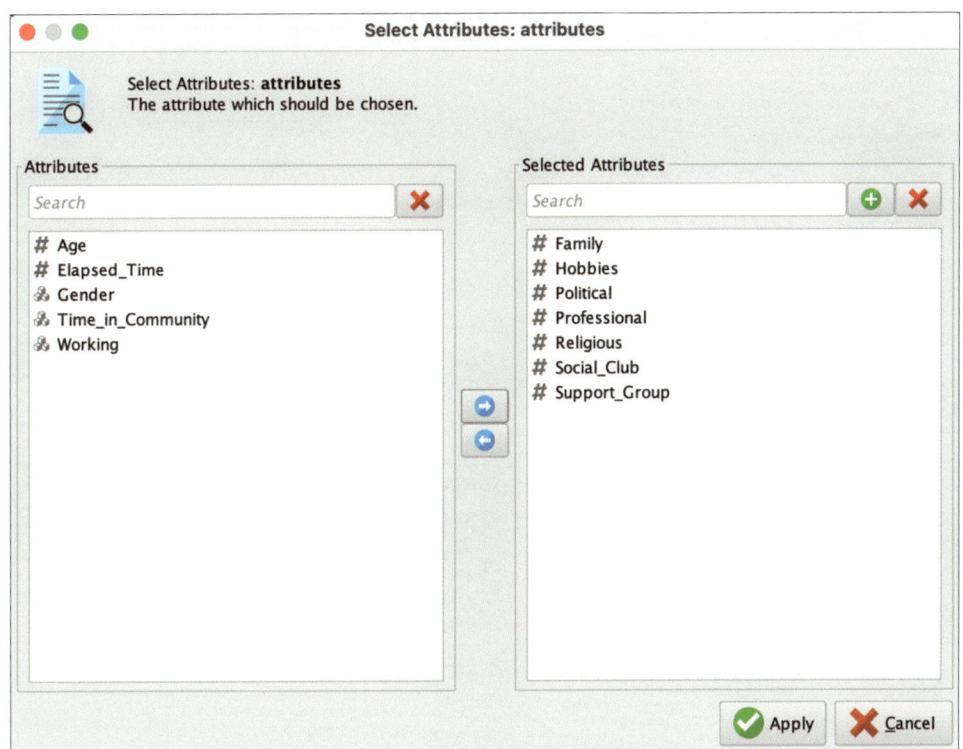

[그림 6-10] Select Attributes 버튼 클릭

[그림 6-10]와 같이 Attributes들을 선택하여 옮기고 Apply 버튼을 클릭한다.

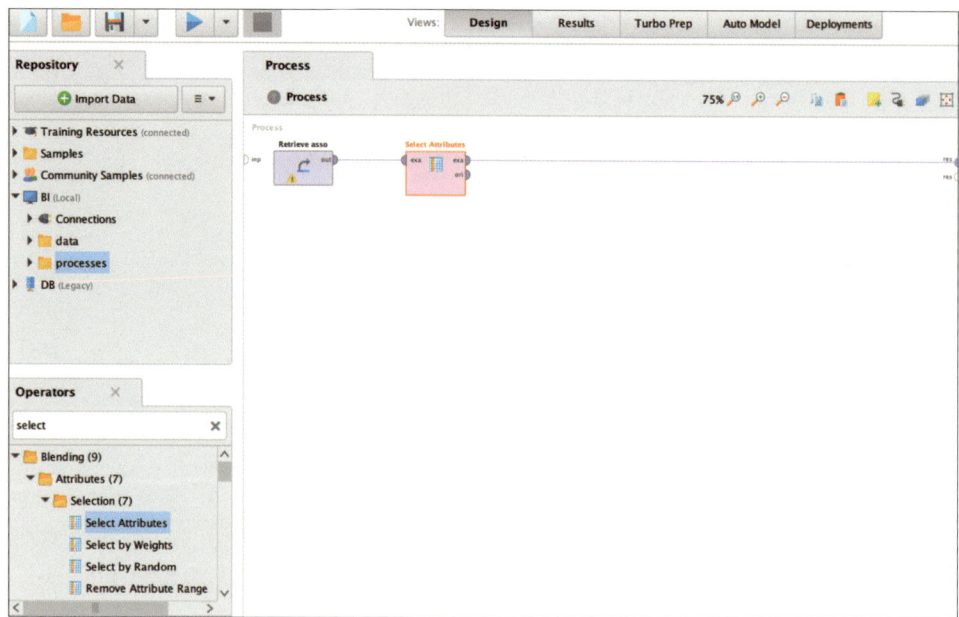

[그림 6-11] 다음과 같이 연결 후 실행

[그림 6-11]과 같이 데이터, Select Attributes, res 포트들을 연결한 뒤 실행한다.

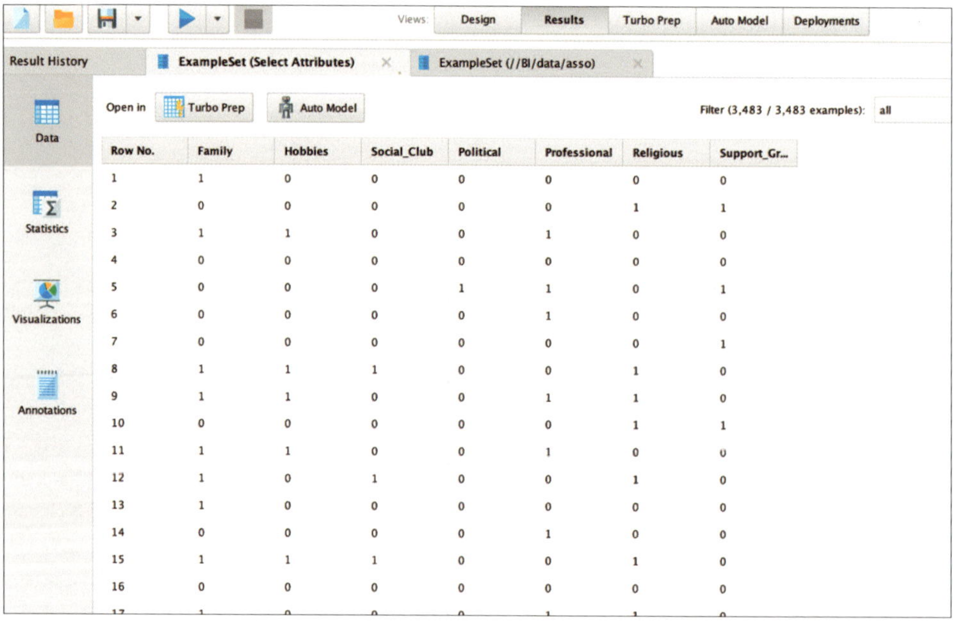

[그림 6-12] 결과 확인

0과 1로 데이터가 나오는 것을 확인할 수 있다.

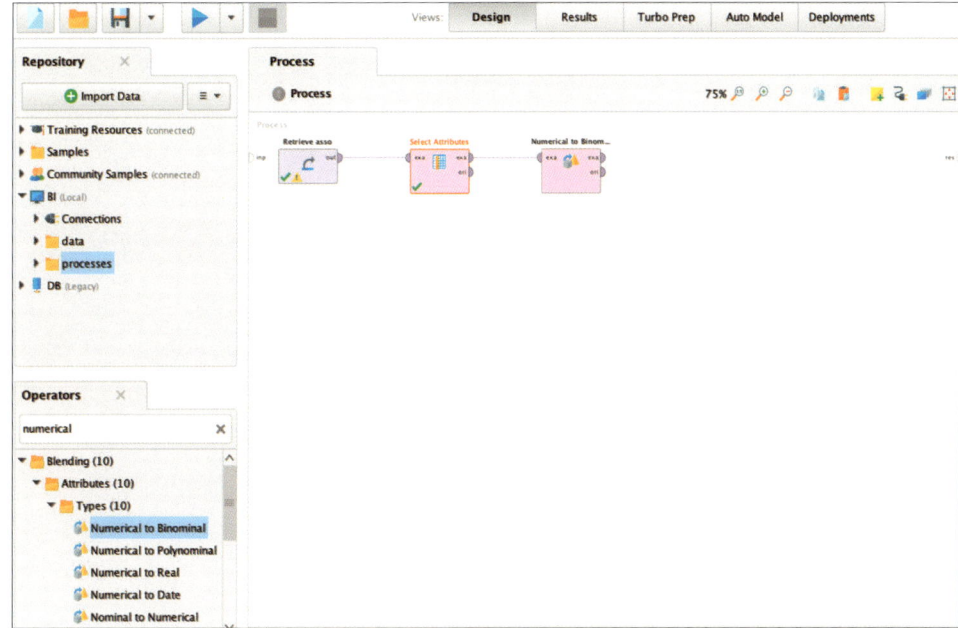

[그림 6-13] Numerical to Binominal

　숫자를 이진형으로 바꿔주기 위해 Design View로 돌아가 Numerical to Binominal 오퍼레이터를 끌고 가져온다.

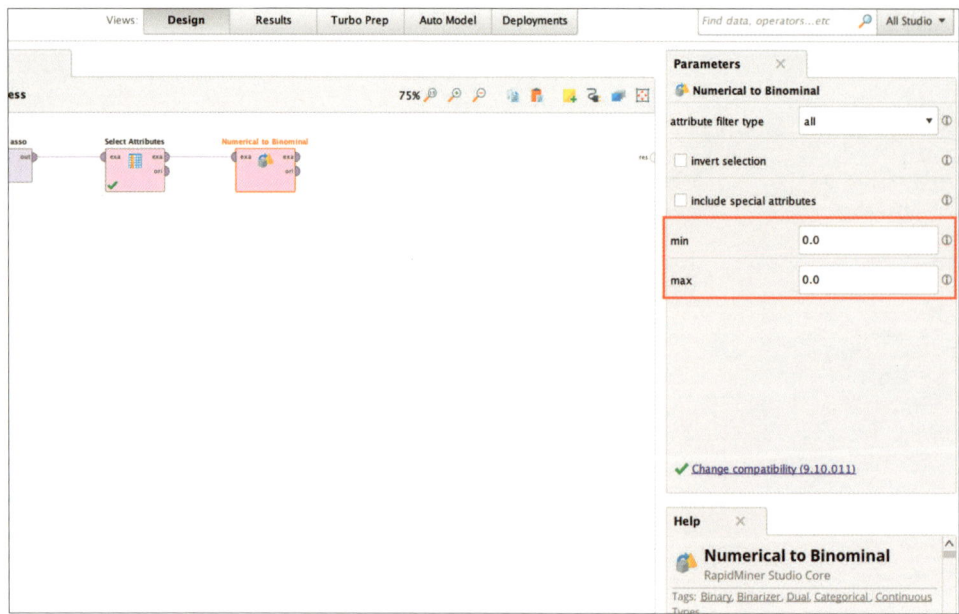

[그림 6-14] Numerical to Binominal 오퍼레이터의 Parameters 확인

Numerical to Binominal의 Parameters에서 min-max 범위에 있으면 False가 된다. [그림 6-14]와 같이 0으로 설정한 후에 실행한다.

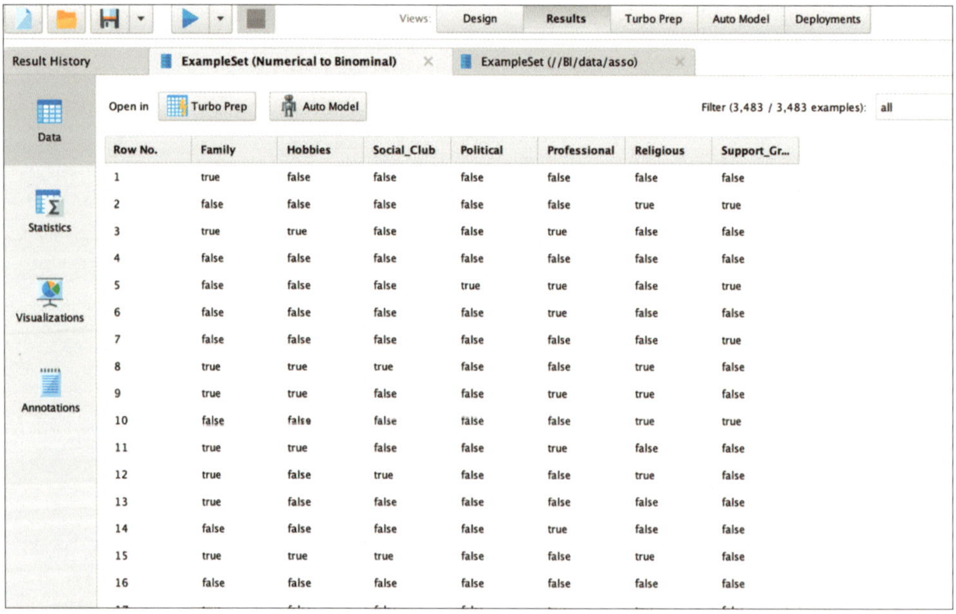

[그림 6-15] Numerical to Binominal 오퍼레이터를 그대로 두고 실행 버튼을 누른 후 결과 확인

0과 1로 구성되어 있던 데이터가 true와 false로 변환된 것을 확인할 수 있다.

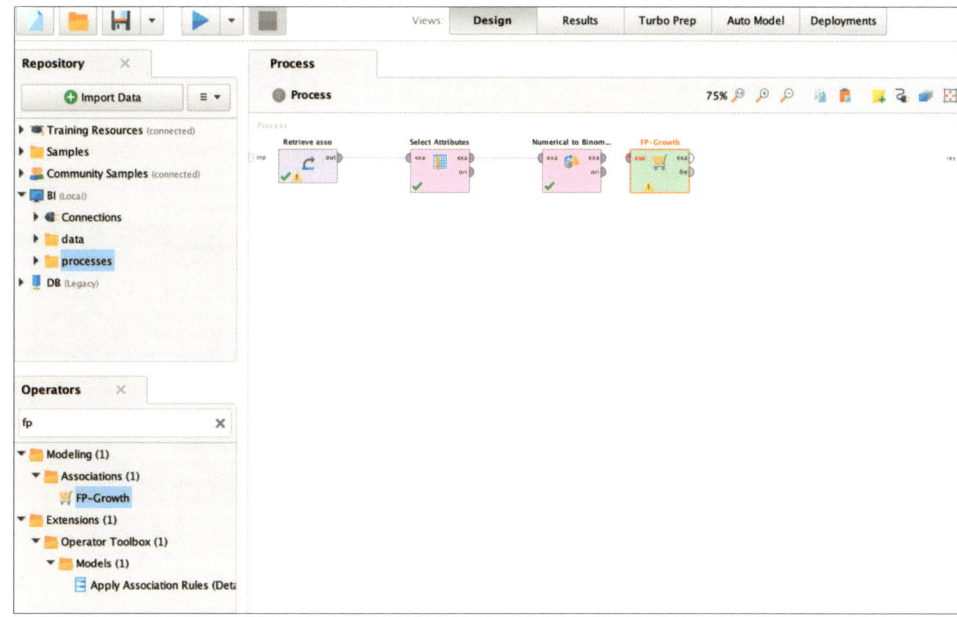

[그림 6-16] Design 패널로 돌아가 FP-Growth 오퍼레이터 끌어서 가져오기

item set 설정을 위해서 DeisgnView로 돌아가 Operators에서 FP-Growth를 Process 창으로 끌고 온다.

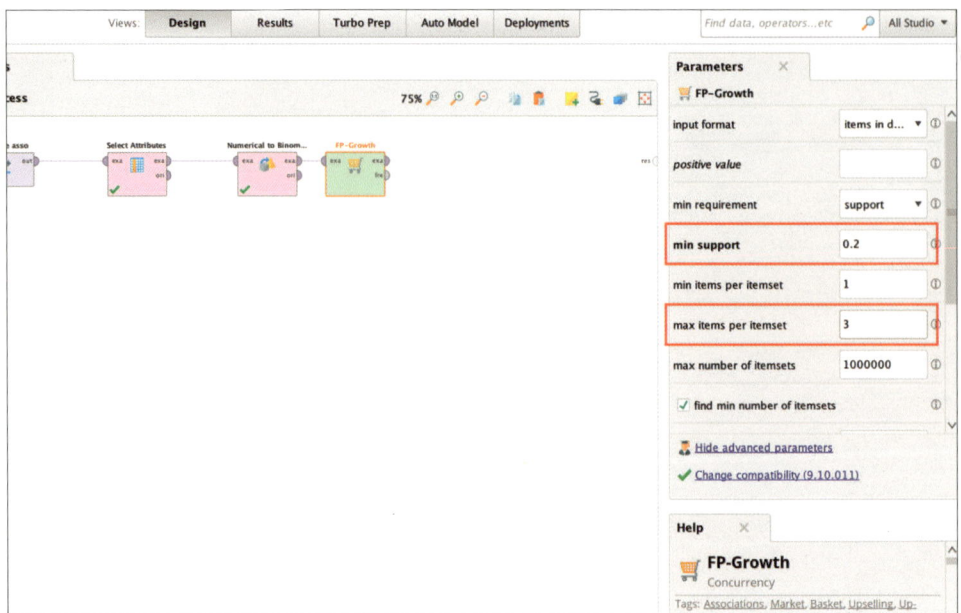

[그림 6-17] min support, max items per Itemset을 다음과 같이 설정

[그림 6-17]과 같이 FP-Growth의 파라미터 min support, max items per itemset을 다음과 같이 설정한다.

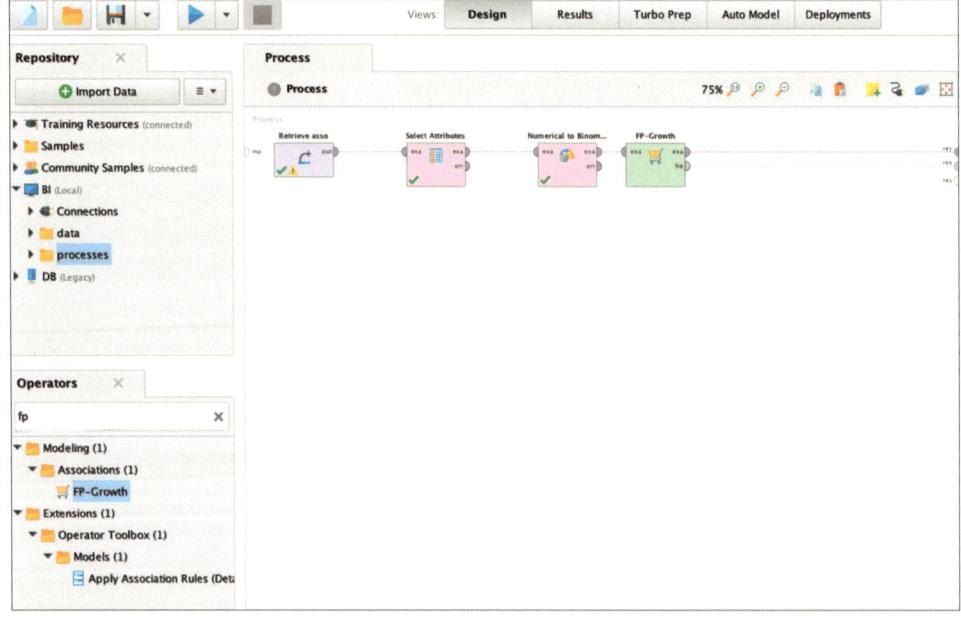

[그림 6-18] 다음과 같이 모든 포트를 모두 연결

[그림 6-18]과 같이 데이터와 Operator와 res 포트들을 모두 연결한 뒤 실행 버튼을 클릭한다.

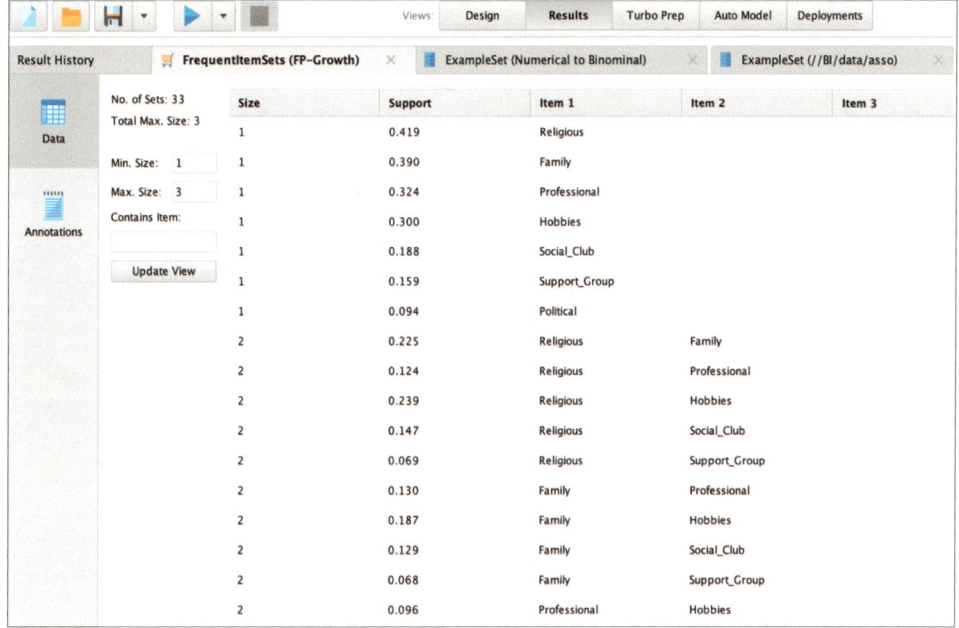

[그림 6-19] 결과 확인

Item을 최대 3개까지 엮어서 결과를 얻을 수 있는 것을 확인할 수 있다.

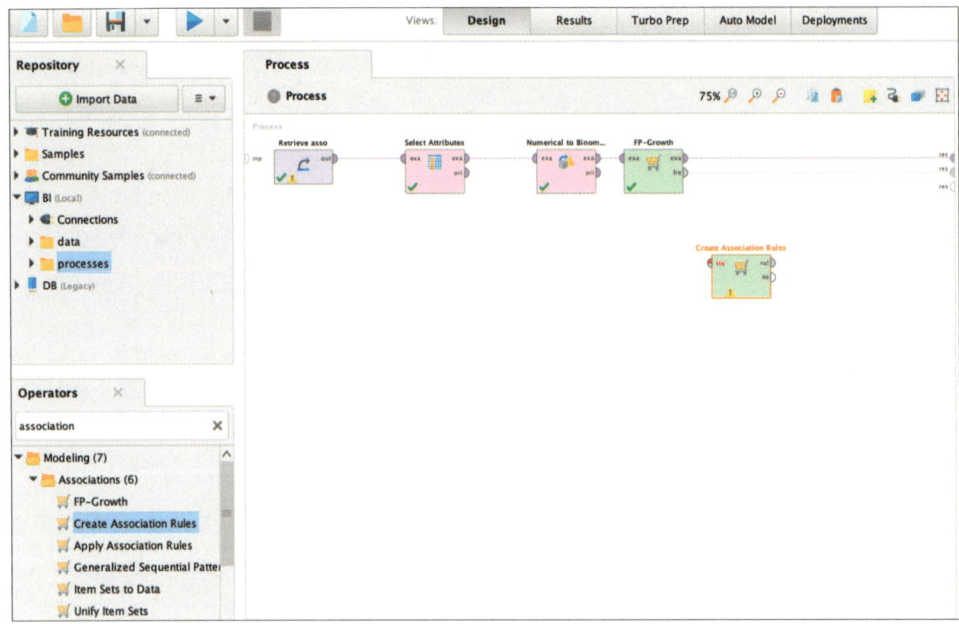

[그림 6-20] Design 패널로 돌아가 Create Association Rules 오퍼레이터 가져오기

연관 규칙을 만들기 위해서 Create Association Rules 오퍼레이터를 Process 창으로 가져온다.

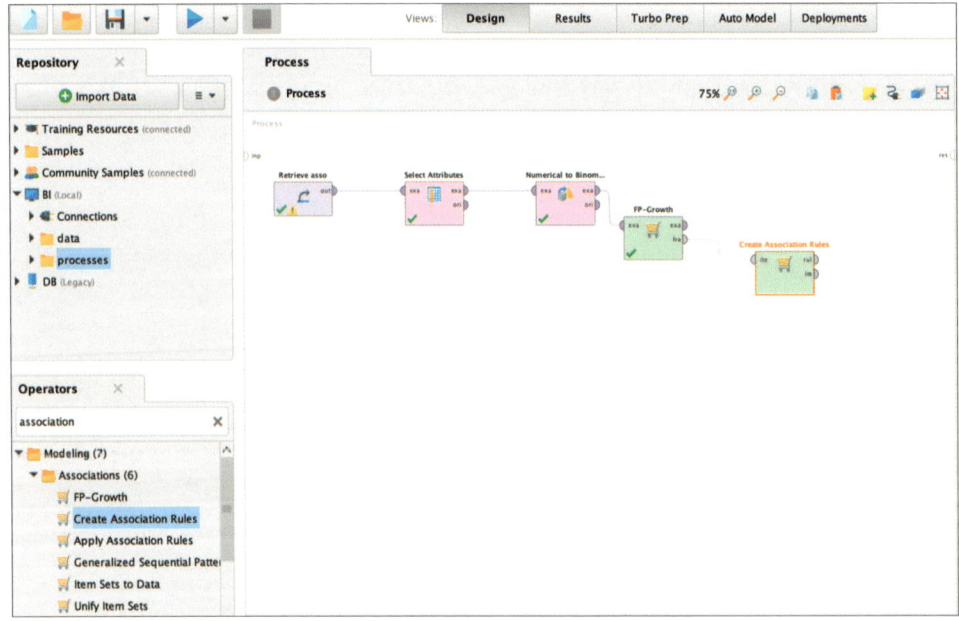

[그림 6-21] 프로세스 진행을 위한 연결

FP-Growth의 frequent 아이템 셋과 Create Association Rules의 아이템 셋 포트를 연결한다.

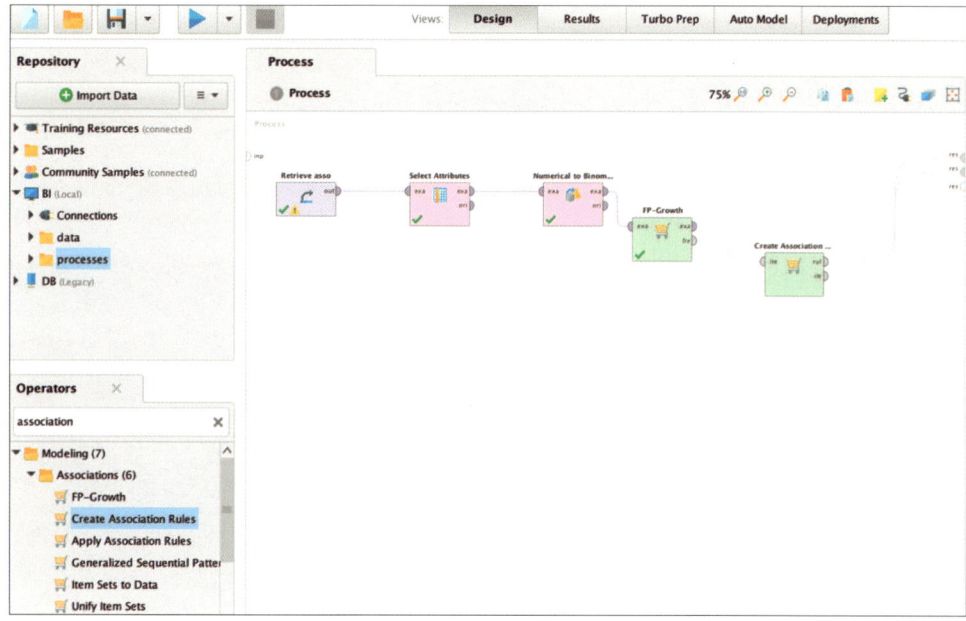

[그림 6-22] 프로세스 완료를 위한 연결

Create Association Rules의 output과 result포트들을 연결한 뒤 실행 버튼을 클릭한다.

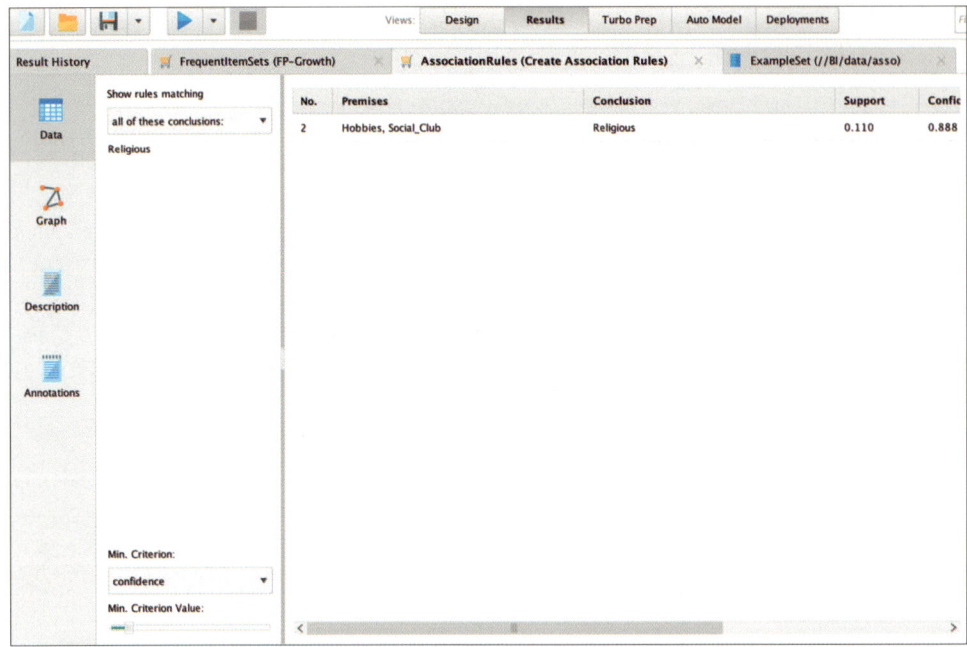

[그림 6-23] Results 화면에서 AssociationRules 클릭

AssociationRules를 확인하면 현재 기준을 충족하는 연관 규칙을 확인할 수 있다.

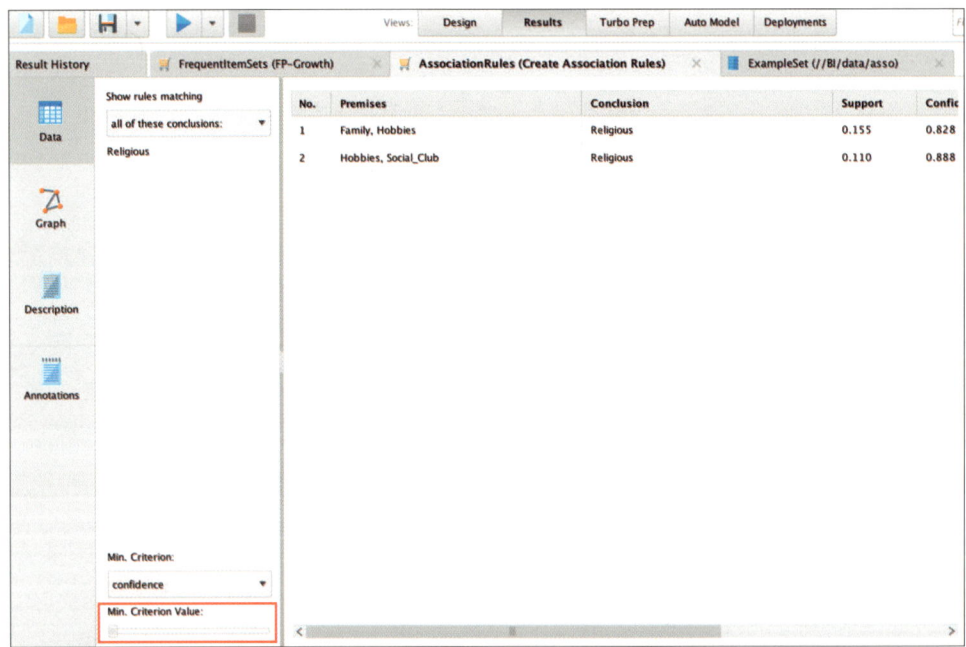

[그림 6-24] Min. Criterion Value를 왼쪽으로 드래그

Min. Criterion Value를 왼쪽으로 드래그 하면 연관 규칙이 하나 더 나오게 된다. 기준을 조절함에 따라 보이는 규칙은 달라진다.

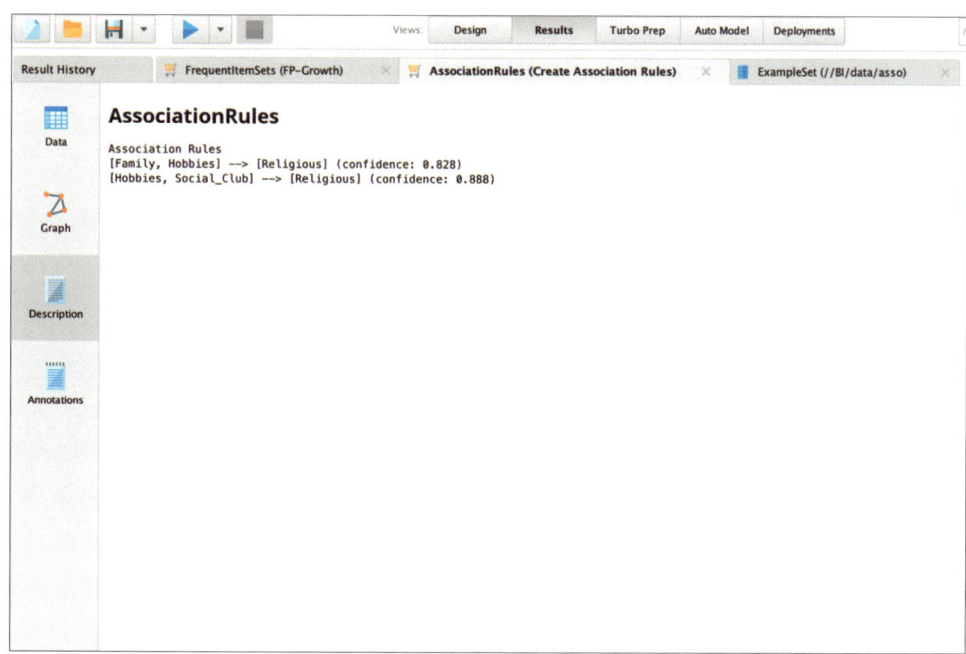

[그림 6-25] Descriptions 클릭

Descriptions을 클릭하면 연관 규칙을 확인할 수 있다.

시장세분화분석

　시장세분화분석은 기업이 맞춤형 마케팅 전략을 진행하기 위해 확보한 고객들을 고객 속성의 유사성에 따라 몇 개의 집단으로 생성하는 분석 방법을 의미한다. 즉, 고객 속성의 유사성을 파악하여 이에 따라 몇 개의 집단으로 고객을 배정하는 것이다. 시장세분화분석을 위해서 여러 가지 데이터 애널리틱스 기법이 활용될 수 있으나 대표적인 것이 군집분석 기법이다.

　군집분석은 데이터 속성 값의 유사성을 바탕으로 데이터를 여러 개의 집단으로 군집화하는 대표적인 무감독학습 기법이다. 군집분석 기법도 여러 가지 알고리즘이 있으나 가장 이해하기 쉽고 많이 활용하는 알고리즘은 k평균군집분석이다. k평균군집분석(k-means clustering analysis)은 데이터 속성의 유사성에 따라 k개의 집단으로 데이터를 군집화하는 분석이다. k평균군집분석에서 중요한 개념은 유사도와 군집중심점인데 유사도는 데이터 속성 간의 비슷한 정도를 의미하며 다차원 공간에서의 거리 개념을 이용하여 계산할 수 있다. 일반적으로 가장 많이 사용되는 거리 개념은 유클리드거리(Euclidean distance)를 이용하며 계산식은 아래와 같다.

$$D(X, Y) = \sqrt{\sum_{i=1}^{n}(X_i - Y_i)^2}$$

　예를 들어, 철수와 영희라는 두 사람의 나이와 연소득 속성 데이터를 가지고 있다고 가정하자. 철수는 35세이며, 영희는 39세이다. 또 연소득은 철수의 경우 35,000,000원이고, 영희의 경우는 45,000,000원이라고 하자. 이 경우, 두 사람 간의 데이터 속성에 대한 유사도는 유클리드거리 개념을 사용하여 아래와 같이 계산할 수 있다.

$$D(철수, 영희) = \sqrt{(35-39)^2 + (35,000,000 - 45,000,000)^2}$$

따라서 철수와 영희의 기하학적 거리를 계산할 수 있고, 이는 데이터 간의 다차원 공간에서의 유사도를 의미한다. 따라서 이 값이 작을수록 두 개체는 유사하고, 값이 클수록 두 개체는 유사하지 않다고 할 수 있다.

한편, 군집중심점은 군집분석을 진행하는 과정에서 생성된 군집을 대표하는 속성 값을 의미하는데 일반적으로 해당 군집에 배정된 데이터들의 속성 값의 평균으로 계산된다. 예를 들어, 철수, 태희, 영희라고 하는 세 사람의 나이와 연소득에 대한 데이터를 알고 있으며, 이 세 사람이 군집분석 과정에서 하나의 군집을 형성하였다면 그 군집의 군집중심점은 세 사람의 나이와 연소득의 평균값으로 계산된다. 군집중심점은 군집을 형성하는 과정에서 군집을 최적화하는 과정에 반드시 필요한 개념이다. 군집을 최적화하는 과정은 다음과 같다. 먼저 분석가가 원하는 최종 군집 개수를 지정한다. 다음으로 최종 군집 개수만큼의 초기 군집중심점을 임의로 선정한다. 다음 단계에서는 임의로 선정된 군집중심점과 각 데이터 개체와의 거리를 계산하여 각각의 데이터 개체를 가장 가까운 초기 군집중심점에 배정하여 초기 군집을 형성한다. 이때 형성된 군집들은 임의로 배정된 군집중심점을 이용하여 만들어진 것이므로 최적 군집이 아니다. 따라서 군집을 최적화하는 과정을 진행하게 되는데, 이 과정에서는 초기 군집중심점 대신 진화된 군집중심점을 찾게 된다. 다음 단계에서는 데이터 개체들과 진화된 군집중심점과의 거리를 계산하여 가장 가까운 군집중심점에 데이터를 배정하여 새로운 군집을 생성한다. 이 과정에서 군집이 변경된 데이터가 있다면 군집중심점도 변화하게 되므로 다시 군집중심점을 계산하고 다시 거리를 계산하여 새로운 군집을 생성하는 과정을 반복적으로 진행한다. 이러한 가정을 수차례 반복하면 군집을 구성하는 데이터의 변동이 거의 없는 수렴 상태에 이르게 되는데 이때 최적화된 군집을 도출한 것으로 판단한다. k평균군집분석의 과정을 그림을 통해 살펴보자. [그림 7-1]은 k평균군집분석의 과정을 단계 별로 보여 주는 예시 그림이다.

그림에 있는 예시는 2개의 속성을 가진 10개의 데이터를 3개의 군집으로 만드는 과정을 보여 주는 그림이다. 먼저 첫 번째 그림에는 10개의 데이터가 2개의 속성 차원으로 표시되어 있다. 두 번째 그림에서는 임의로 3개의 초기 군집중심점이 배정된 그림이다. 예시에서는 두 번째 그림에 있는 + 표시된 위치가 초기 군집중심점이다. 세 번째 그림에는 임의로 배정된 3개의 군집중심점에 가까운 데이터 개체를 해당 군집에 배정한 결과이다. 네 번째 그림에서는 새롭게 배정된 군집중심점이 +로 표시되어 있다. 마지막으로 다섯 번

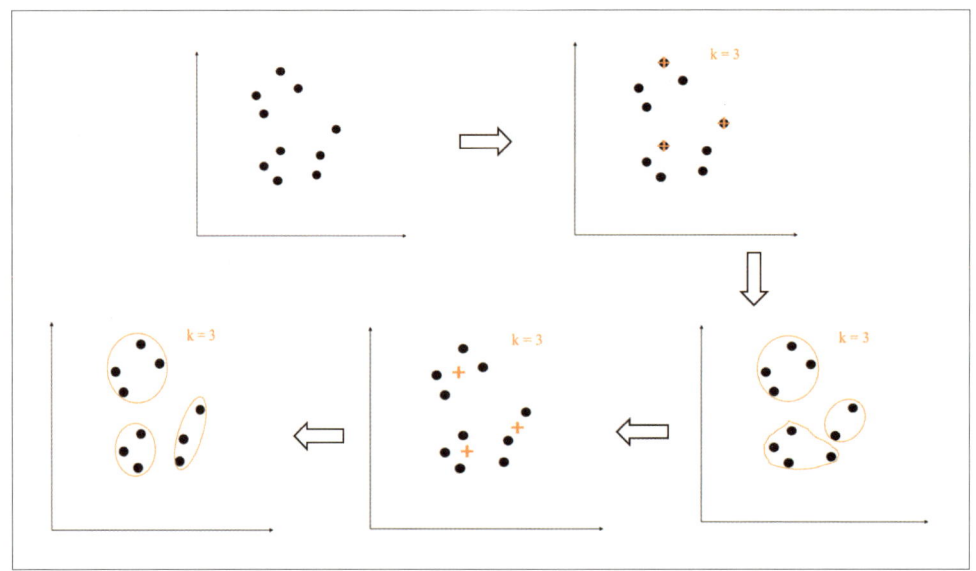

[그림 7-1] K평균군집분석 진행 과정 예시

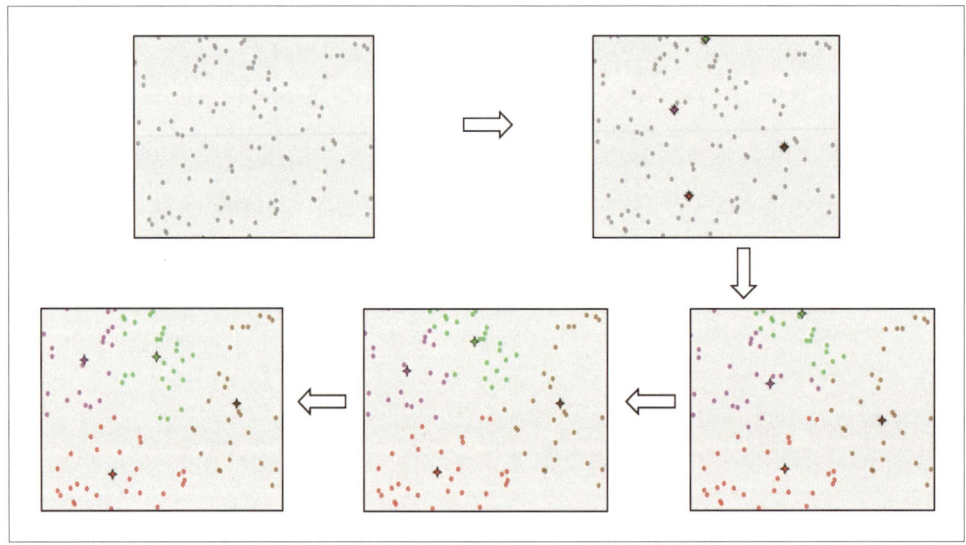

[그림 7-2] 대량 데이터에서의 K평균군집분석 진행 과정 예시

째 그림에서 새로운 군집중심점에 가까운 데이터를 해당 군집에 배정한 결과를 보여 준다. 한편, [그림 7-2]는 좀 더 현실적인 상황에서의 군집분석 과정을 보여 주는 예시이다.
 첫 번째 그림에는 많은 양의 데이터가 두 개의 속성 값에 따라 분포된 예시를 보여 주고 있다. 두 번째 그림에서는 임의로 배정된 초기 군집중심점이 표시되어 있으며 세 번째 그림에서는 초기 군집중심점을 이용하여 데이터들이 배정된 초기 군집 결과를 보여 준다. 네 번째 그림에서는 군집중심점이 이동된 것을 보여 주고 있으며, 마지막 그림에서는 새로운 군집중심점을 이용하여 새롭게 배정된 군집분석 결과를 보여준다.

마지막으로 k평균군집분석에서 분석가가 결정해야 하는 요인 중 하나는 군집의 개수를 의미하는 k 값이다. 시장세분화분석에서 가장 바람직한 방법은 마케팅 전문가가 진행하고자 하는 맞춤형 마케팅 전략의 개수에 맞도록 k를 결정하면 된다. 이를 위해서는 고객의 특성에 대한 이해가 필요하고 마케팅 전략의 사전 수립이 필요하다. 만약, 이런 방법이 불가능하다면 정량적인 방법에 의해 결정할 수도 있는데 elbow method와 silhouette analysis와 같은 방법을 이용할 수 있다. 그러나 이 방법들에 대한 자세한 설명은 본서의 범위를 넘으므로 생략하도록 한다.

RapidMiner를 이용한 시장세분화분석 실습

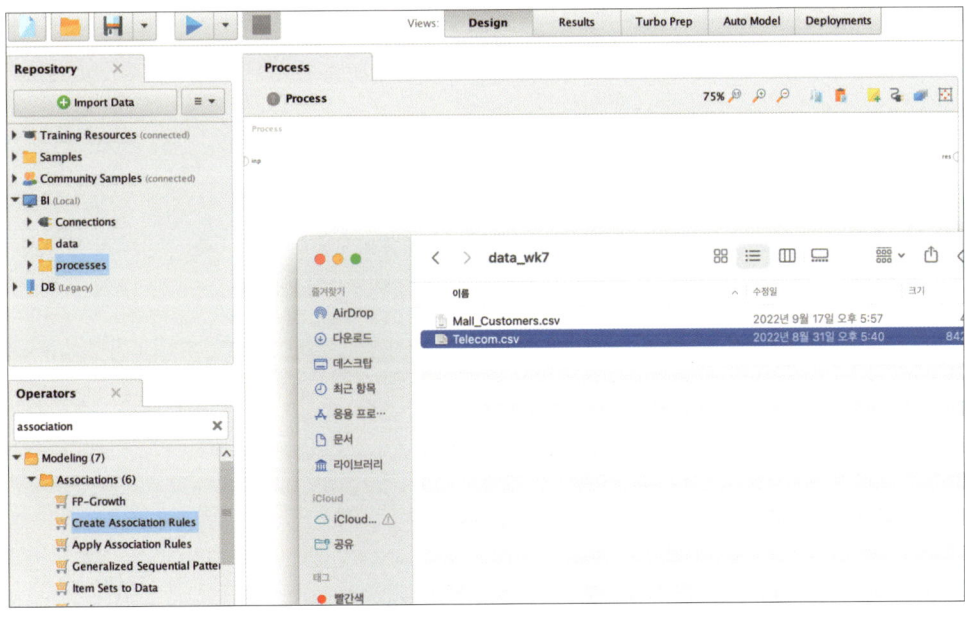

[그림 7-3] 분석할 데이터 끌어서 Process 창에 가져오기

분석할 데이터인 Telecom.csv를 Process 창에 가져온다.

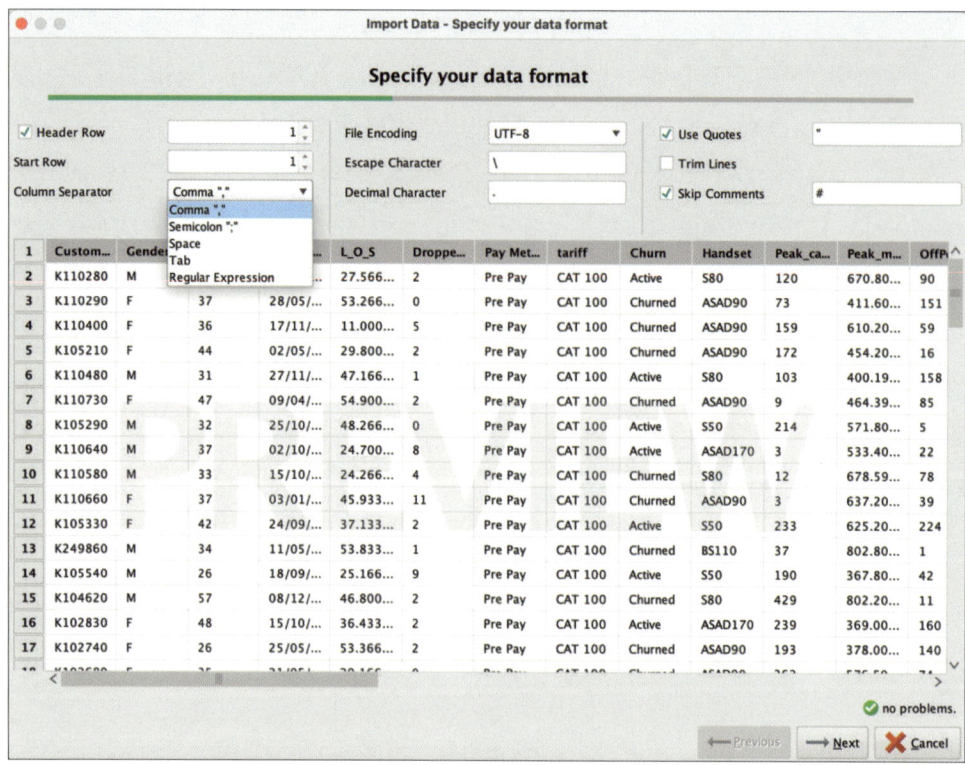

[그림 7-4] Column Separator를 Comma로 설정

Column Separator을 ","로 설정하고 Next를 클릭한다.

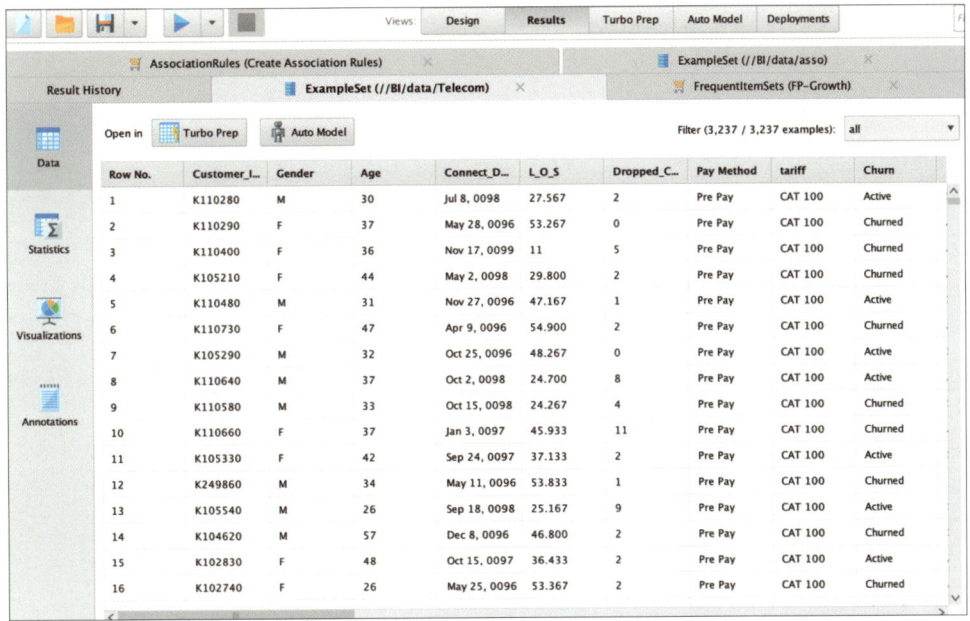

[그림 7-5] 모두 Next를 누른 후 데이터 모양 확인

데이터를 대략적으로 파악하기 위해 계속 Next 버튼을 클릭한다.(전체 데이터의 수는 3237개 등 데이터의 형태 파악)

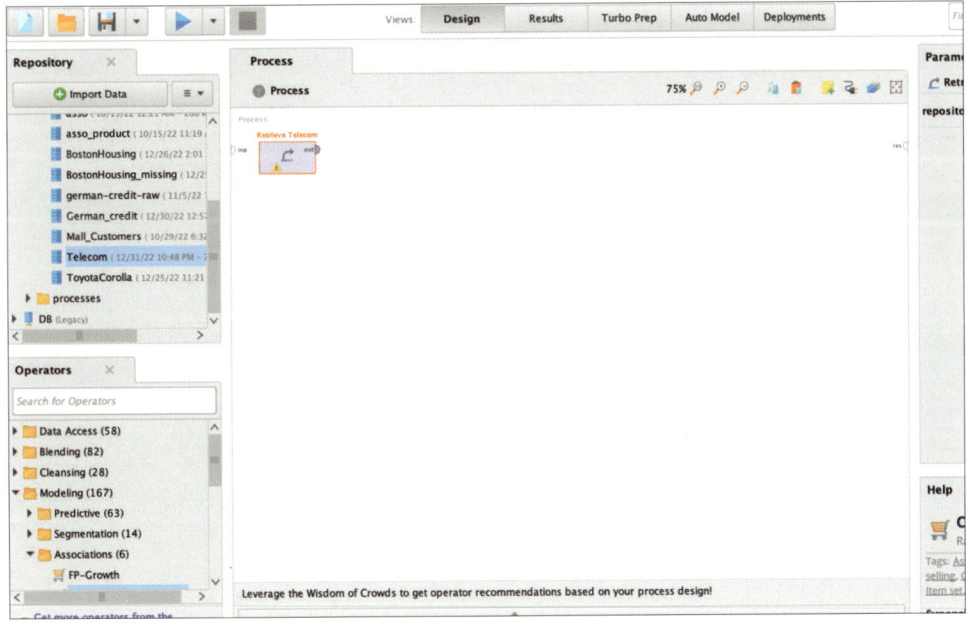

[그림 7-6] Design 패널

chapter 7 | 시장세분화분석 155

다시 Design View로 돌아와 저장한 데이터를 끌어서 가져온다.

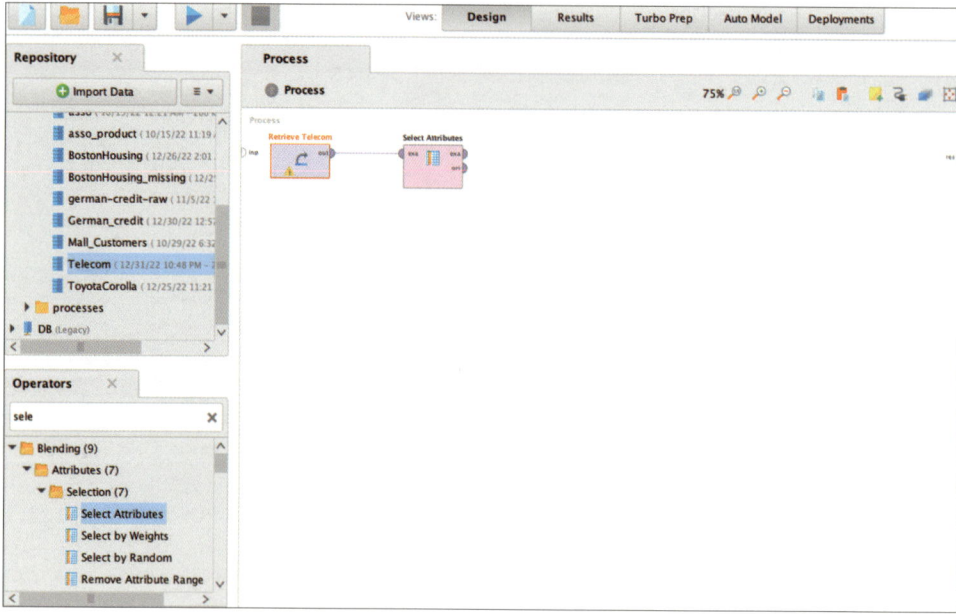

[그림 7-7] Select Attributes 오퍼레이터 끌어서 가져오기

Select Attributes 오퍼레이터를 Process 창으로 끌고 온다. 그리고 데이터와 연결한다.

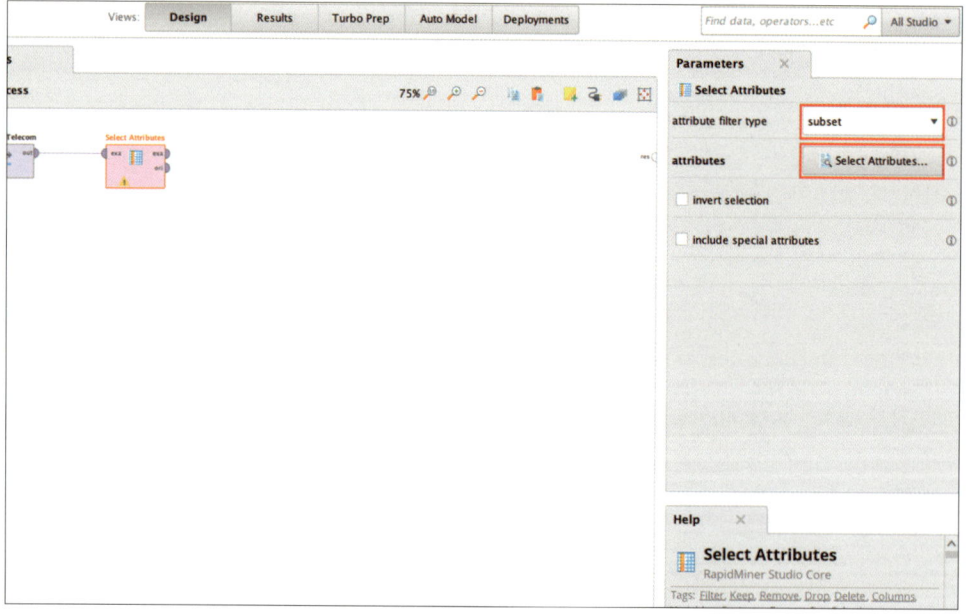

[그림 7-8] Select Attributes의 Parameters를 클릭

여러 개의 데이터를 선택하기 위해 subset으로 설정한다. 그리고 Select Attributes를 클릭한다.

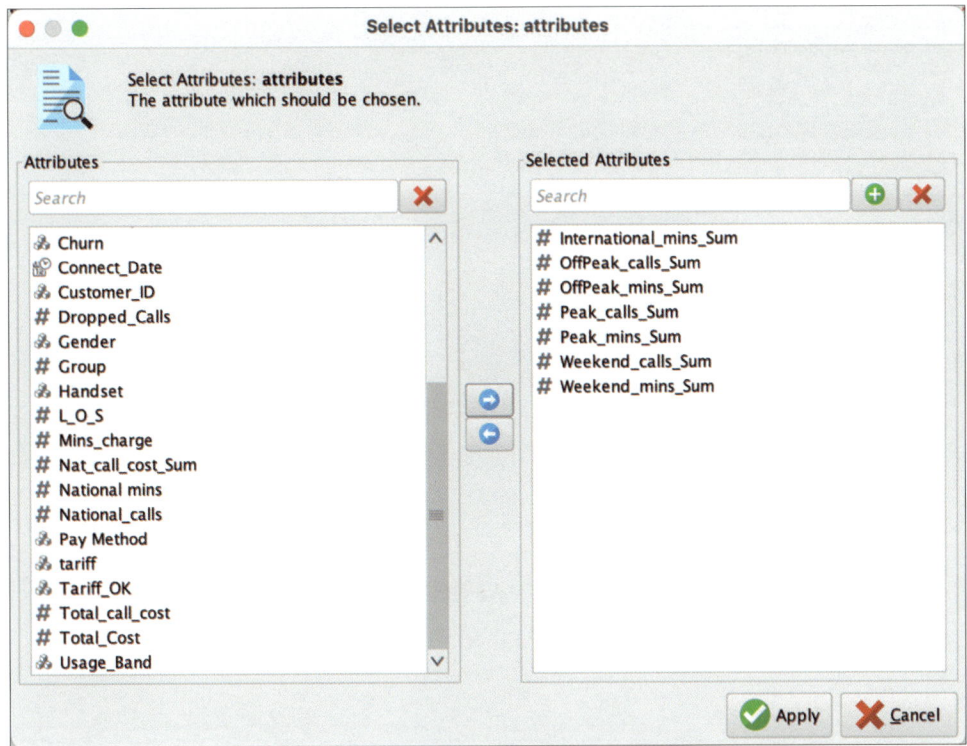

[그림 7-9] 다음과 같이 설정 후 Apply 버튼 클릭

[그림 7-9]와 같이 사용할 변수들을 선택한 뒤 Apply를 클릭한다.

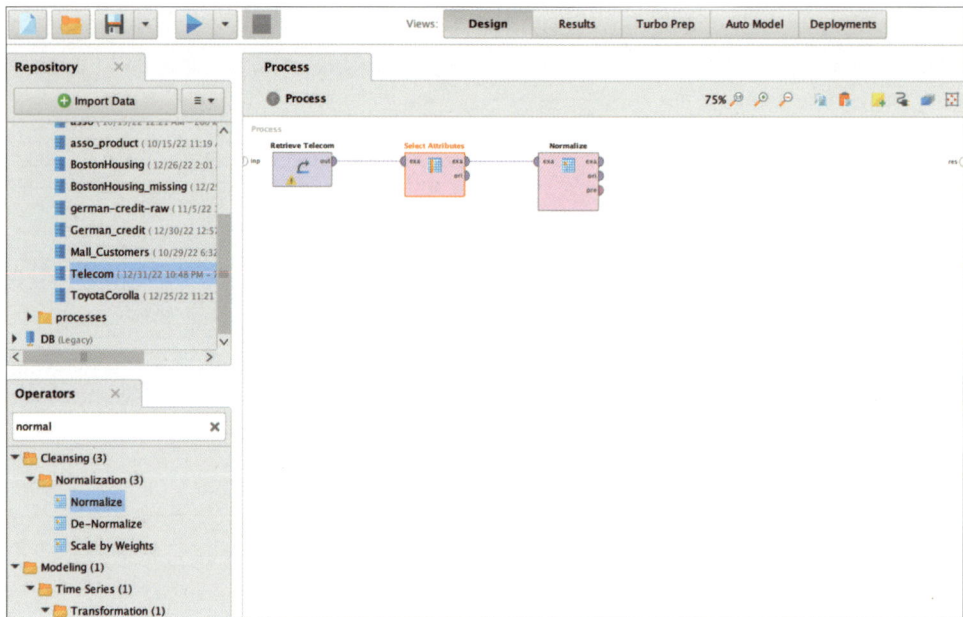

[그림 7-10] Normalize 오퍼레이터 끌어서 연결

통화시간의 단위가 분도 있고, 횟수라는 단위도 있기 때문에 정규화가 필요하다. 따라서 Operators에서 Normalize를 검색하여 끌고 와 연결한다.

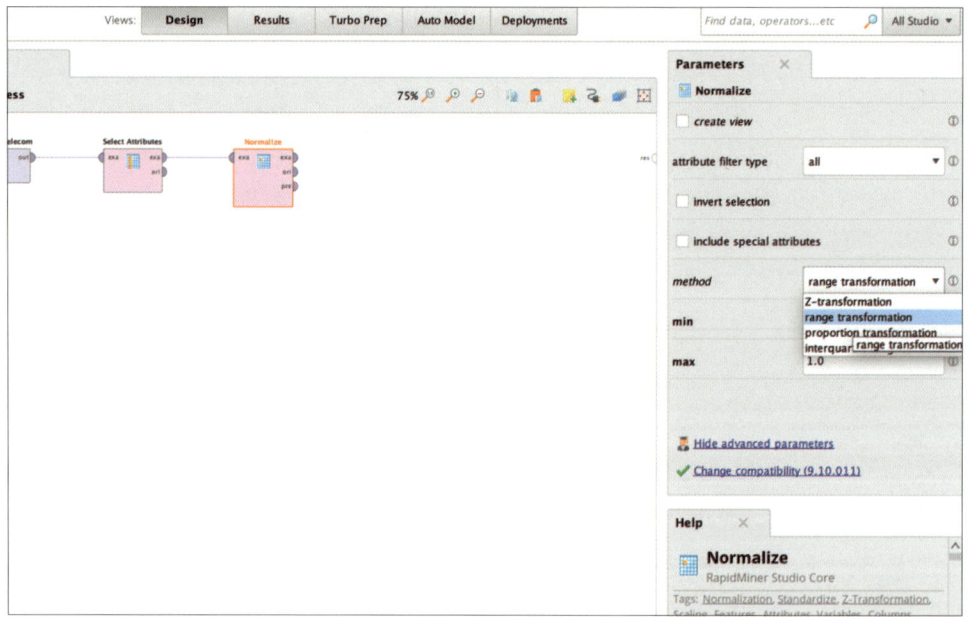

[그림 7-11] Normalize의 Parameters에서 method를 range transformation으로 설정

정규화의 방법을 선택하는 method에서 range transformation으로 선택한다. (Z-transformation 과 range transformation이 가장 많이 쓰임)

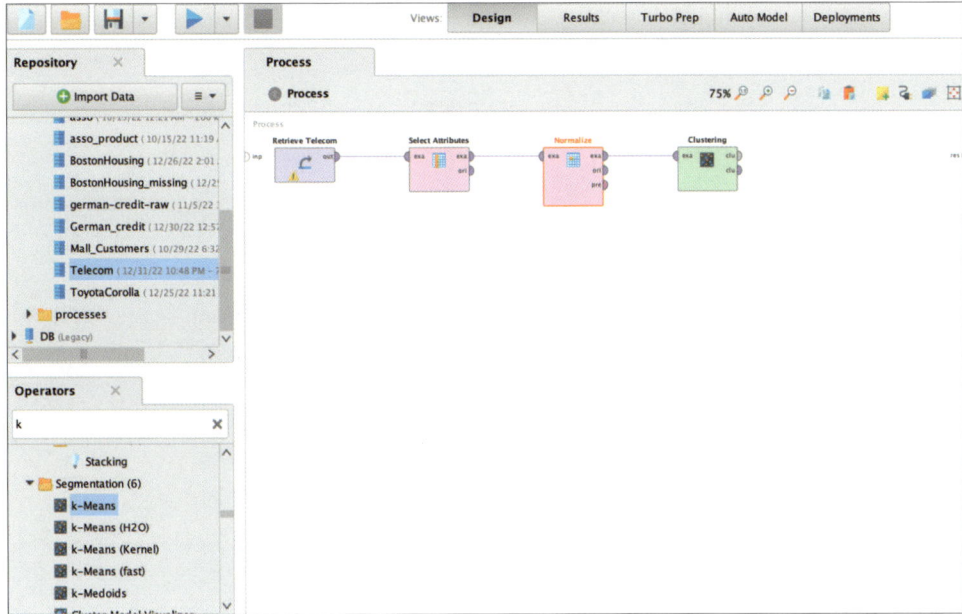

[그림 7-12] k-Means 오퍼레이터 끌어서 가져오기

클러스터링을 위해서 Operators에서 k-Means 오퍼레이터를 검색하여 Process로 가지고 온다.

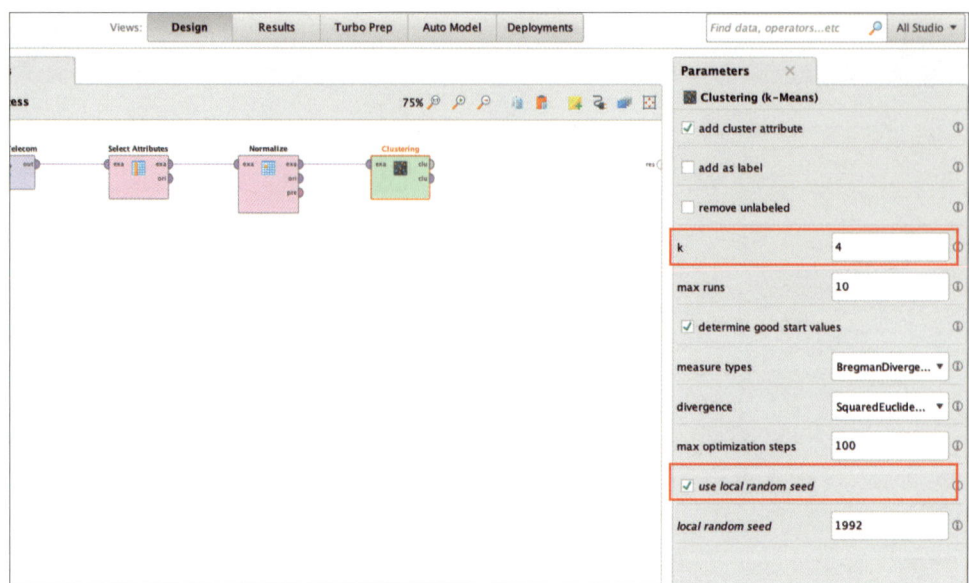

[그림 7-13] k-Means Clustering

　Parameters에서 다음과 같이 설정 후 use local random seed 항목을 체크한다. k 값은 사용자가 직접 설정해야 하며, 적절한 값을 시행착오를 통해 찾아야 한다. 본서에서는 k=4로 설정하였다.

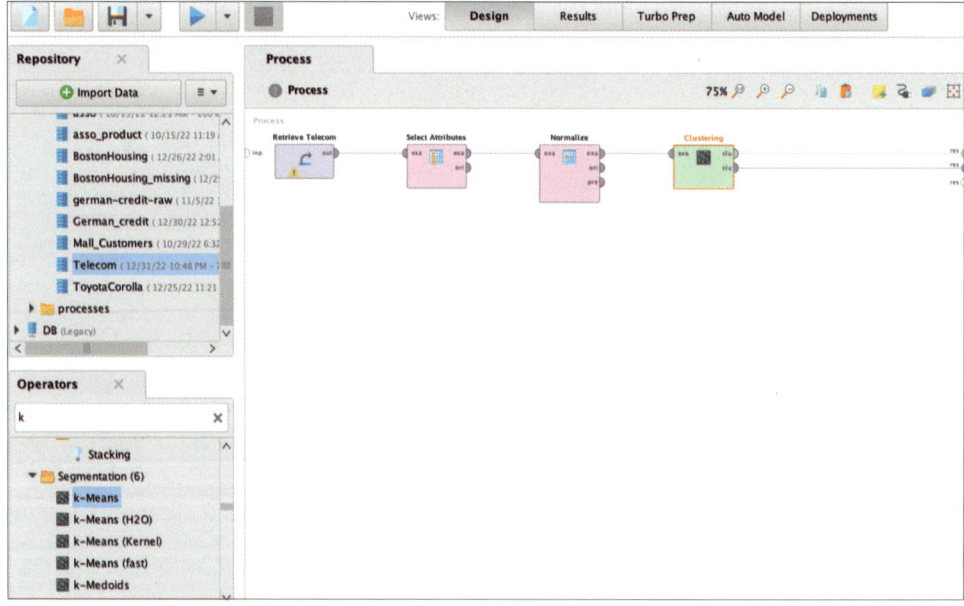

[그림 7-14] 다음과 같이 연결 후 실행 버튼 클릭

[그림 7-14]와 같이 모두 연결한 다음 실행 버튼을 클릭한다.

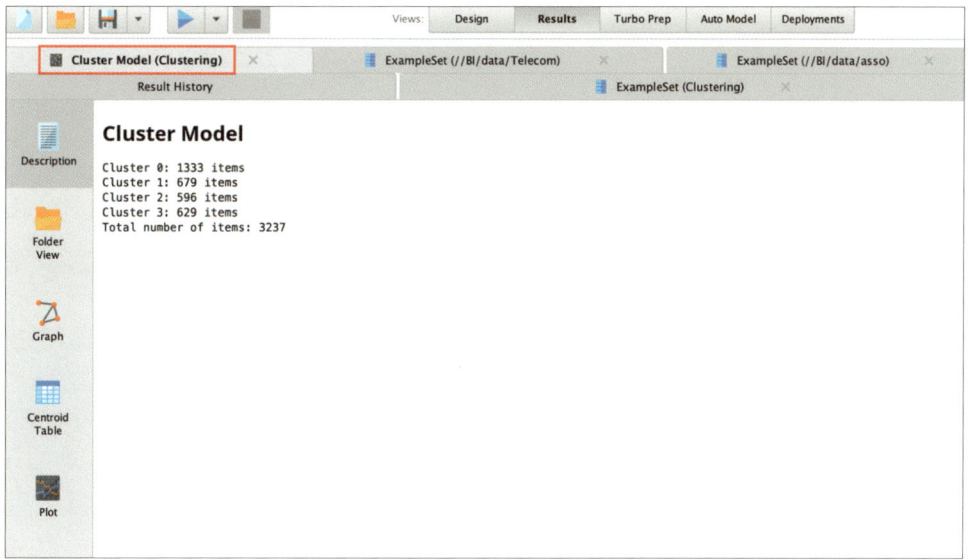

[그림 7-15] Results 창에서 Cluster Model 클릭

k=4로 설정하였기 때문에 전체 데이터가 클러스터 4개로 분류된 것을 확인할 수 있다.

Attribute	cluster_0	cluster_1	cluster_2	cluster_3
Peak_calls_Sum	0.081	0.106	0.320	0.120
Peak_mins_Sum	0.159	0.217	0.541	0.232
OffPeak_calls_Sum	0.092	0.396	0.143	0.148
OffPeak_mins_Sum	0.182	0.519	0.260	0.255
Weekend_calls_Sum	0.091	0.117	0.119	0.376
Weekend_mins_Sum	0.164	0.218	0.218	0.510
International_mins_Sum	0.108	0.209	0.369	0.170

[그림 7-16] Centroid Table 클릭

Centroid Table을 확인하면 각 클러스터의 중심을 알 수 있다.

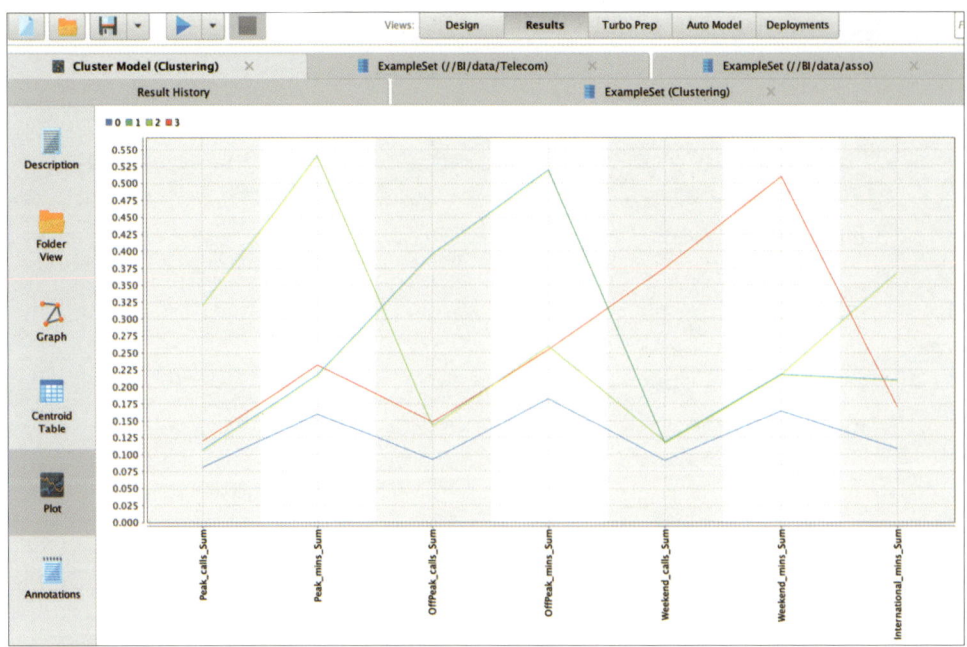

[그림 7-17] Centroid 시각화

Plot을 클릭하면 Centroid를 시각화하여 보여준다.

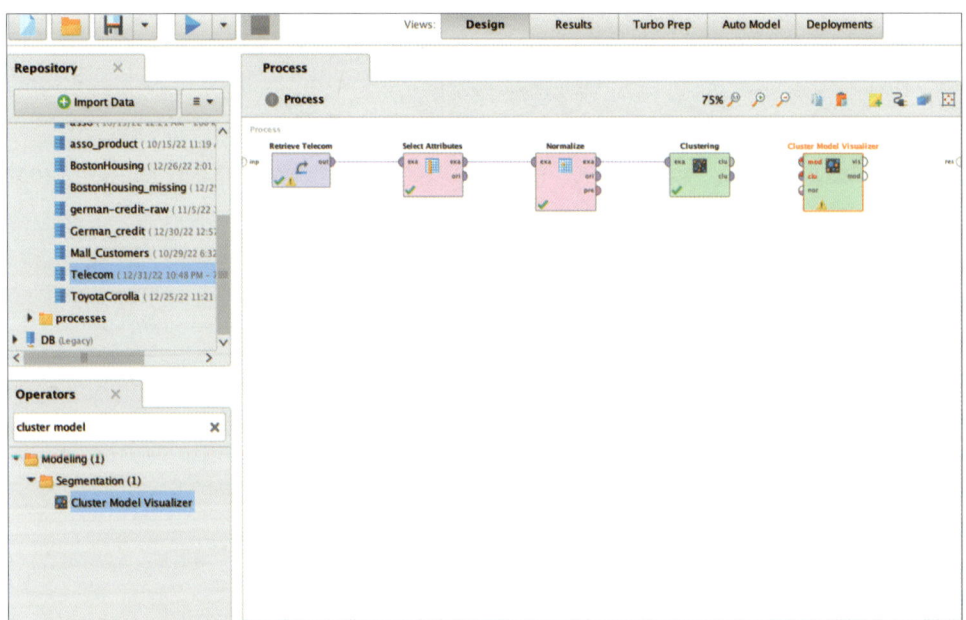

[그림 7-18] Design 패널로 돌아가 Cluster Model Visualizer 오퍼레이터 끌어서 가져오기

클러스터 결과를 시각화하기 위해 Design View로 돌아가 Cluster Model Visualizer Operator를 검색해서 Process 창으로 끌고 온다.

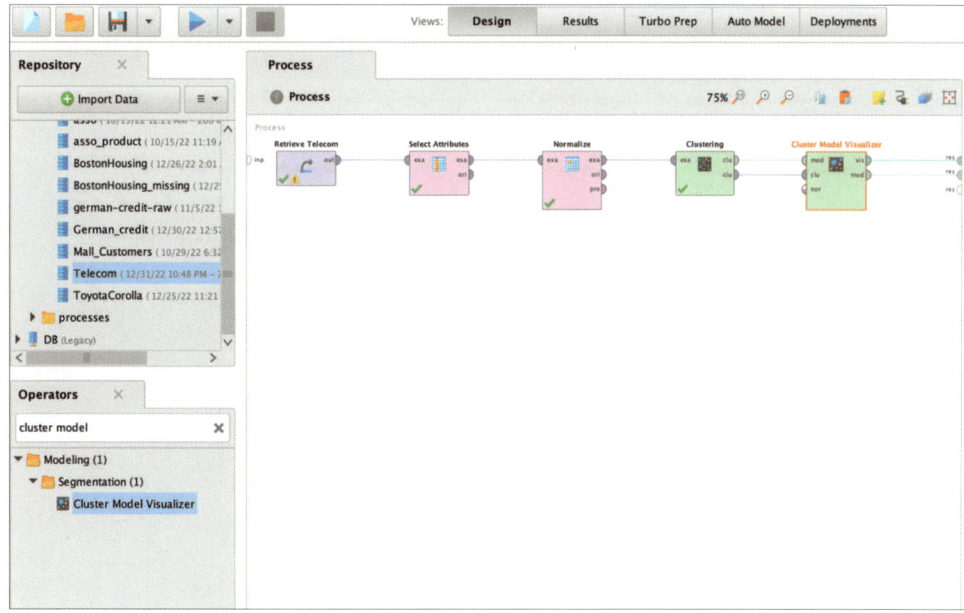

[그림 7-19] 프로세스 연결 완료

[그림 7-19]와 같이 res포트들도 모두 연결한 뒤 실행한다.

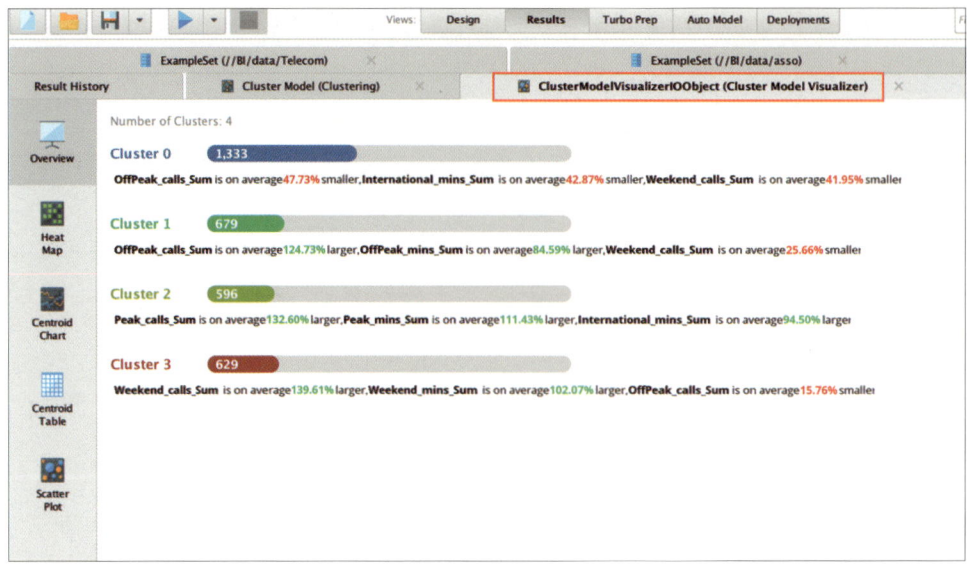

[그림 7-20] Results 화면에서 ClusterModelVisualizerIOObject 클릭

Result View에서 ClusterModelVisualizerIOObject를 클릭하면 시각화 오퍼레이터 이전의 결과를 해석할 필요 없이 Overview에서 상세하게 보여준다.

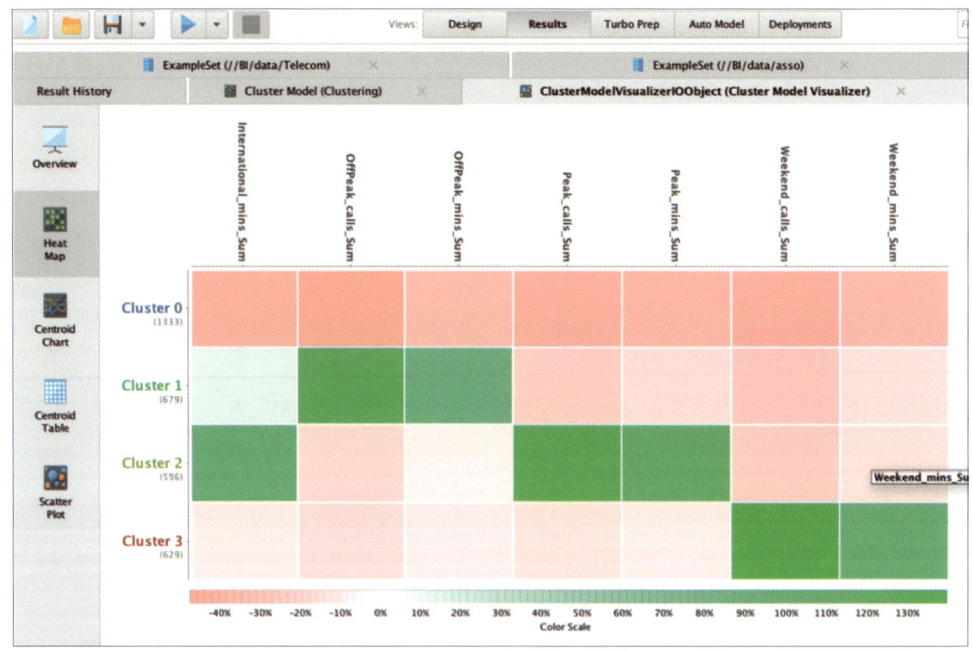

[그림 7-21] Heat Map 클릭

Heat Map을 클릭하면 Heat Map 시각화 Plot을 확인할 수 있는데 붉은색이 강할수록 음의 값에 가깝고, 초록색이 강할수록 양의 값에 가깝다.

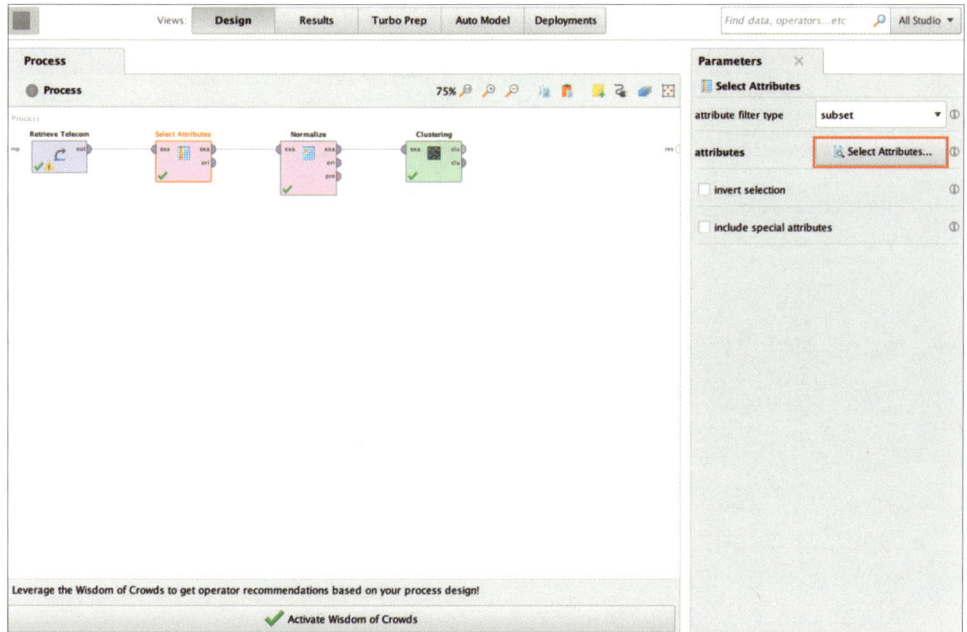

[그림 7-22] Design 패널로 돌아가 시각화 오퍼레이터를 지우고 Select Attributes 버튼 클릭

Design View로 돌아와 시각화 Operator를 삭제하고 Select Attributes 오퍼레이터의 Parameters에서 Select Attributes를 클릭한다.

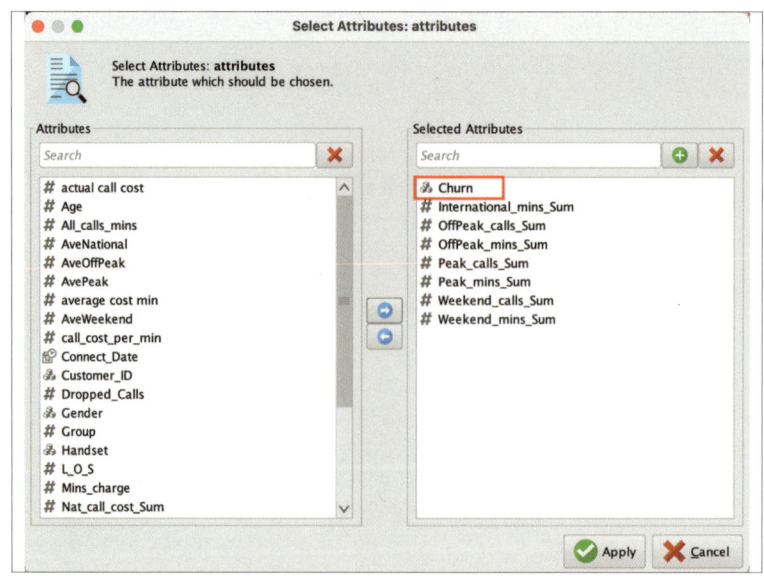

[그림 7-23] Churn 추가 후 Apply 버튼 클릭

이탈률을 함께 분석하기 위해서 Churn을 추가해 주고 Apply 버튼을 클릭한다.

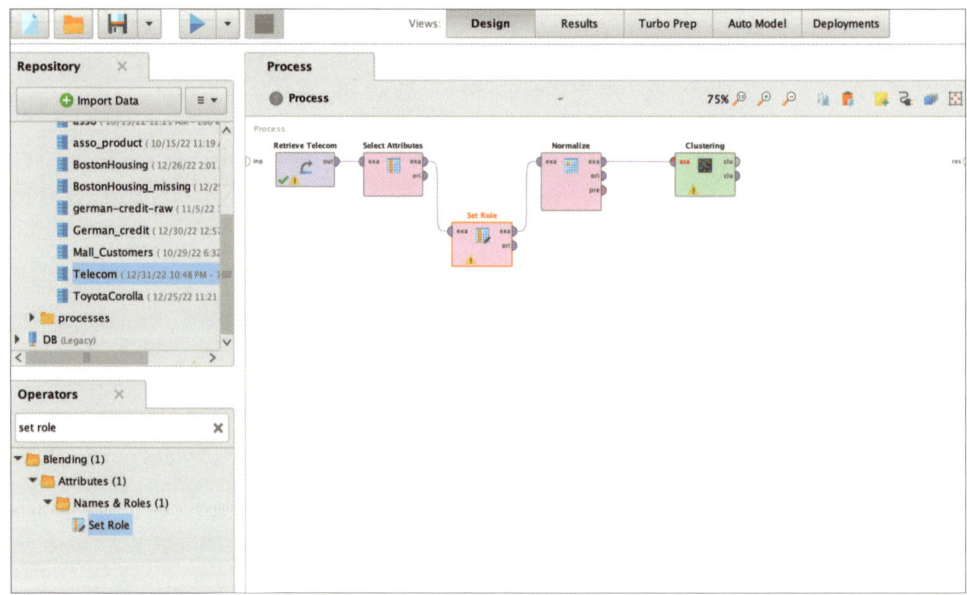

[그림 7-24] Set Role 오퍼레이터 추가

이탈률의 역할을 설정해 주기 위해 Set Role Operator를 추가한다.

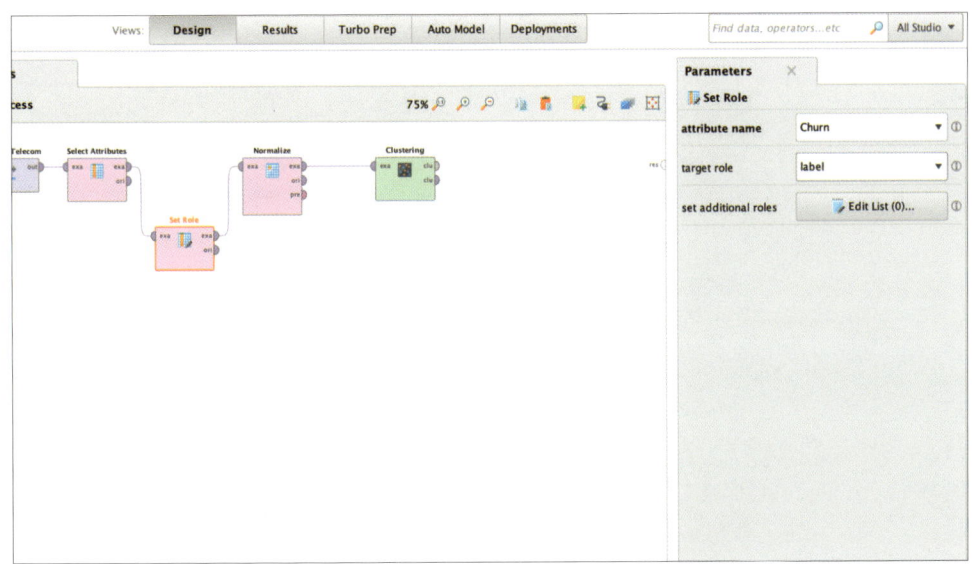

[그림 7-25] Set Role의 Parameters에서 다음과 같이 설정

Set Role 파라미터를 [그림 7-25]와 같이 설정하여 Churn을 label로 설정한다.

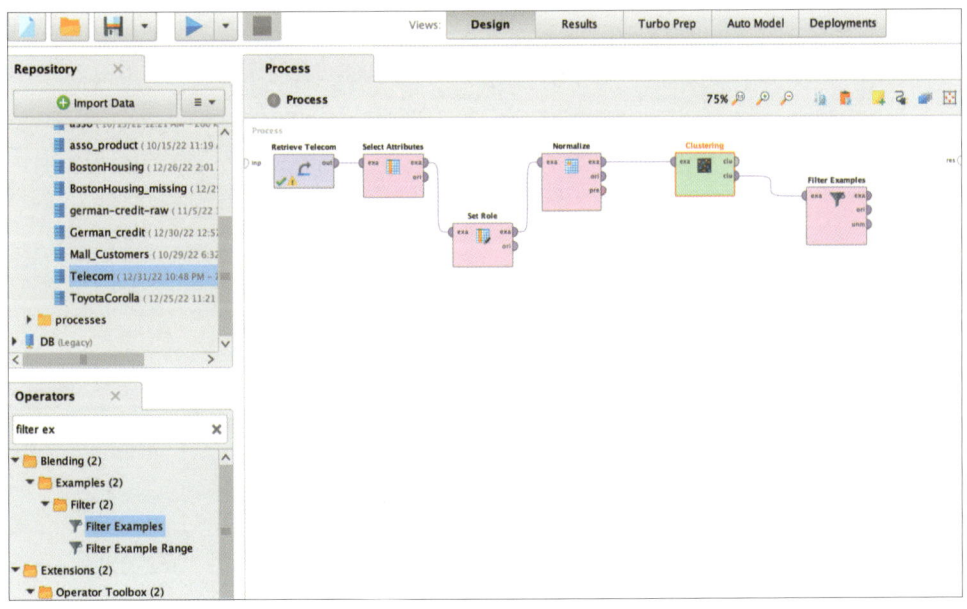

[그림 7-26] Filter examples 오퍼레이터를 끌어서 연결

클러스터 0인 것만 따로 뽑기 위해서 Filter examples 오퍼레이터를 끌어서 연결한다.

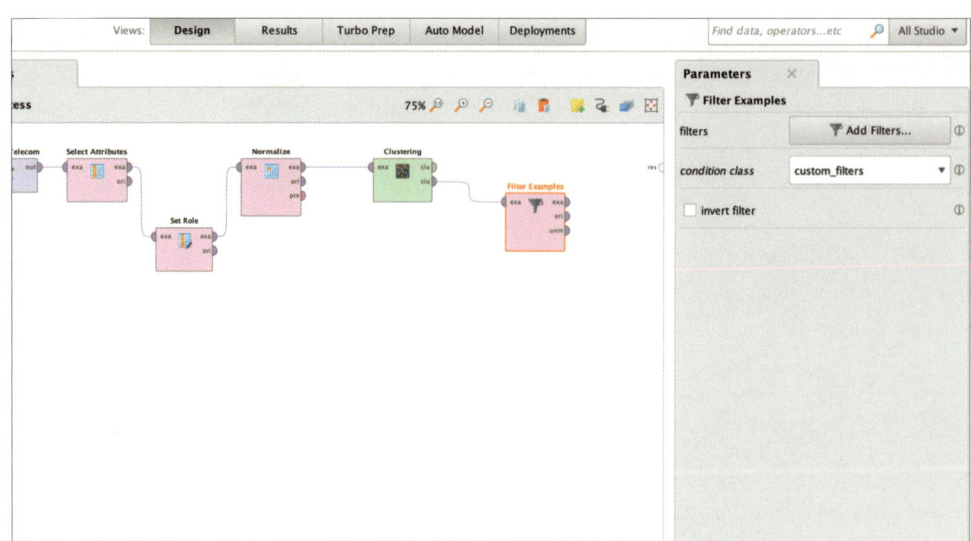

[그림 7-27] Filter examples의 Parameters에서 Add Filters 클릭

Parameters에서 Add Filters 버튼을 클릭한다.

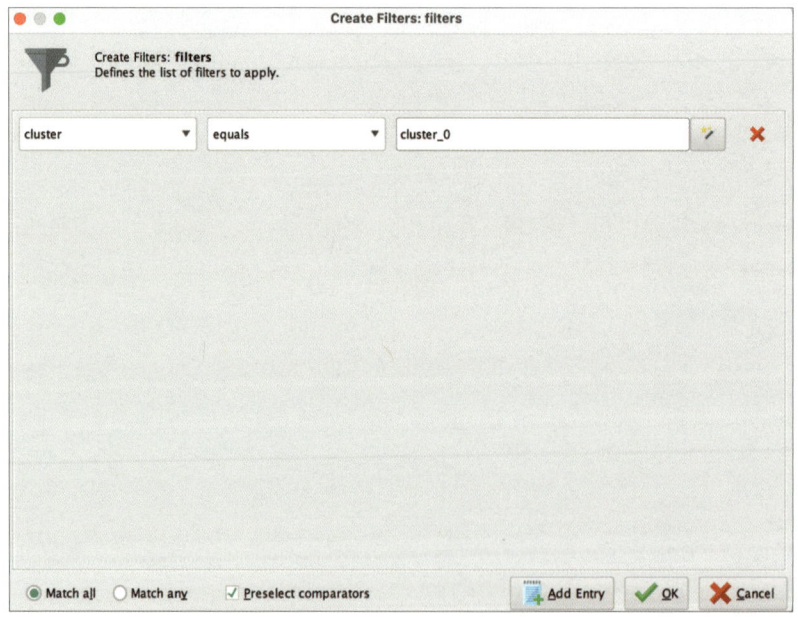

[그림 7-28] 다음과 같이 설정 후 OK 버튼 클릭

cluster_0인 것만 남기기 위해서 [그림 7-28]과 같이 cluster_0을 체크한 다음 OK 버튼을 누른다.

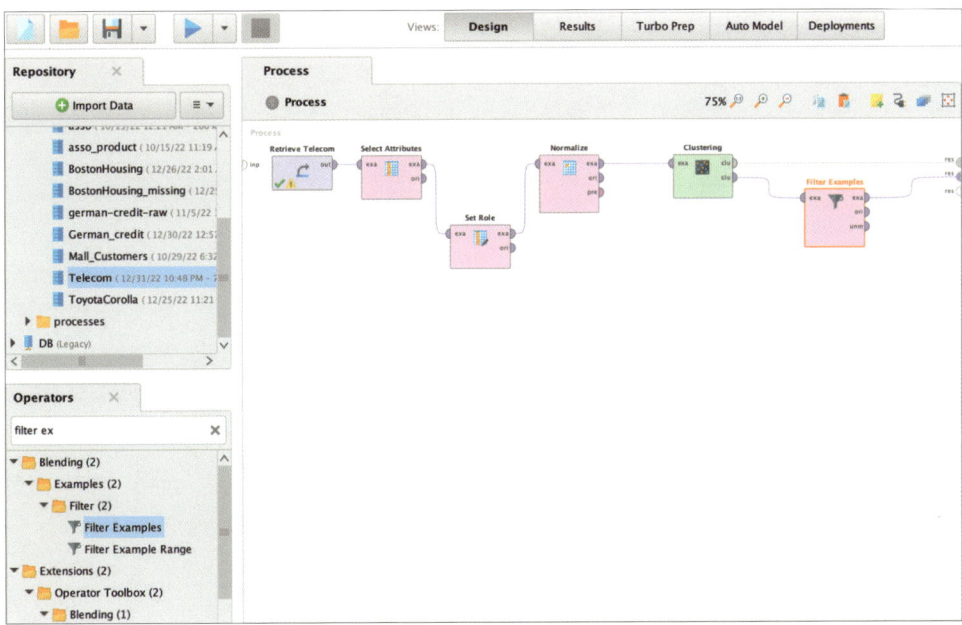

[그림 7-29] 프로세스 연결 완료

[그림 7-29]와 같이 연결한 다음 실행 버튼을 클릭한다.

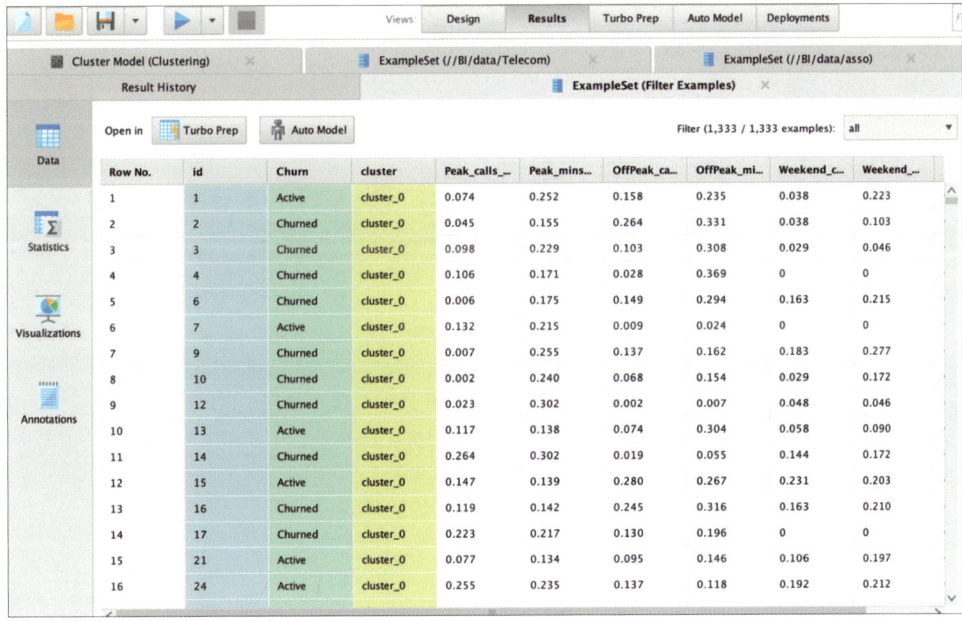

[그림 7-30] 결과 확인

원하던 목적대로 cluster_0인 것만 남고 나머지는 걸러진 것을 확인할 수 있다. 이제 cluster_0의 클러스터들을 확인할 수 있다.

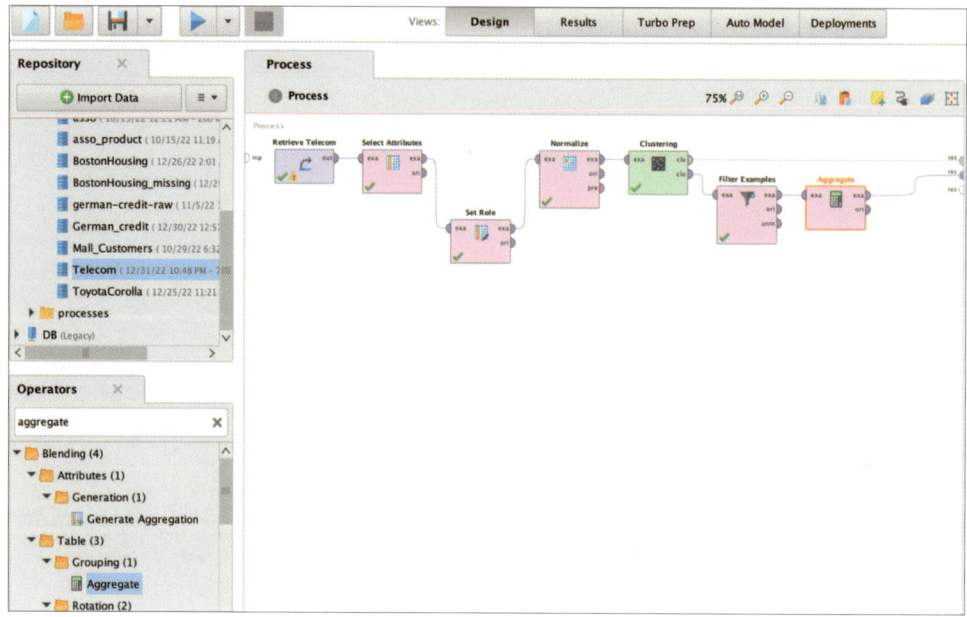

[그림 7-31] Design 패널로 돌아가 Aggregate 오퍼레이터를 끌어서 가져오기

Design View로 돌아가 Grouping을 하기 위해 Aggregate 오퍼레이터를 끌어서 가져온다.

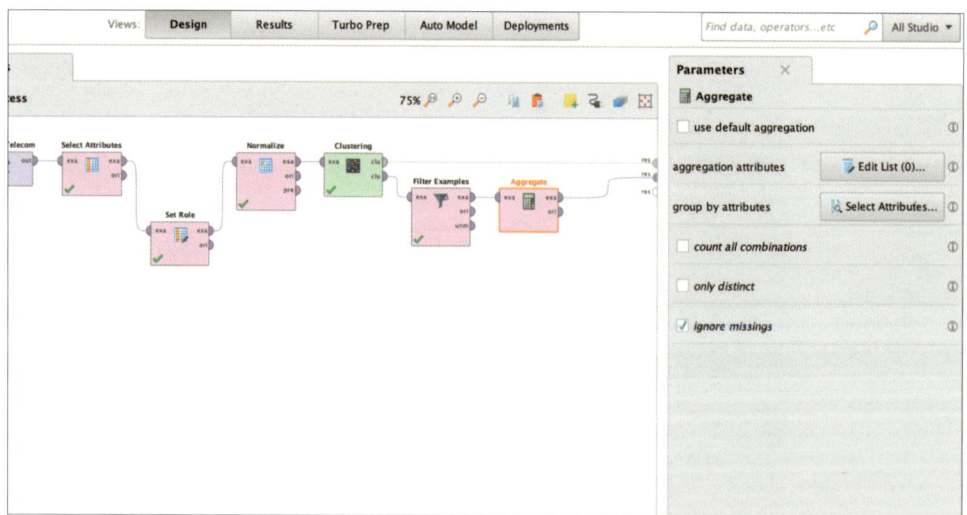

[그림 7-32] Aggregate의 Parameters에서 Select Attributes 클릭

무엇을 기준으로 Grouping을 할 것인지 정하기 위해 Aggregate의 Parameters에서 Select Attributes를 클릭한다.

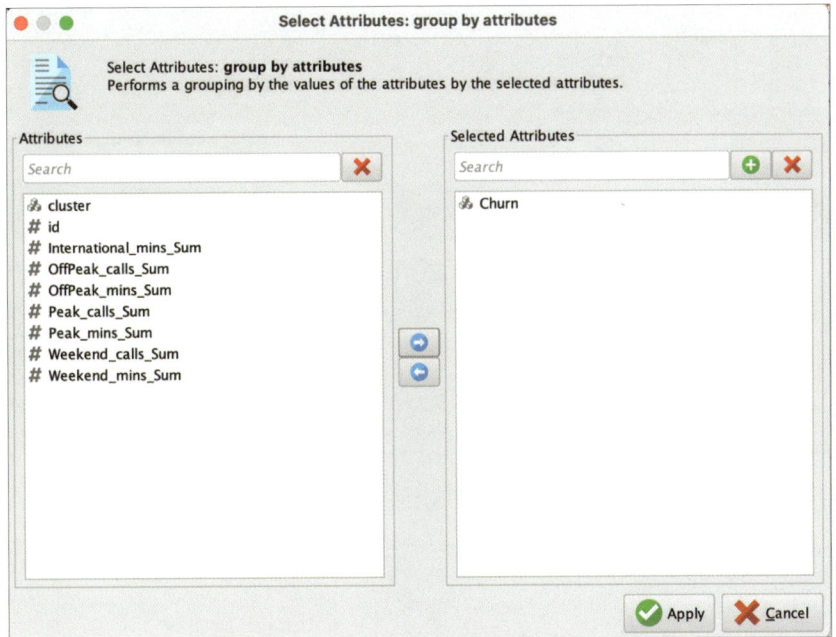

[그림 7-33] Churn을 선택하고 Apply 버튼 클릭

이탈율을 기준으로 Grouping을 하기 위해서 Churn을 선택하고 Apply 버튼을 클릭한다.

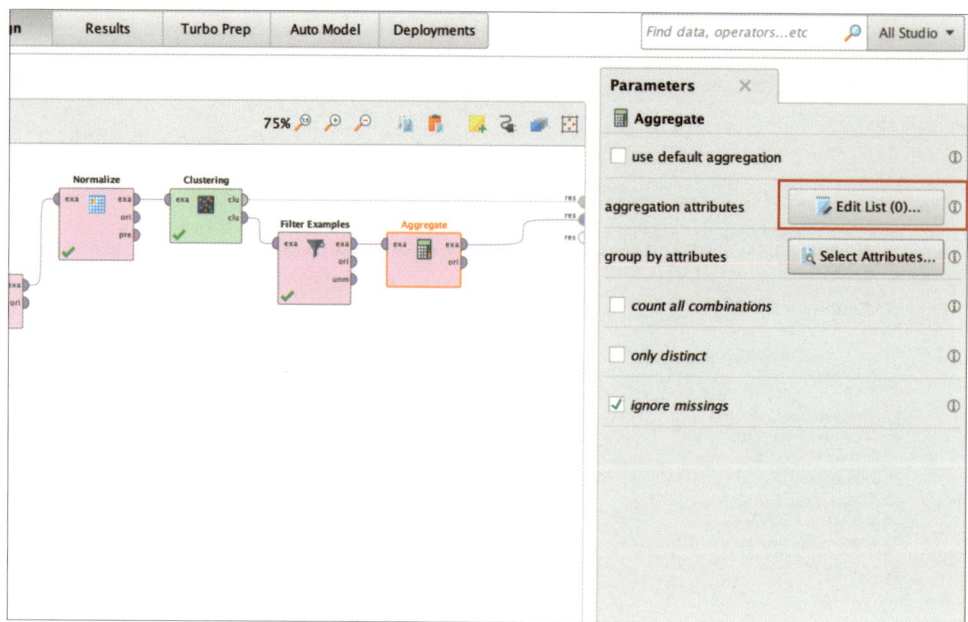

[그림 7-34] Edit List 클릭

Edit List를 클릭한다.

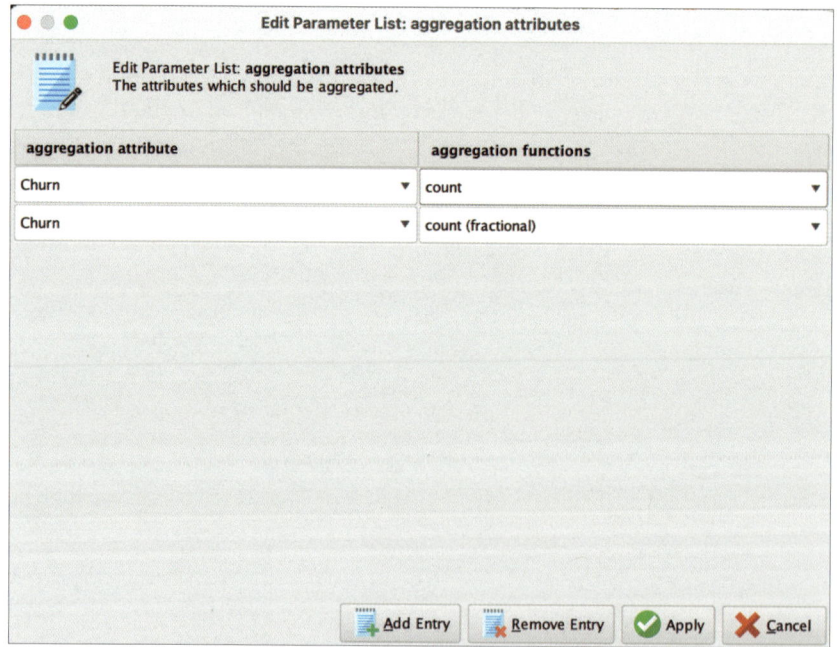

[그림 7-35] 다음과 같이 설정 후 Apply 버튼 클릭

이탈률의 수와 비율이 궁금하면 [그림 7-35]와 같이 설정한 다음 Apply 버튼을 클릭한다.

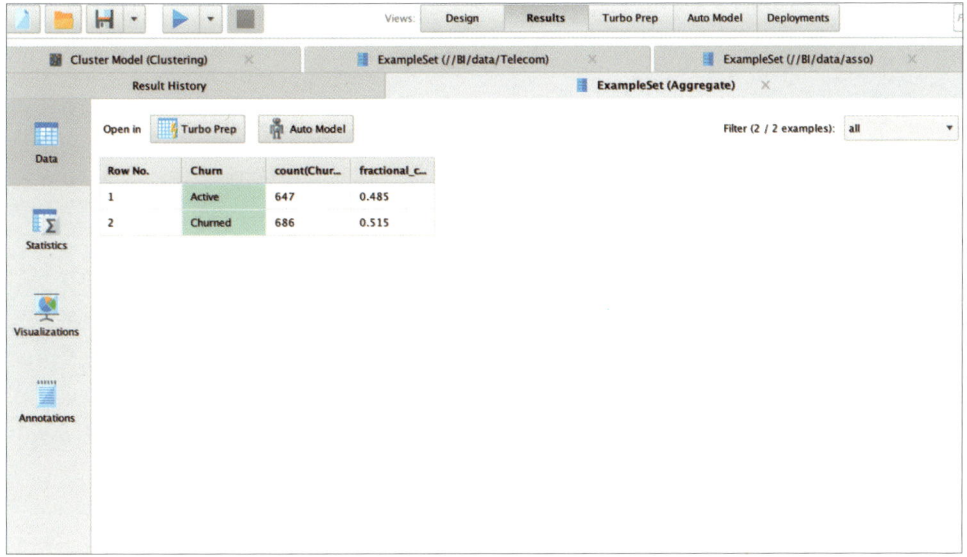

[그림 7-36] 실행 버튼 클릭 후 결과 확인

실행 버튼을 클릭한다. 686명, 51.5%의 비율로 이탈하는 것을 확인할 수 있다.

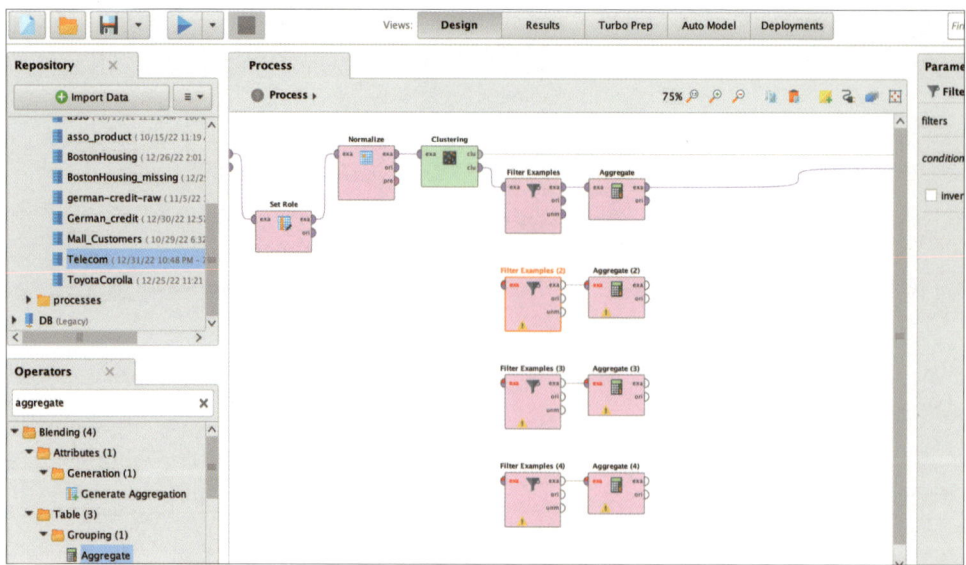

[그림 7-37] Design 패널로 돌아가 Filter Examples와 Aggregate 오퍼레이터 복사 후 붙여 넣기

다시 Design View로 돌아가 Filter Examples, Aggregate 오페레이터를 모두 복사한 후 붙여 넣는다.(cluster 4개를 각각 실행해도 되지만 한번에 실행하기 위함)

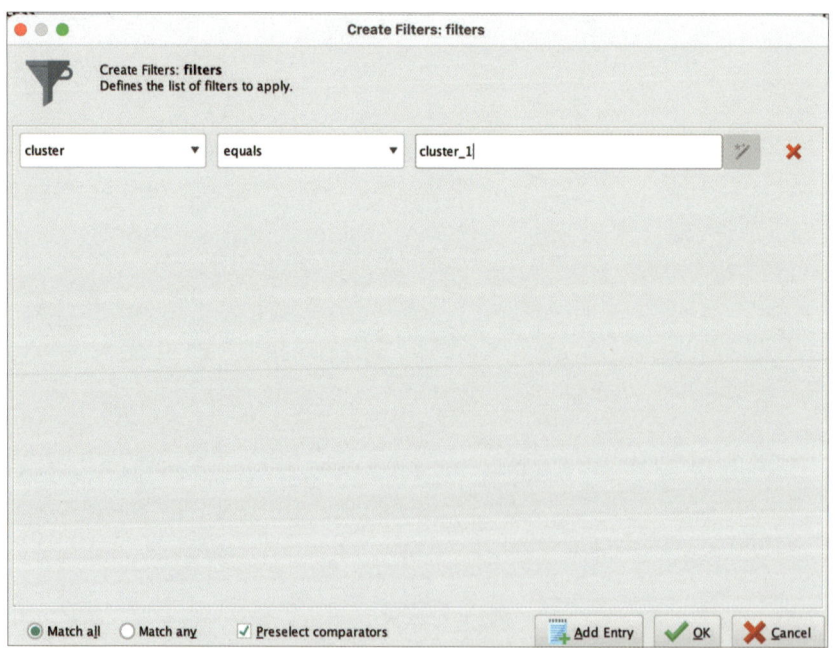

[그림 7-38] Filter examples의 Parameters에서 Add Filters를 눌러 각각 수정

각각의 Filter examples의 파라미터들을 모두 각각 cluster_0, 1, 2, 3으로 각각 설정해 둔다.

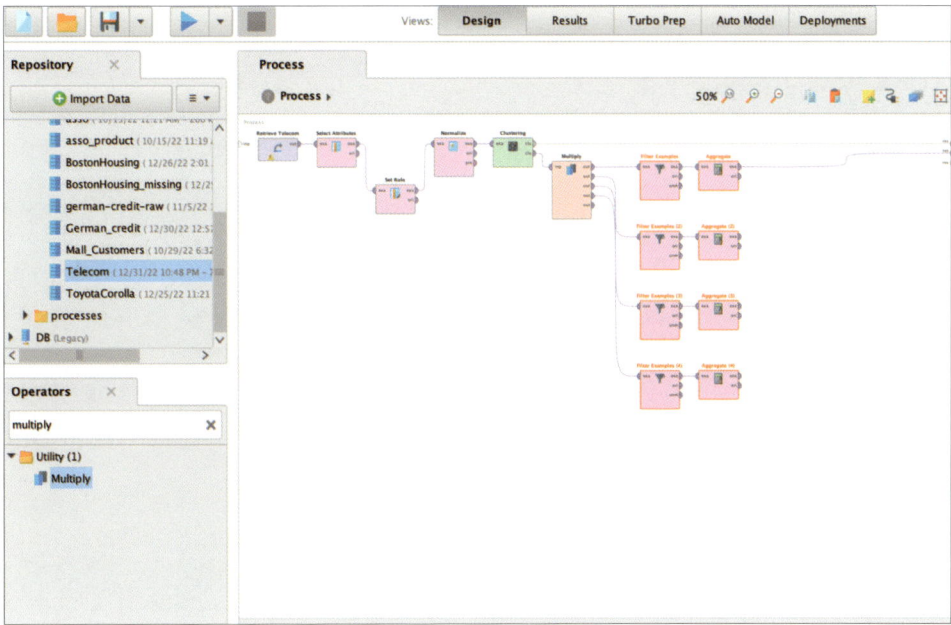

[그림 7-39] Multiply 오퍼레이터를 끌어서 연결하기

Multiply 오퍼레이터를 process 창으로 갖고 와 clustering과 filter examples과 연결한다. (Multiply 오퍼레이터는 포트 여러 개를 연결하는 확성기 같은 역할을 한다.)

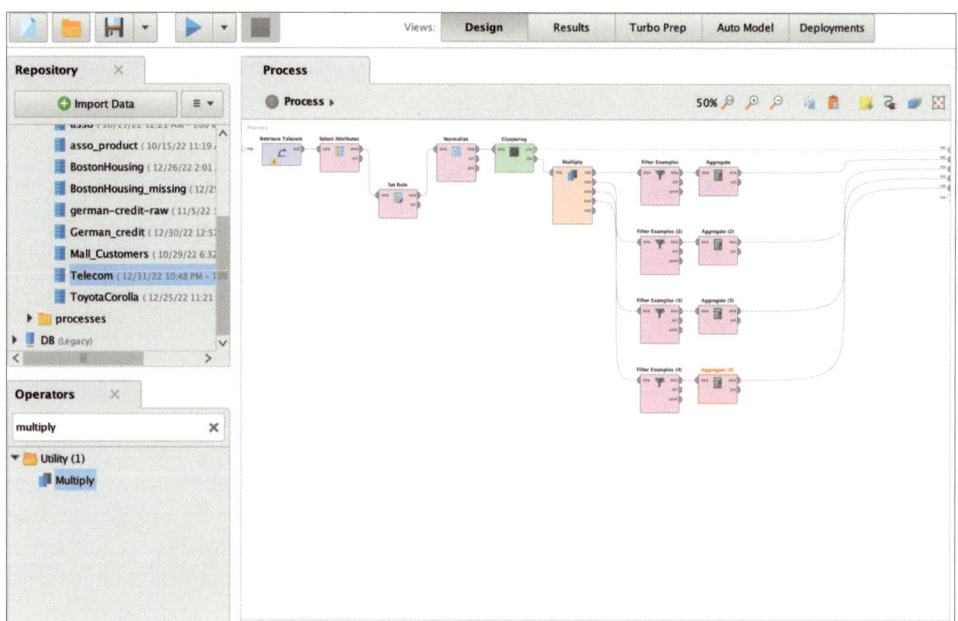

[그림 7-40] 다음과 같이 모두 연결 후 실행 버튼 클릭

[그림 7-40]과 같이 모두 연결 후 결과를 확인하면 각 클러스터의 결과를 한 번에 확인할 수 있다.

chapter 8 상품추천시스템

　상품추천시스템은 온라인 마켓에서 고객의 선택을 돕기 위해 고객이 원하는 상품이나 서비스를 추천해 주는 서비스를 제공하는 시스템이다. 상품추천시스템의 추천 원리는 크게 상품의 속성에 의해 추천을 하는 컨텐츠 기반 추천과 고객의 선호 성향에 따른 추천을 하는 협업필터링(collaborative filtering) 기반 추천으로 나눌 수 있다.

　컨텐츠 기반 추천은 상품의 속성에 의해 유사한 속성을 가진 상품을 고객에게 추천하는 방식인데 이 방법도 데이터에 대한 분석이 일부 필요하지만 주로 상품 전문가의 주관적인 판단이 필요하다. 한편, 협업필터링 기반 추천은 추천을 받고자 하는 상품 선호도 점수를 바탕으로 유사한 구매 성향을 가진 다른 고객들의 데이터를 이용하여 상품을 추천하는 방법이다. 또한, 협업필터링은 상품 구매 데이터로부터 고객의 구매 성향을 도출하고 이를 바탕으로 다른 상품을 추천하는 기술이다.

　협업필터링의 작동 원리는 다음과 같다. 먼저, 추천을 받고자 하는 고객의 구매 성향을 파악한 후 그 고객과 유사한 구매 성향을 가진 다른 고객들을 탐색한다. 성향이 유사한 다른 고객들이 선호한 상품 중 추천을 받고자 하는 고객이 구매하지 않은 상품을 추천한다. 이 과정에서 여러 가지 데이터와 연산이 필요한데, 필요한 데이터는 추천을 받고자 하는 고객과 유사한 고객을 찾기 위한 다른 고객들의 구매 성향을 파악하기 위한 데이터가 필요하다. 이 데이터는 일반적으로 고객-상품행렬 (user-item matrix)이라는 것으로 구성되는데 [그림 8-1]은 고객-상품행렬의 예시이다.

	Item1	Item2	Item3	Item4	Item5
Tom	5	1	2	2	?
User1	3	2	3	3	1
User2	2	3	4	5	5
User3	3	2	1	5	5
User4	1	3	5	4	2
User5	2	1	3	1	4

[그림 8-1] 고객-상품 행렬의 예시

[그림 8-1]에서 5개의 상품과 6명의 고객이 있을 때 추천을 받고자 하는 Tom과 다른 고객들의 상품 선호도 점수가 제시되어 있다. 여기서 표 안의 숫자는 상품에 대한 선호도 점수를 의미하며, 일반적으로 5점 척도로 선호도 점수를 수집한다. 즉, 5점의 점수를 부여하였다면 매우 선호하는 상품임을 의미하고, 1점의 점수를 부여하는 경우에는 매우 낮은 선호도를 가진 상품임을 의미한다. Tom의 경우, 상품1부터 상품4까지 네 개의 상품에 대한 선호도 점수를 보여 주고 있다. 즉, Tom은 상품1에 대해 5점, 상품2에 대해 1점의 점수를 부여한 것이며, Tom은 상품1은 매우 선호하나 상품2는 매우 선호하지 않는 상품이고 상품3과 4는 조금 낮은 선호도를 가지고 있다는 것이다. 상품5의 점수는 아직 부여되지 않았는데 이는 Tom이 상품5에 대한 구매 경험이 없거나 입력할 기회가 없어서 입력되지 않은 것으로, 협업필터링에서는 상품5와 같이 선호도 점수가 없는 상품의 선호도 점수를 추정하여 Tom이 이 상품을 얼마나 선호할 지를 예측한 후 추천 여부를 결정하게 된다. 만약, 상품 5에 대한 선호도 점수가 4점 이상으로 추정된다면 Tom이 이 상품을 선호할 가능성이 높다고 판단할 수 있으며 이에 따라 이 상품을 Tom에게 추천하게 된다. Tom의 상품 5에 대한 선호도 점수를 추정하는 과정은 전술한 바와 같이 상품 1부터 상품 4에 대한 User1부터 User4까지의 선호도 점수의 패턴을 파악하여 Tom과 유사한 선호도 점수 패턴을 가진 고객을 유사 고객으로 선정한다. [그림 8-2]에서 Tom과 가장 유사한 패턴을 보이는 고객은 눈으로 확인하여도 User1과 User5이며, User4는 상당히 다른 패턴을 보이는 것을 알 수 있다. 따라서 User2 또는 User5의 선호도 점수를 많이 반영하여 Tom의 Item5에 대한 점수를 추정하게 된다.

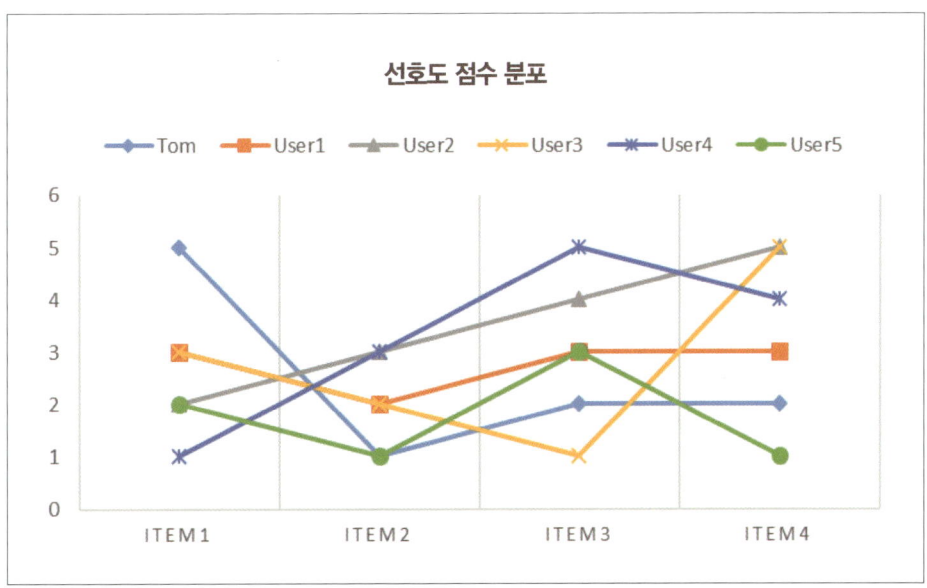

[그림 8-2] 유사도 확인을 위한 선호도 점수 분포 예시

실제 연산 과정에서는 사용자 선호도 점수의 유사도를 계량화하기 위해 피어슨 상관계수(Pearson's Correlation Coefficient)를 사용한다. 피어슨 상관계수는 아래 수식을 통해 계산된다.

$$sim(a,b) = \frac{\sum_{p \in P}(r_{a,p} - \bar{r}_a)(r_{b,p} - \bar{r}_b)}{\sqrt{\sum_{p \in P}(r_{a,p} - \bar{r}_a)^2}\sqrt{\sum_{p \in P}(r_{b,p} - \bar{r}_b)^2}}$$

수식에서 a, b는 각 고객을 나타내며, $r_{a,p}$는 고객a의 상품p에 대한 선호도 점수를 의미한다. 예시 자료를 이용하여 수식에 의해 계산한 Tom과 각 고객 간의 상관계수는 [표 8-1]과 같으며, 상관계수는 1에 가까울수록 유사한 선호도 패턴을 나타내고 -1에 가까울수록 반대의 선호도 패턴을 나타내는 것이므로, User1이 Tom과 가장 유사하고 User4가 Tom과 같은 반대의 선호도 성향을 나타냄을 알 수 있다. 실제 협업필터링에서는 고객 간 선호도 점수 패턴의 유사도를 계량화하여 유사 순위를 도출하여 활용하지만 본서의 범위를 벗어나므로 자세한 설명은 생략한다.

	상관계수
Tom	
User1	0.57735
User2	−0.59628
User3	0.169031
User4	−0.73247
User5	0.301511

[표 8-1] 고객 간 유사도 점수 (피어슨 상관계수 값)

　이상의 예시는 협업필터링 중 고객의 선호도 점수의 유사성을 이용하는 방법으로 일반적으로 사용자 기반 협업필터링(user-based collaborative filtering)의 작동 원리이다. 이 방법은 사용자 간 선호도의 유사성을 이용하는 방법으로 매우 정교하다는 장점이 있으나 고객 수가 많은 글로벌 온라인 기업의 경우에는 추천을 받고자 하는 고객과 다른 많은 고객들과의 유사도를 모두 고려해야 하므로 많은 양의 연산이 요구된다. 따라서 아마존닷컴과 같은 글로벌 온라인 기업에서는 상품 간의 유사도를 계산한 뒤 추천을 하는 상품 기반 협업필터링(item-based collaborative filtering)을 활용하는 것으로 알려져 있다. 그러나 실제 기업에서 활용하는 추천 기술은 특정한 한 방법만을 이용하는 것은 아니며 여러 가지 추천 기술을 다양하게 활용하고 있다. [그림 8-3]은 아마존닷컴의 추천 화면의 예시다.

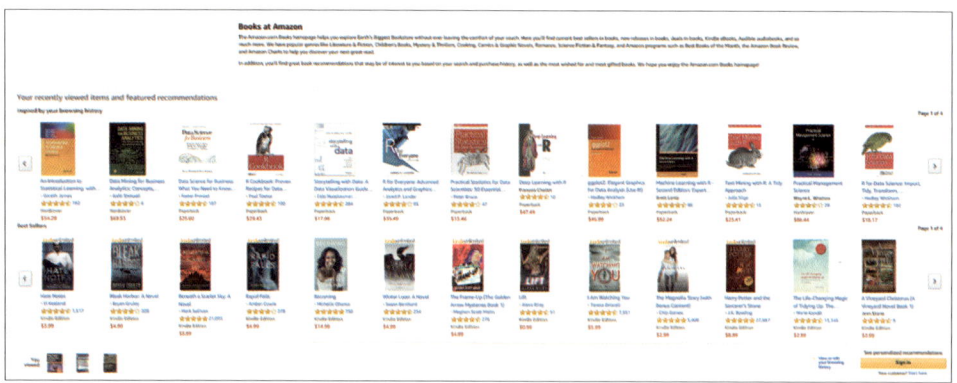

[그림 8-3] 아마존닷컴의 추천 화면 예시

RapidMiner를 이용한 상품추천시스템 실습

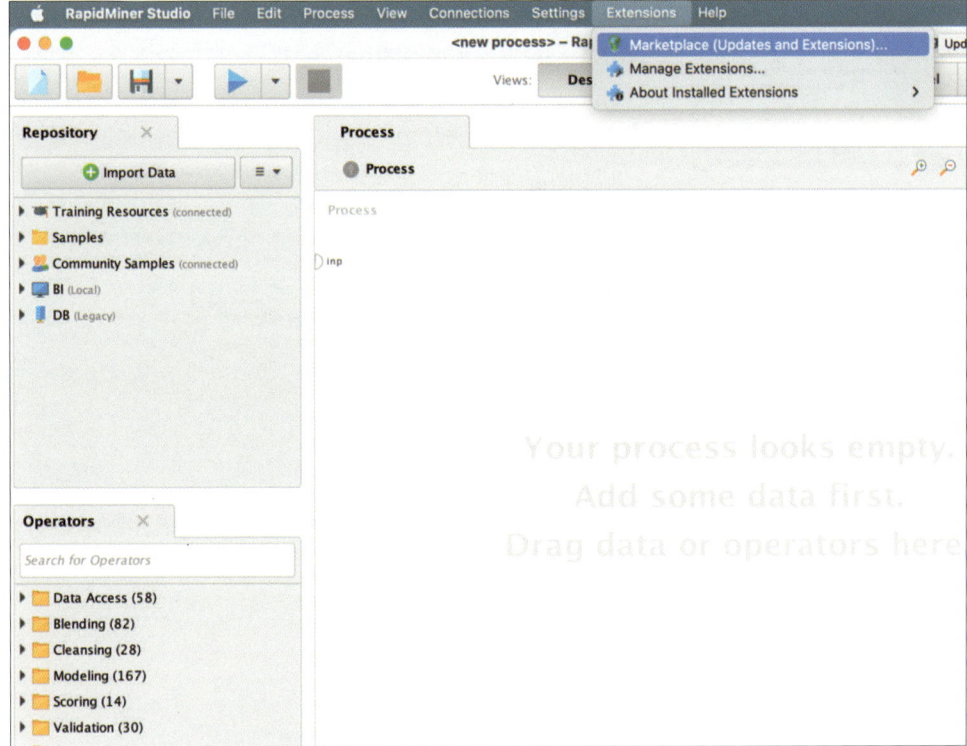

[그림 8-4] Extensions 클릭

협업 필터링은 RapidMiner에서 제공되지 않으므로 RapidMiner에 없는 오퍼레이터를 설치하기 위해서 Extensions - Marketplace (Updates and Extensions)을 클릭한다.

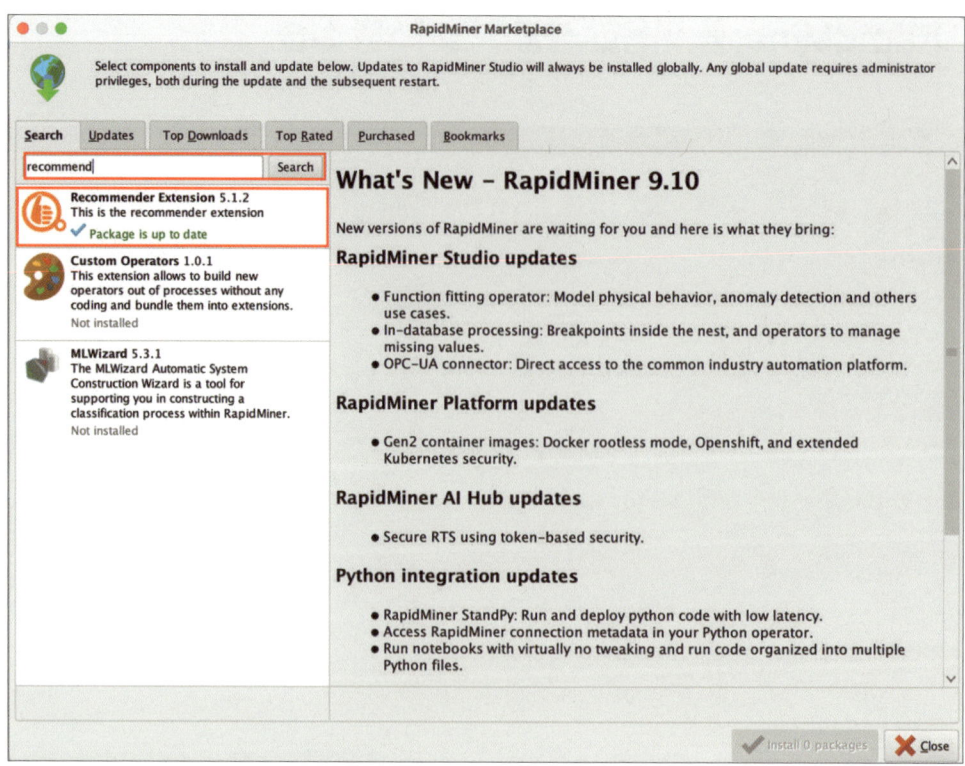

[그림 8-5] Recommender Extension 설치

검색 창에 recommend를 검색하고 Recommender Extension을 설치한다.

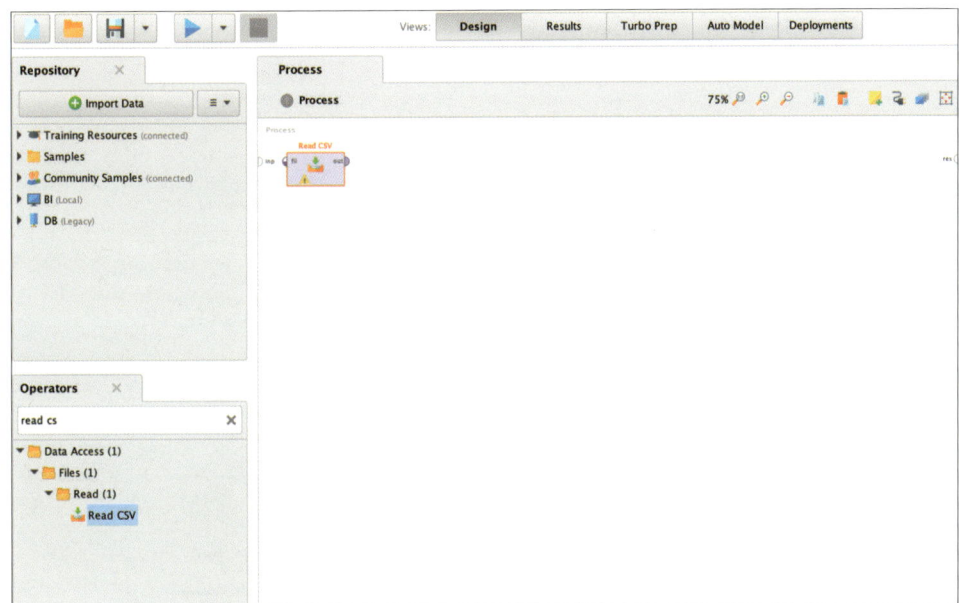

[그림 8-6] Read CSV 오퍼레이터를 끌어서 Process 창에 가져오기

Repository에 저장하지 않고 사용하기 위해서 Read CSV 오퍼레이터를 검색한 후 process 창에 끌고 와서 사용한다.

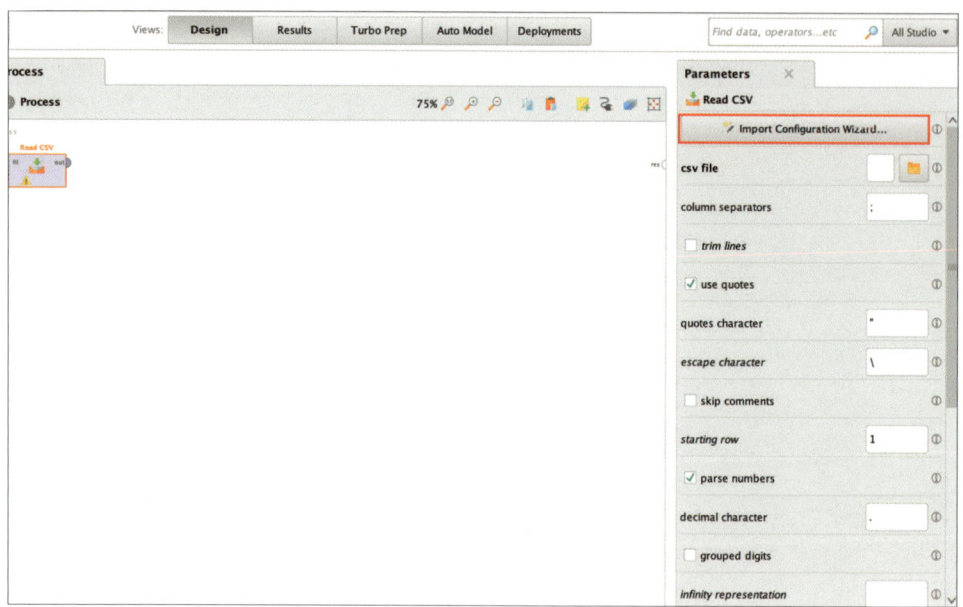

[그림 8-7] Read CSV 오퍼레이터의 Parameters

불러올 파일을 지정하기 위해서 Import Configuration Wizard 버튼을 클릭한다.

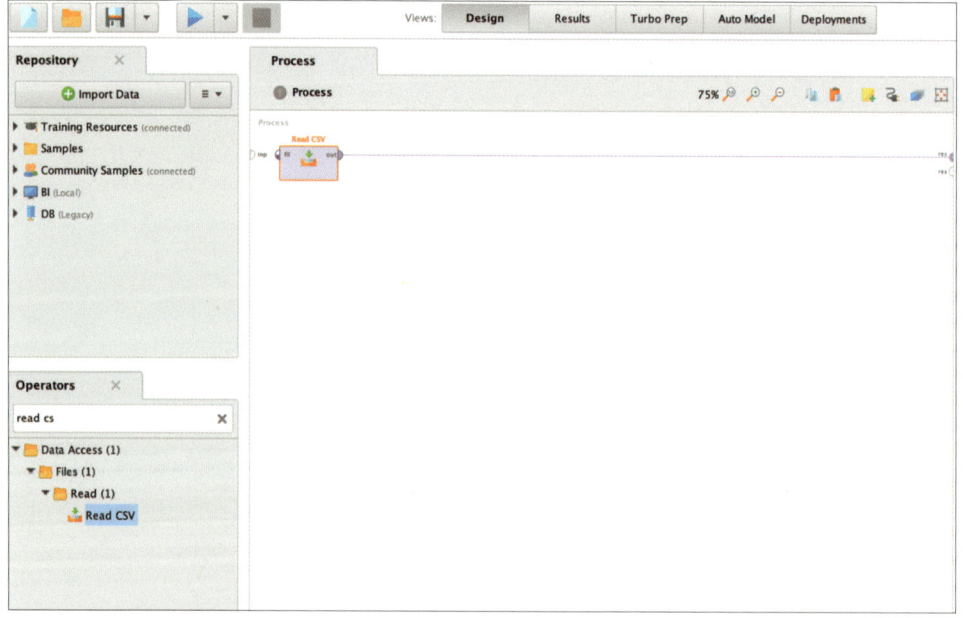

[그림 8-8] movie.csv 파일

데이터 확인을 위해 movie.csv 파일을 result 포트와 연결한 뒤 실행 버튼을 클릭한다.

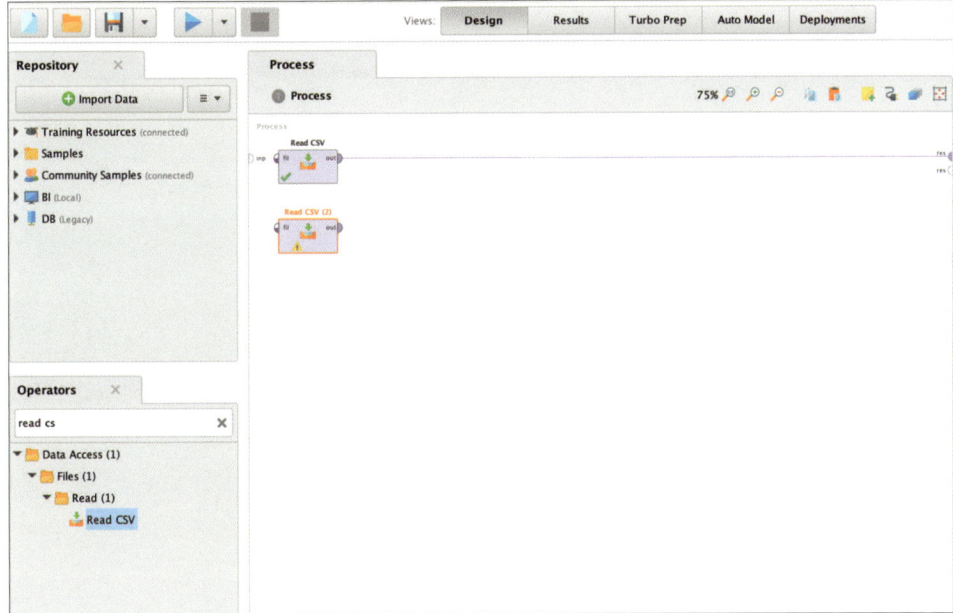

[그림 8-9] 추가 데이터 가져오기

Design View로 돌아와 rating.csv 파일도 함께 가져오기 위해 ReadCSV 오퍼레이터를 사용한다.

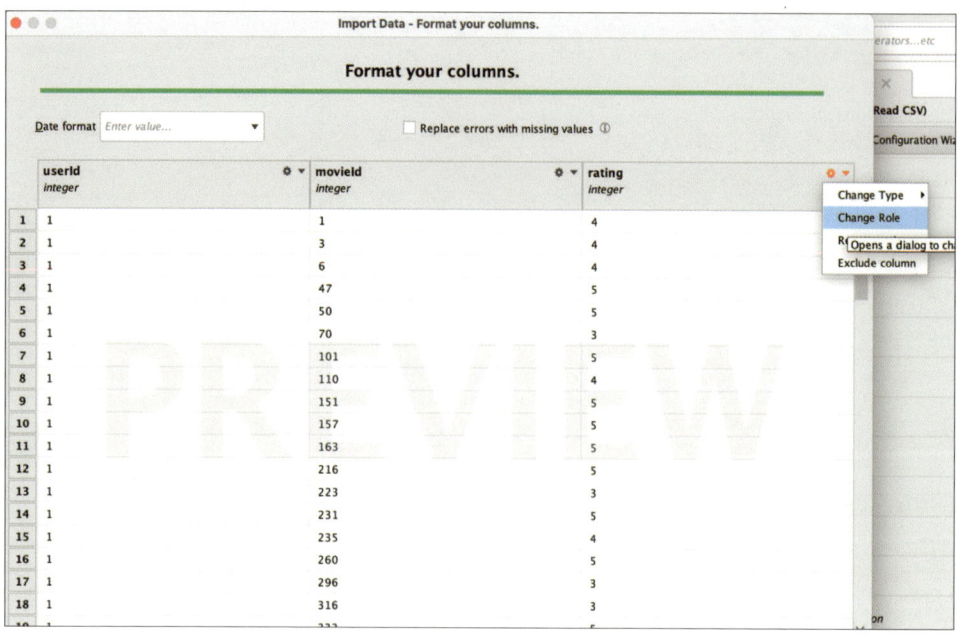

[그림 8-10] Change Role을 눌러 rating을 label로 지정

같은 방식으로 파일을 불러오며, 역할을 Set Role 오퍼레이터로 지정하거나 이 단계에서 label로 미리 지정해도 된다.

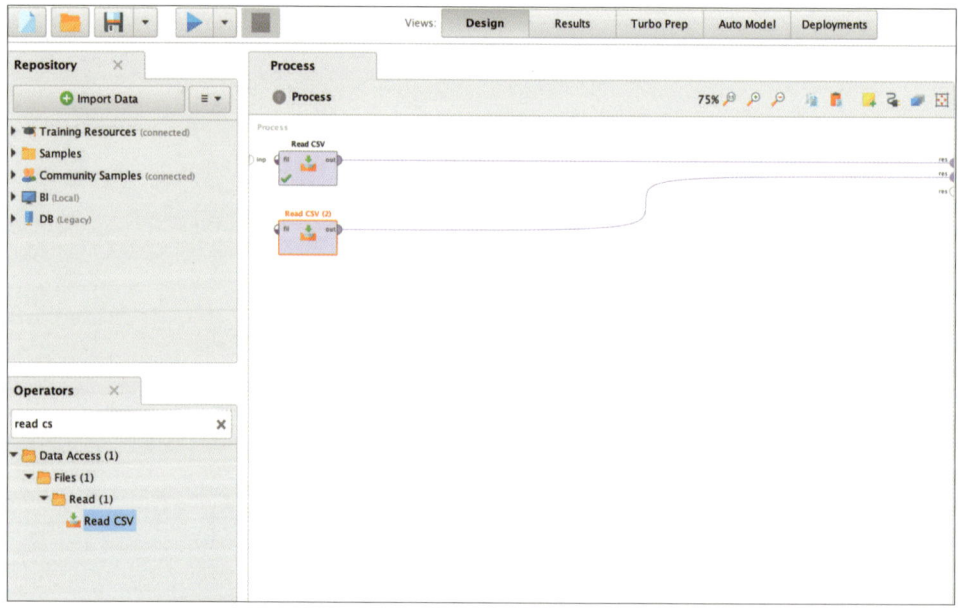

[그림 8-11] 연결 후 실행 버튼 클릭

데이터 확인을 위해 연결 후 실행 버튼을 클릭한다.

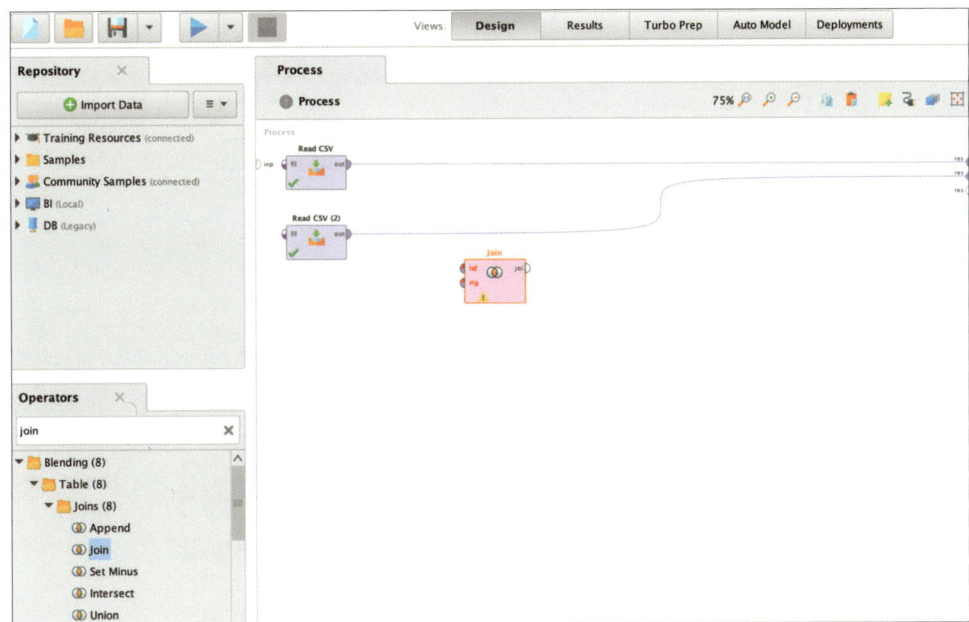

[그림 8-12] Join 오퍼레이터 끌어서 가져오기

데이터들을 key를 기준으로 합치기 위해 Join 오퍼레이터를 끌어서 가져온다. 이 데이터에서는 movieid를 key로 지정한다.

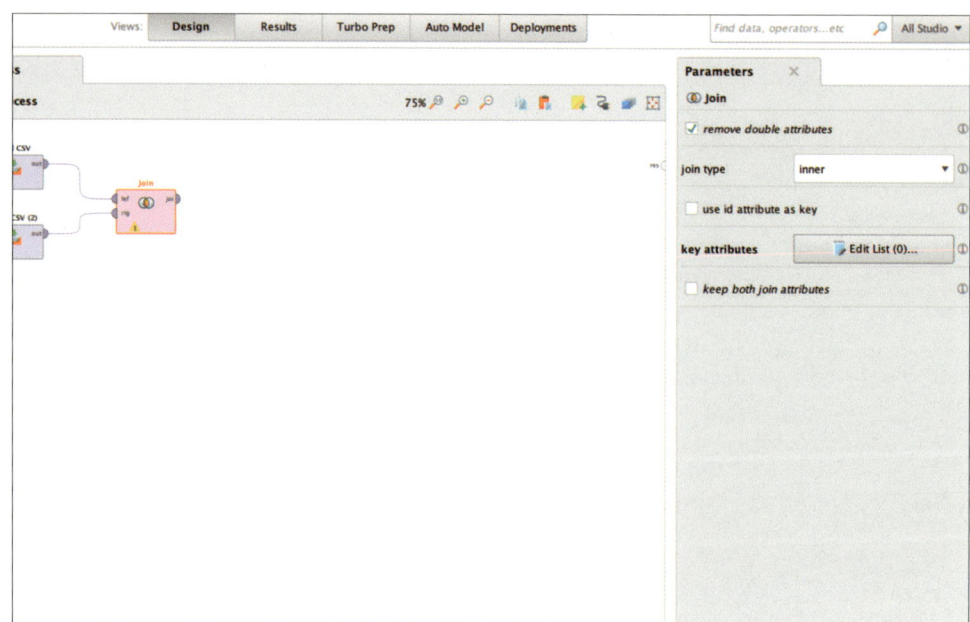

[그림 8-13] Join 오퍼레이터의 Parameters에서 Edit List 버튼 클릭

속성을 지정하기 위해 Join 오퍼레이터의 Parameters에서 Edit List 버튼을 클릭한다.

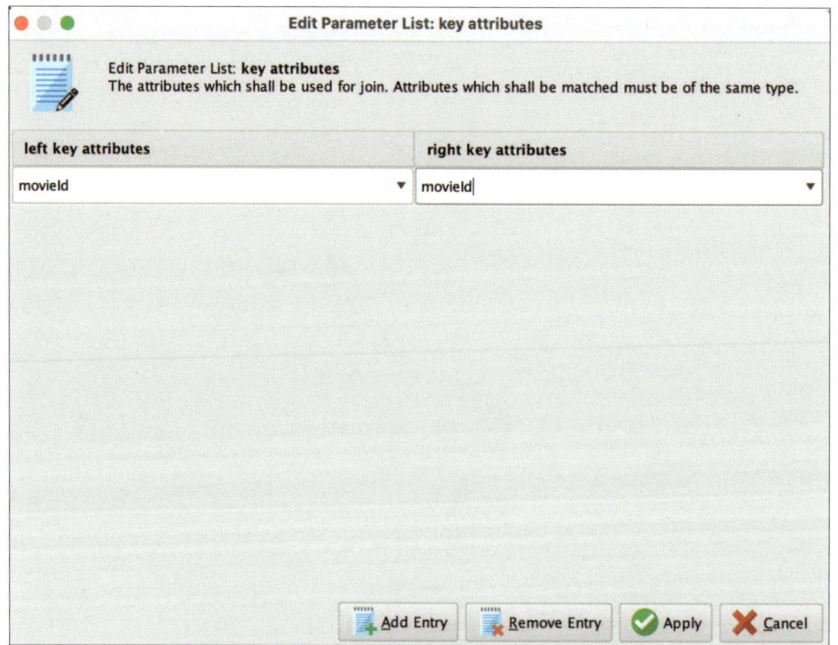

[그림 8-14] 다음과 같이 설정 후 Apply 버튼 클릭

[그림 8-14]와 같이 left key attributes와 right key attributes를 설정한 후 Apply 버튼을 클릭한다.

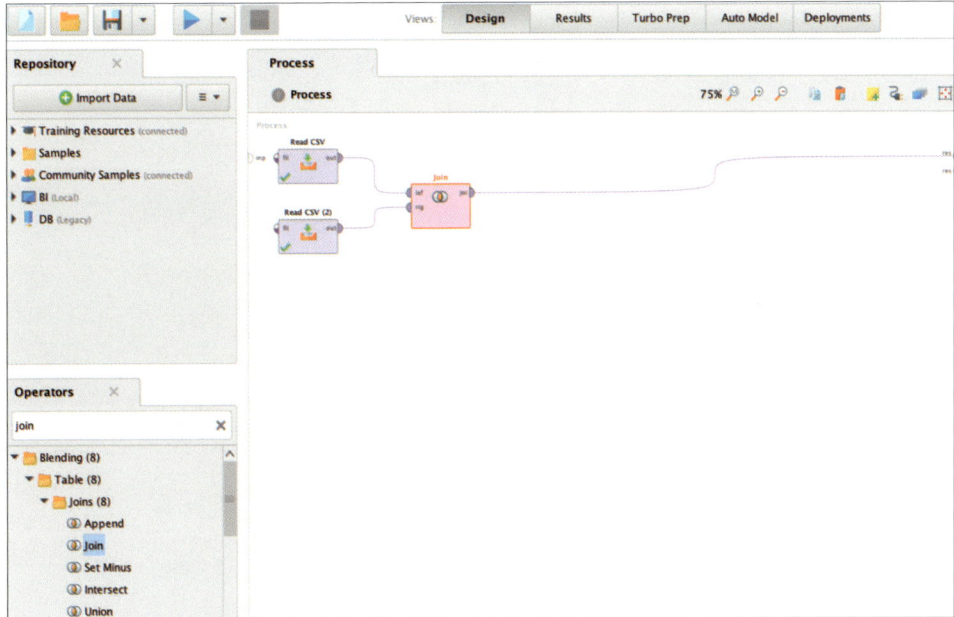

[그림 8-15] 프로세스 완료 후 실행

원하는 대로 잘 합쳐졌는지 확인하기 위해 연결한 후 실행 버튼을 클릭한다.

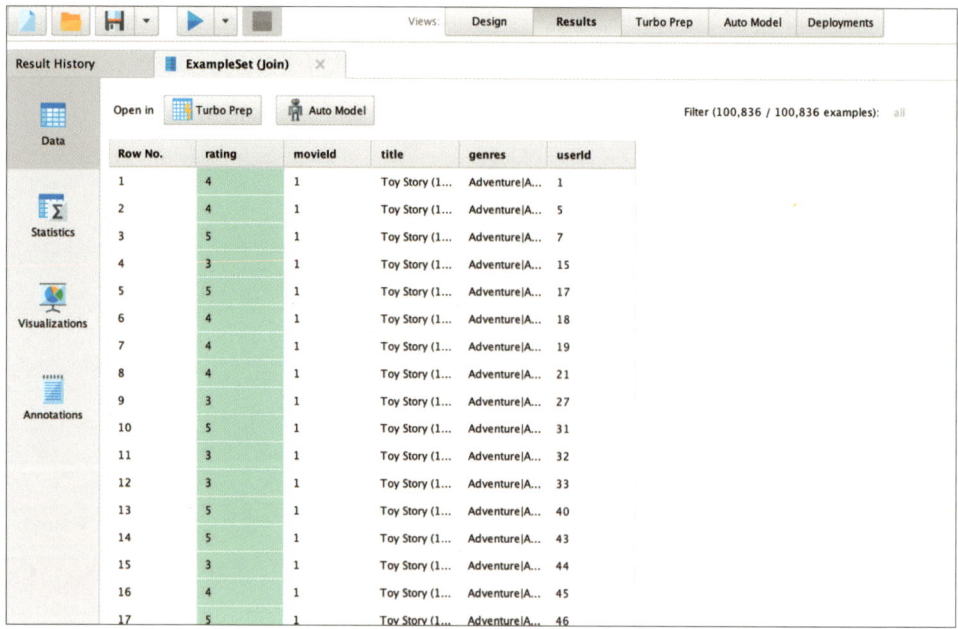

[그림 8-16] 결과 확인

결과를 확인해 보면 movie.csv와 rating.csv 파일이 합쳐진 것을 확인할 수 있다.

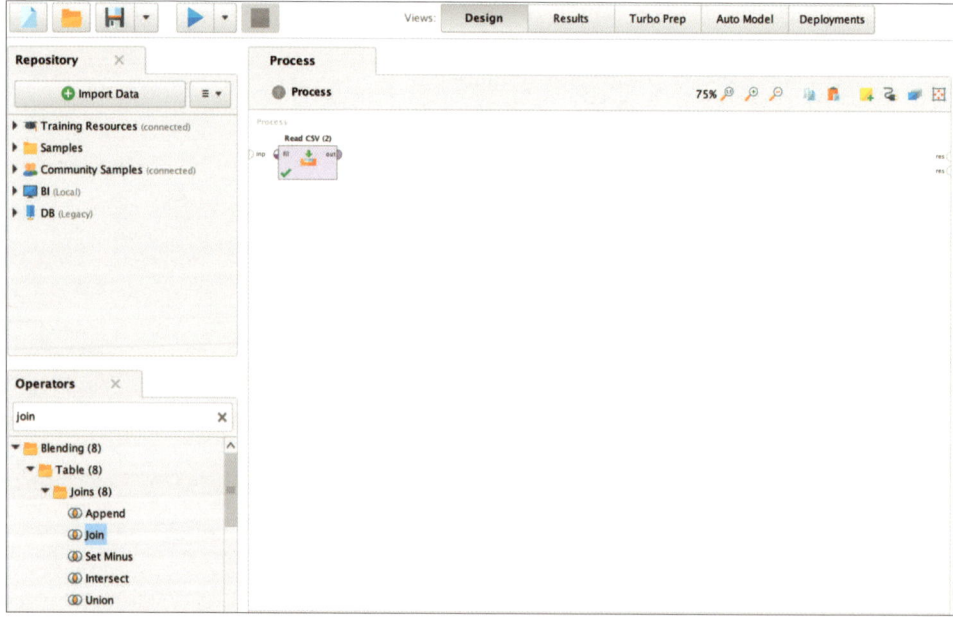

[그림 8-17] rating.csv 파일만 보존하고 다 지우기

rating.csv 파일을 가지고 협업필터링을 수행하기 위해 rating.csv 파일을 제외한 모든 것을 지운다.

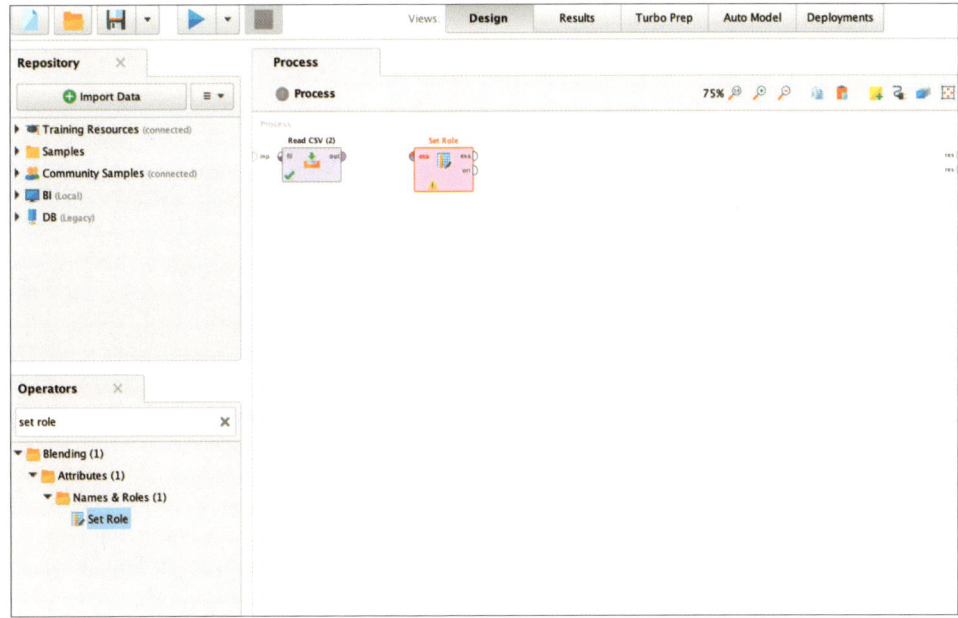

[그림 8-18] Set Role 오퍼레이터를 끌어서 Process 창에 가져오기

역할을 지정하기 위해 Process 창에 Set Role 오퍼레이터를 끌어서 가져온다.

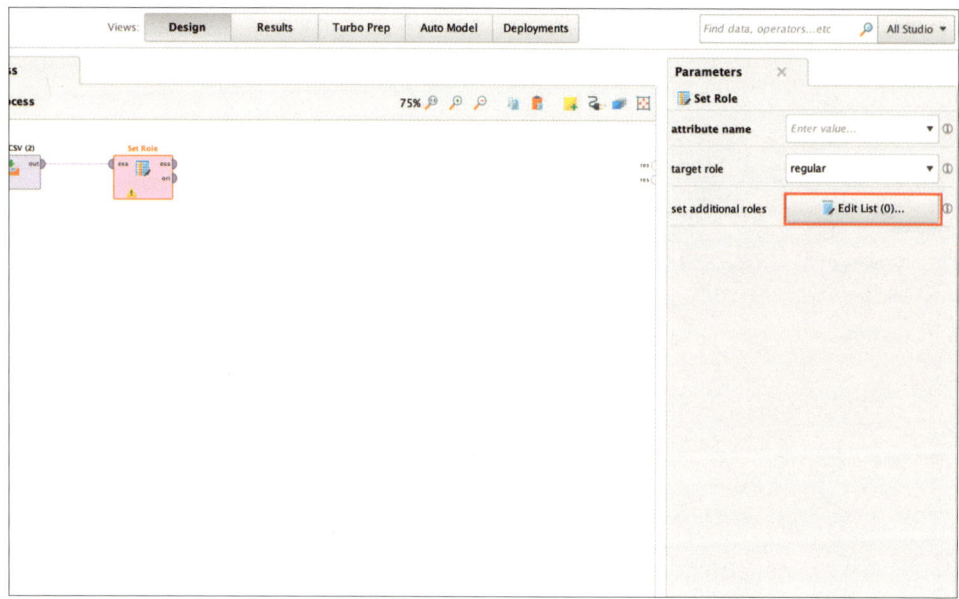

[그림 8-19] Set Role의 Parameters에서 Edit List 버튼 클릭

불러올 때 종속변수 외에는 역할을 지정하지 않았기 때문에 Set Role의 Parameters의 Edit List 버튼을 클릭한다.

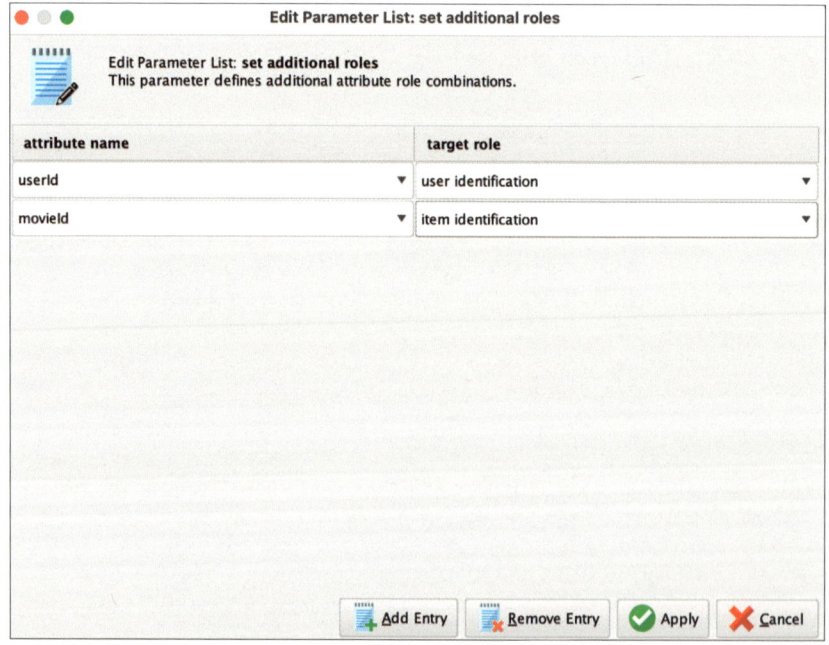

[그림 8-20] 다음과 같이 설정 후 Apply

[그림 8-20]과 같이 입력한 후에 Apply한다. Target role에서는 regular 상태에서 타이핑을 해야하므로 주의한다.

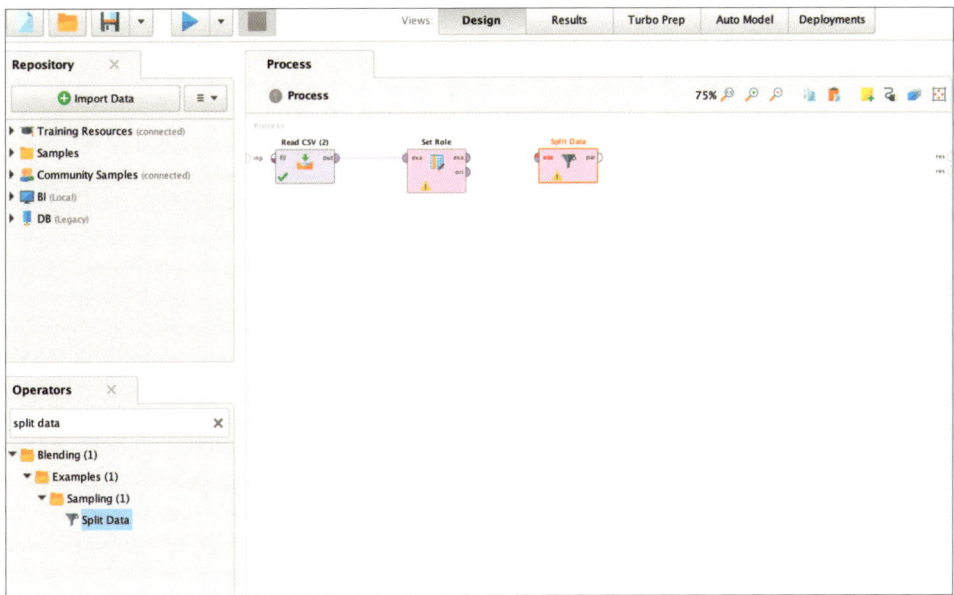

[그림 8-21] Split Data 오퍼레이터 끌어서 가져오기

Test data와 Train data로 나누기 위해 Split Data 오퍼레이터를 끌어서 가져온다.

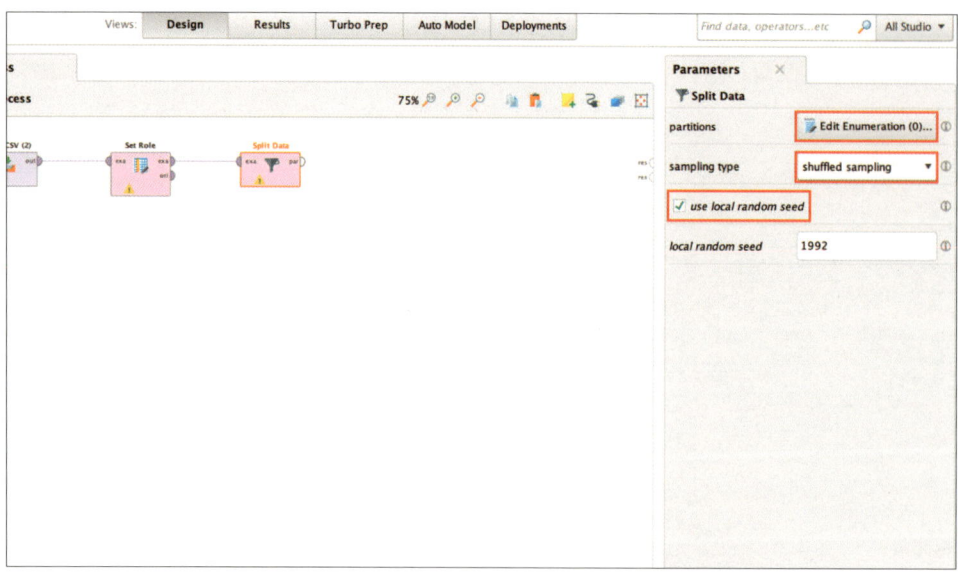

[그림 8-22] 다음과 같이 설정 후 Edit Enumeration 버튼 클릭

비율을 설정하기 위해 Parameter에서 [그림 8-22]와 같이 설정한 뒤 Edit Enumeration 버튼을 클릭한다.

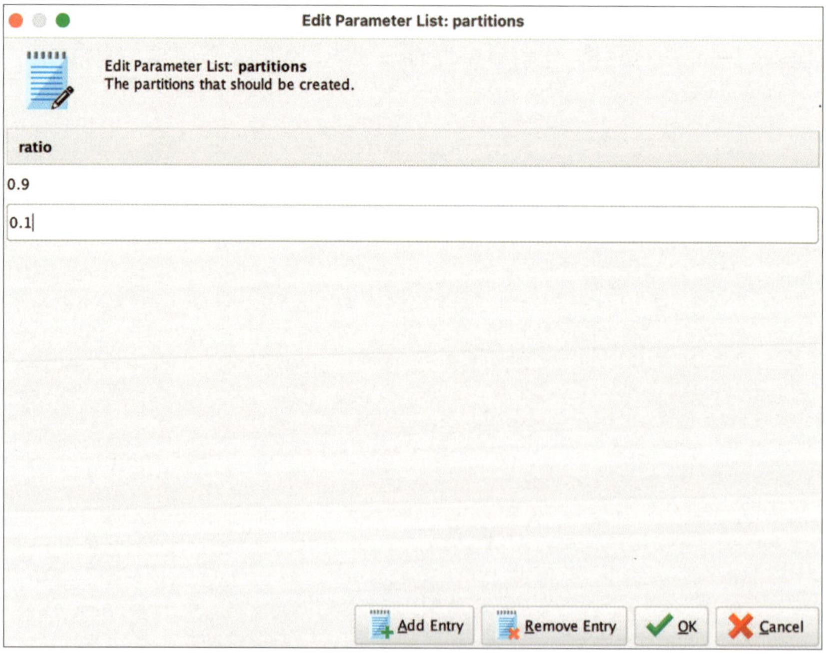

[그림 8-23] 다음과 같이 설정 후 OK 버튼 클릭

필자는 train에 0.9, test에 0.1로 지정하였다. 설정이 끝난 뒤에는 OK 버튼을 클릭한다.

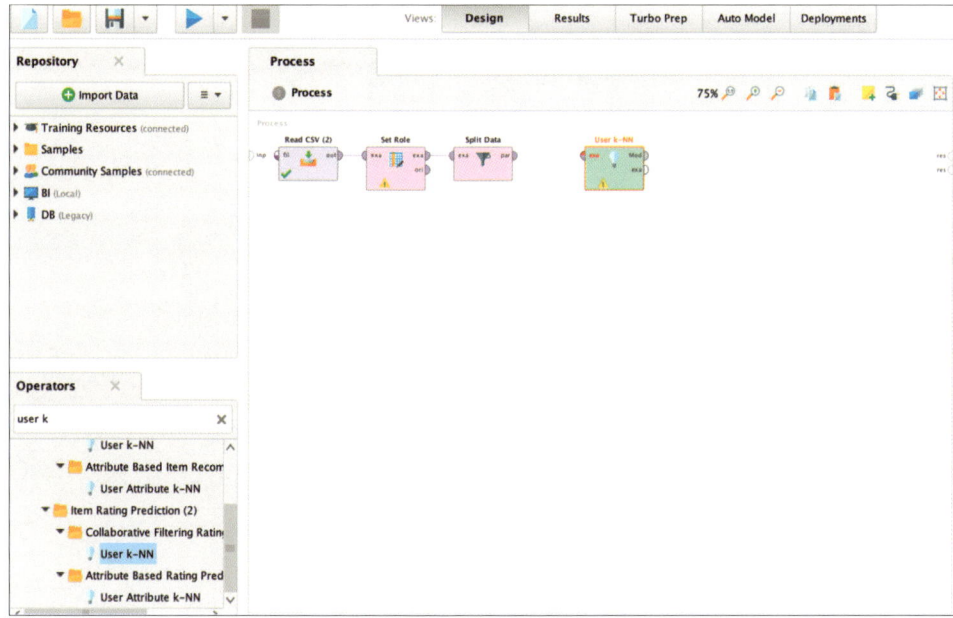

[그림 8-24] User k_NN 오퍼레이터 끌어서 가져오기

User k-NN 오퍼레이터를 검색한 뒤, Collaborative Filtering Rating Prediction 하단에 있는 오퍼레이터를 끌고 와야 한다.

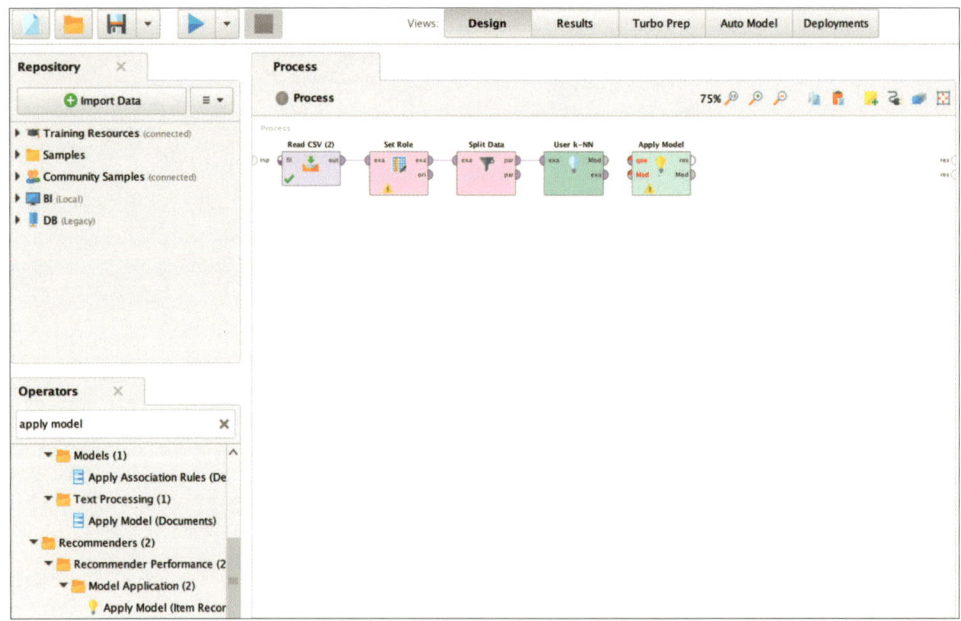

[그림 8-25] Apply Model 오퍼레이터 끌고 오기

Apply Model_Rating Prediction 오퍼레이터를 검색해서 끌고 온다.

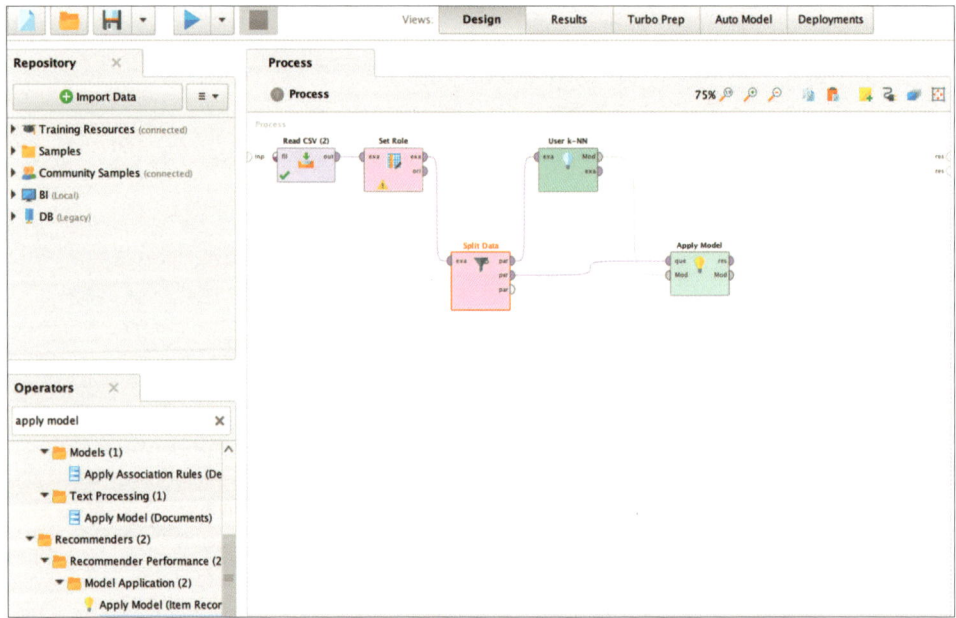

[그림 8-26] 다음과 같이 연결

프로세스가 연결되도록 [그림 8-26]과 같이 연결하자.

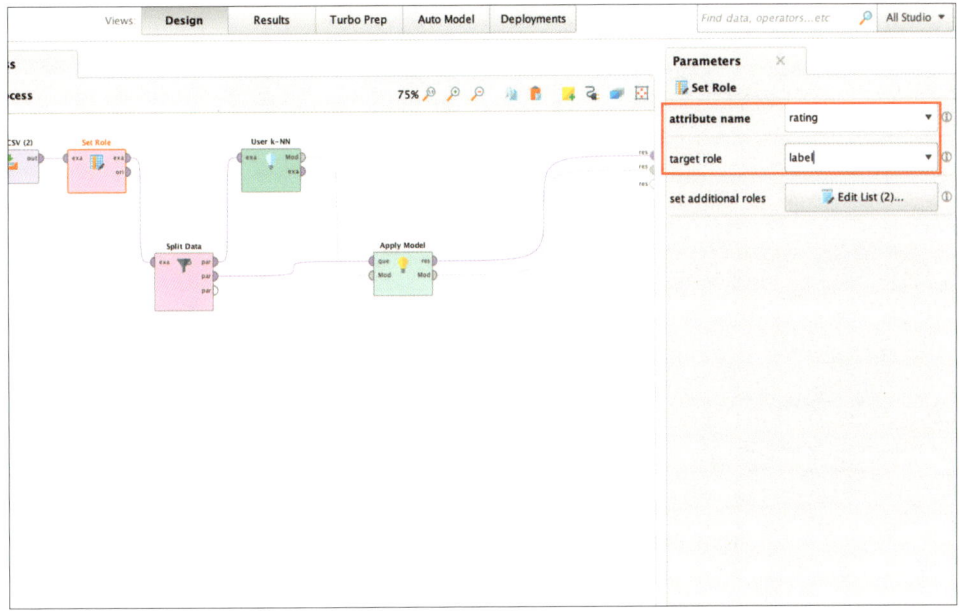

[그림 8-27] Set Role 오퍼레이터의 Parameters에서 다음과 같이 설정 후 실행 버튼 클릭

Set Role 오퍼레이터의 Parameters에서 [그림 8-27]과 같이 설정한다. 협업필터링을 위해서 종속변수를 Set Role에서도 명시적으로 지정해야 하기 때문이다.

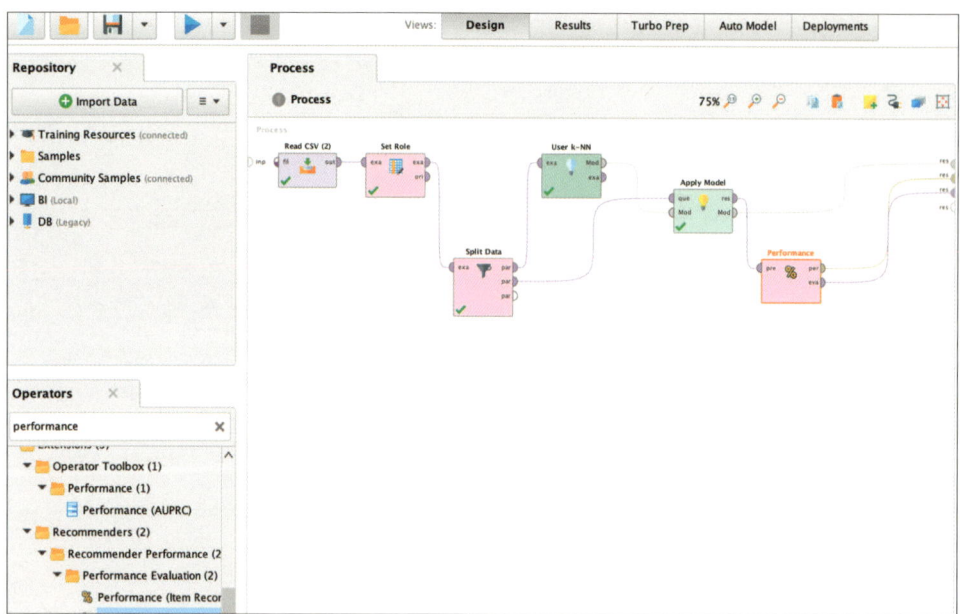

[그림 8-28] Performance 오퍼레이터 끌어서 가져오기

Performance_Rating Prediction 오퍼레이터를 오퍼레이터 창에서 가져와 연결한다.

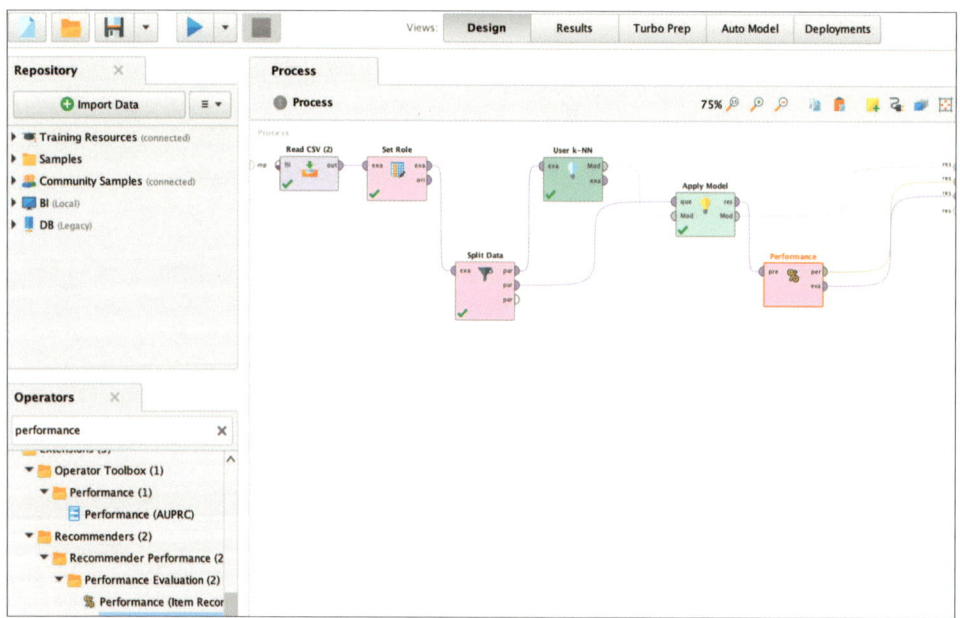

[그림 8-29] 프로세스 완료를 위한 연결

[그림 8-29]와 같이 오퍼레이터들을 연결해 주도록 한다. Performance 오퍼레이터는 Apply Model의 result 포트와 연결되어야 성능 평가가 가능하다.

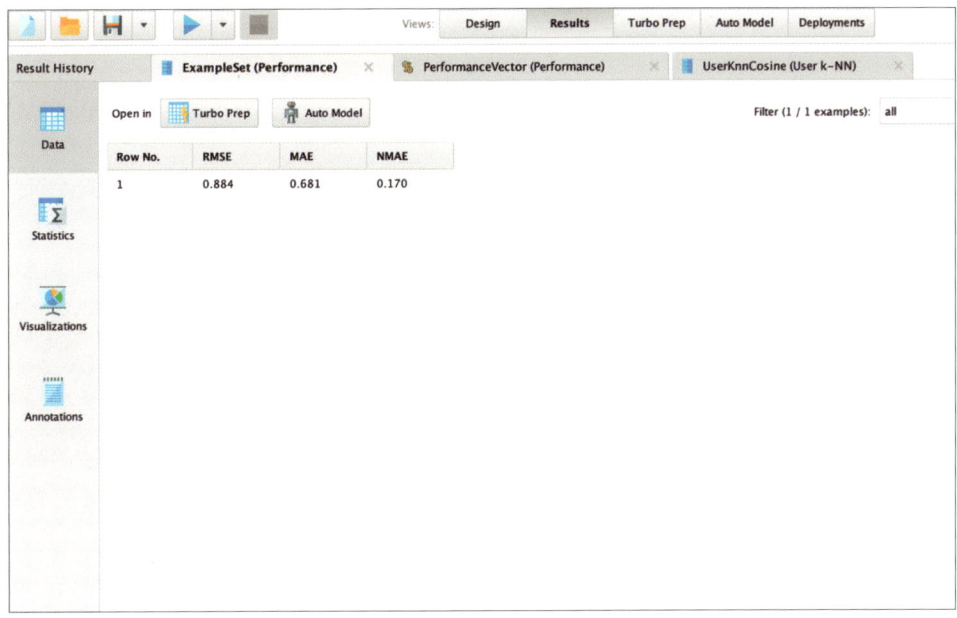

[그림 8-30] 결과 확인

실행 버튼을 눌러 결과를 확인하도록 하자.

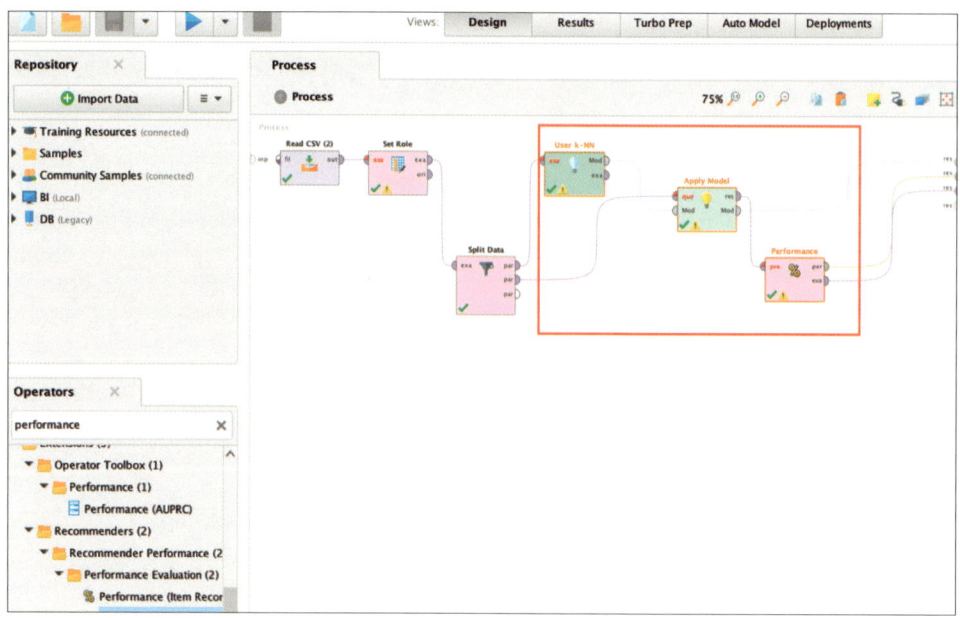

[그림 8-31] 세 가지 오퍼레이터 삭제

다음 상품추천 실습을 위해 [그림 8-31]의 체크된 3개의 오퍼레이터를 지워주도록 하자.

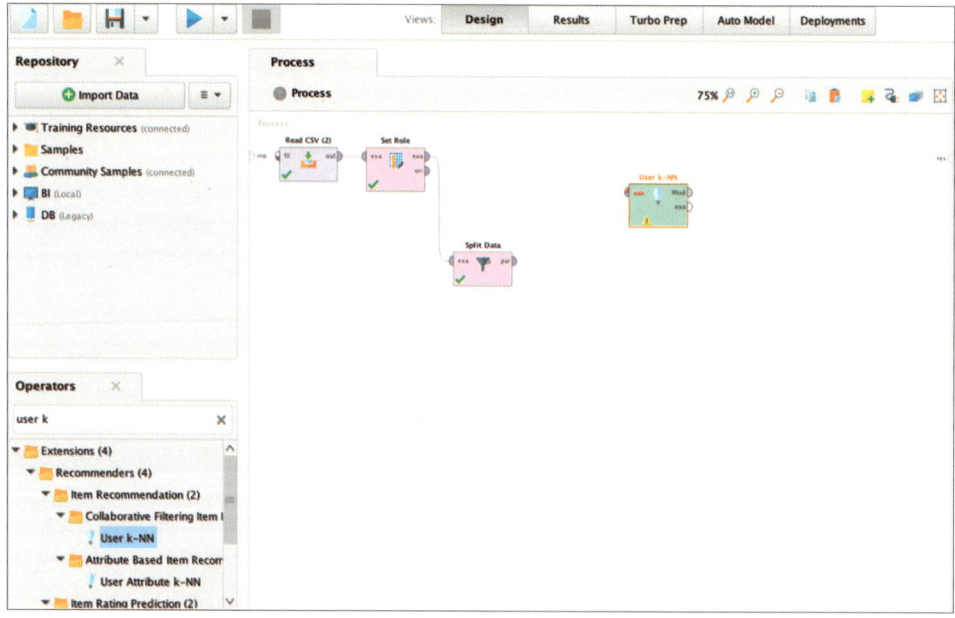

[그림 8-32] User k-NN 오퍼레이터 끌어서 Process 창에 가져오기

Collaborative Filtering Item Recommendation 하단에 있는 user k-NN 오퍼레이터를 가져오도록 하자.

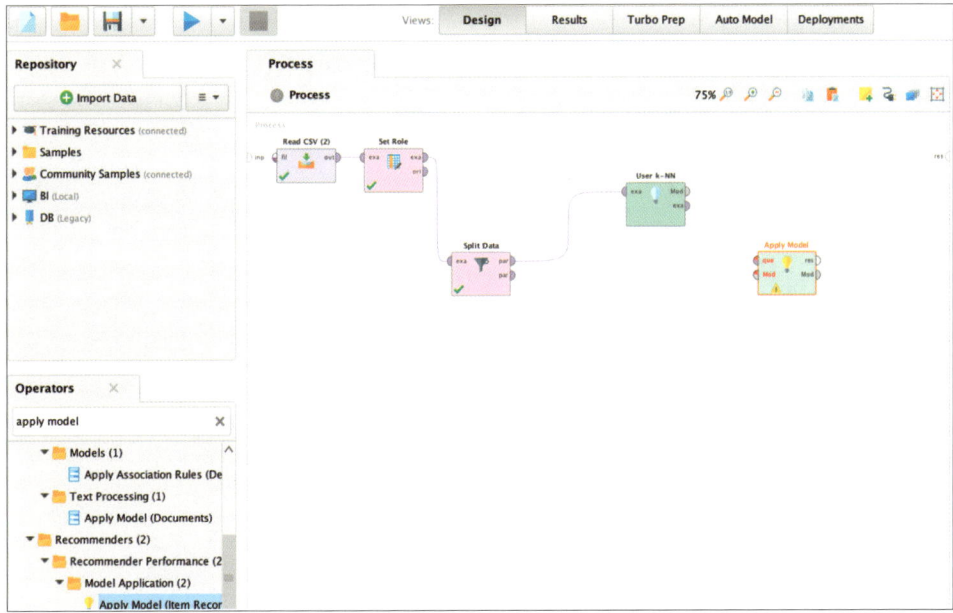

[그림 8-33] Apply model 오퍼레이터 가져오기

Apply Model_Item Recommendation 오퍼레이터를 오퍼레이터 창에서 가져온다.

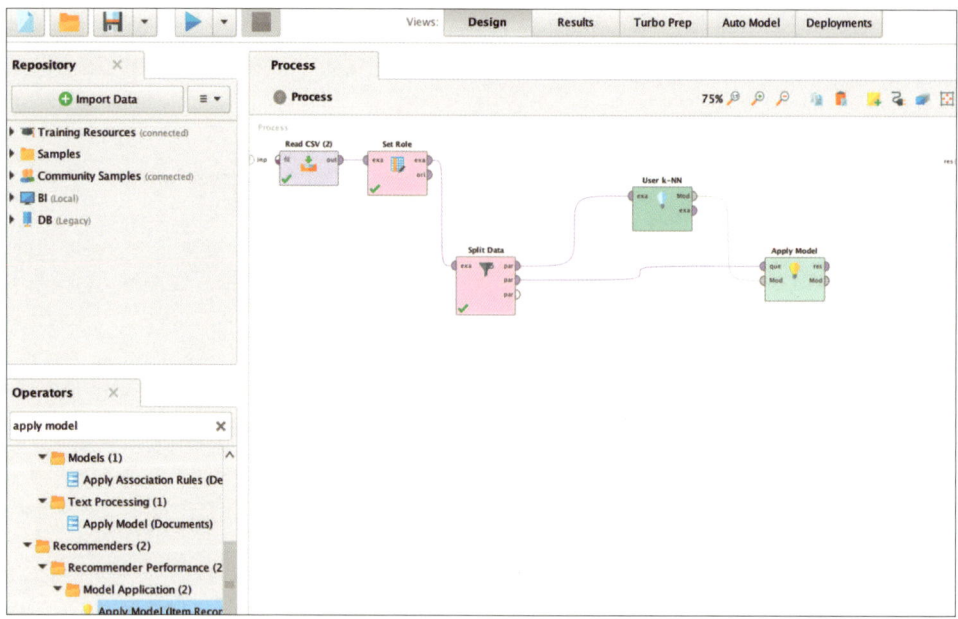

[그림 8-34] 프로세스 진행을 위한 연결

model 포트끼리 연결하고, Split Data의 두 번째 포트와 Apply Model의 query 포트를 연결한다.

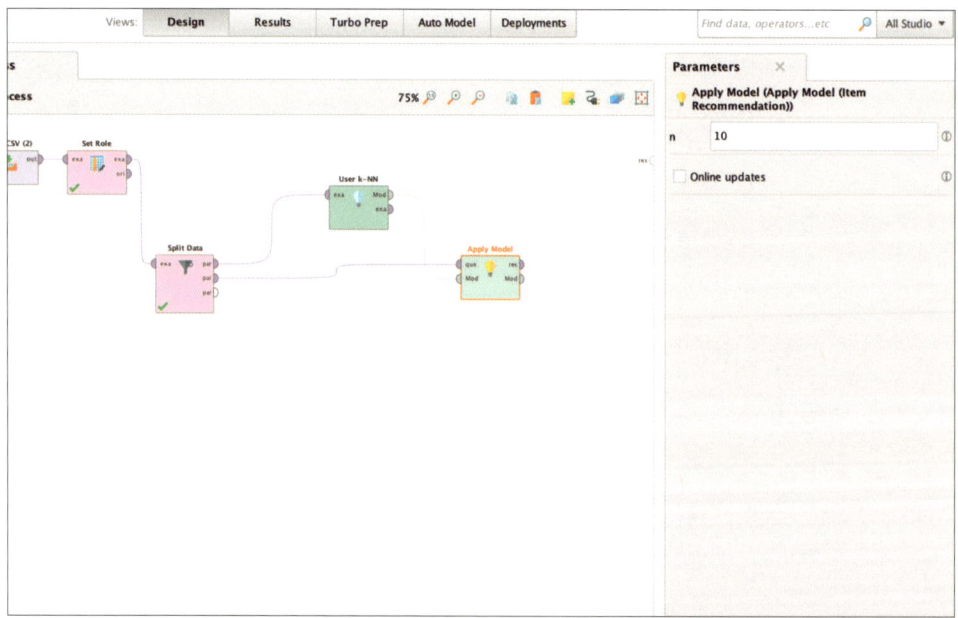

[그림 8-35] Apply Model의 Parameters에서 n을 10으로 조정

추천을 너무 많이 받으면 좋지 않으므로 적절하게 n의 숫자를 선정하는 것이 중요하다. 본서에서는 10으로 조정하였다.

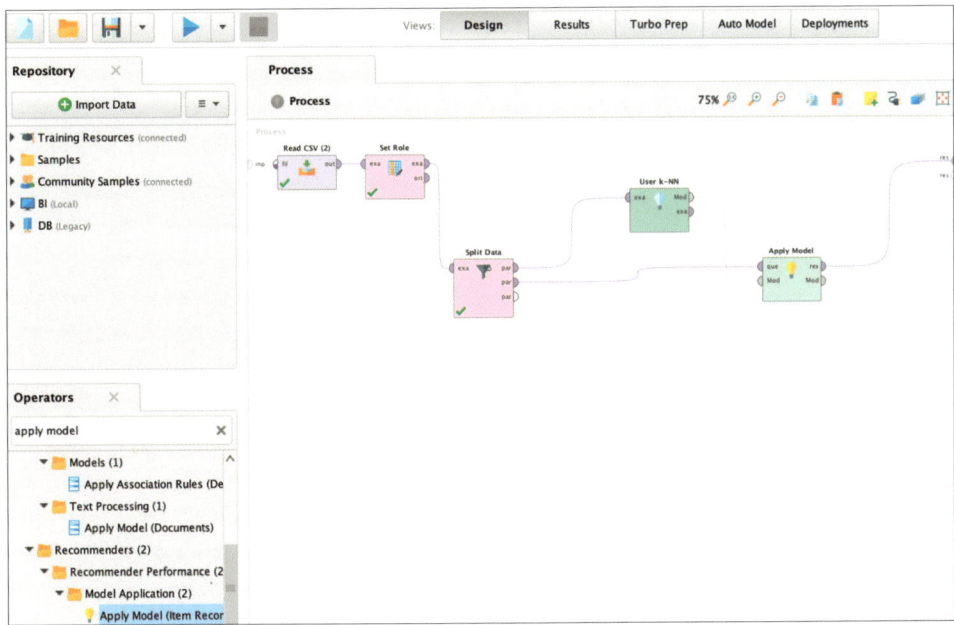

[그림 8-36] 프로세스 완료를 위한 연결

model 포트는 굳이 연결하지 않아도 된다. [그림 8-36]과 같이 연결한 후 실행 버튼을 클릭한다.

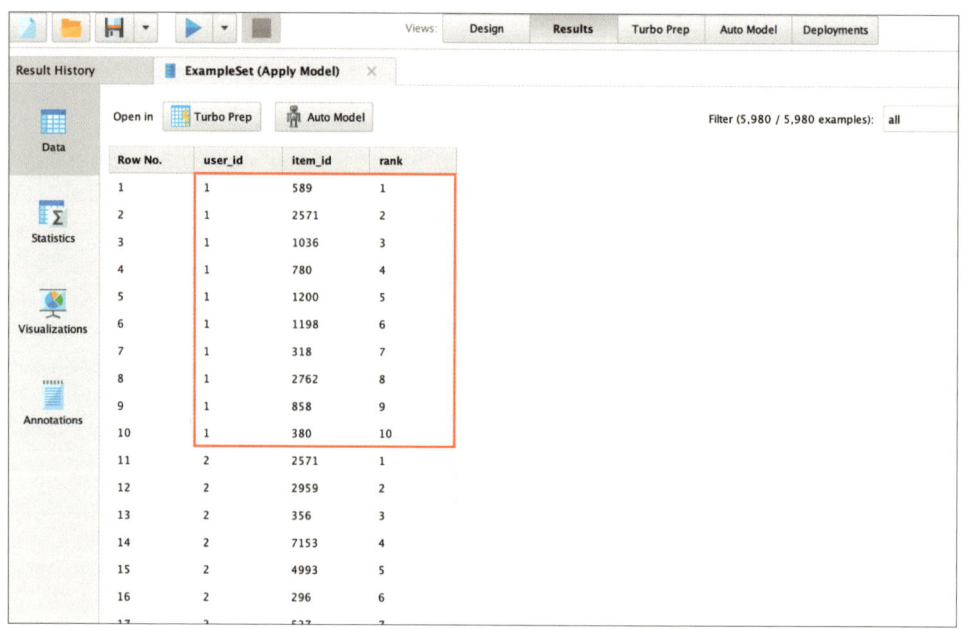

[그림 8-37] 결과 확인

n을 10으로 설정했기에 고객 1명 당 10개씩 추천한 결과를 확인 가능하다.

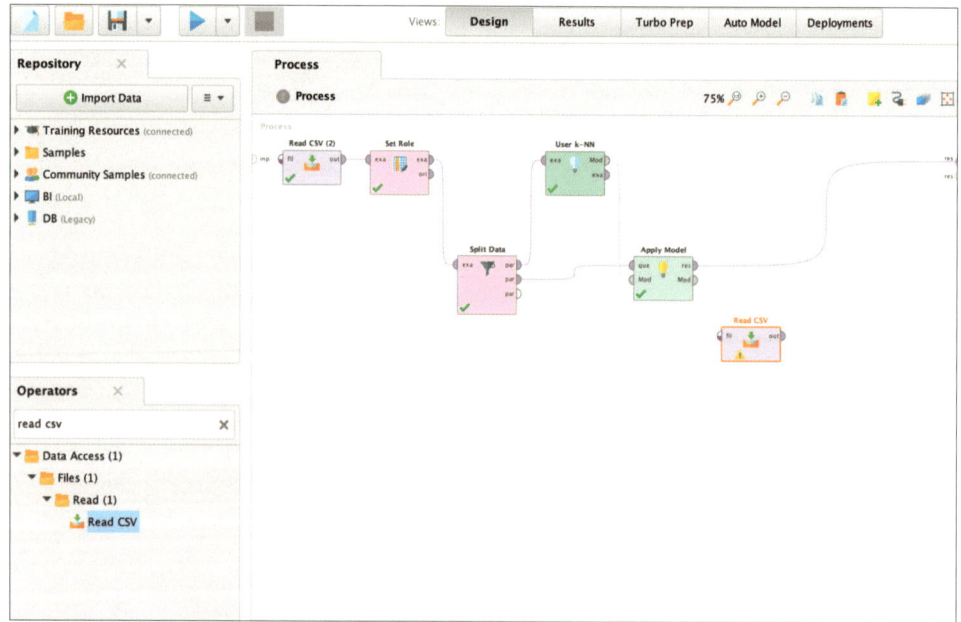

[그림 8-38] Design 패널로 돌아가 Read CSV 오퍼레이터 가져오기

movie.csv 파일을 저장하지 않고 가져오기 위해 Read CSV를 이용한다.

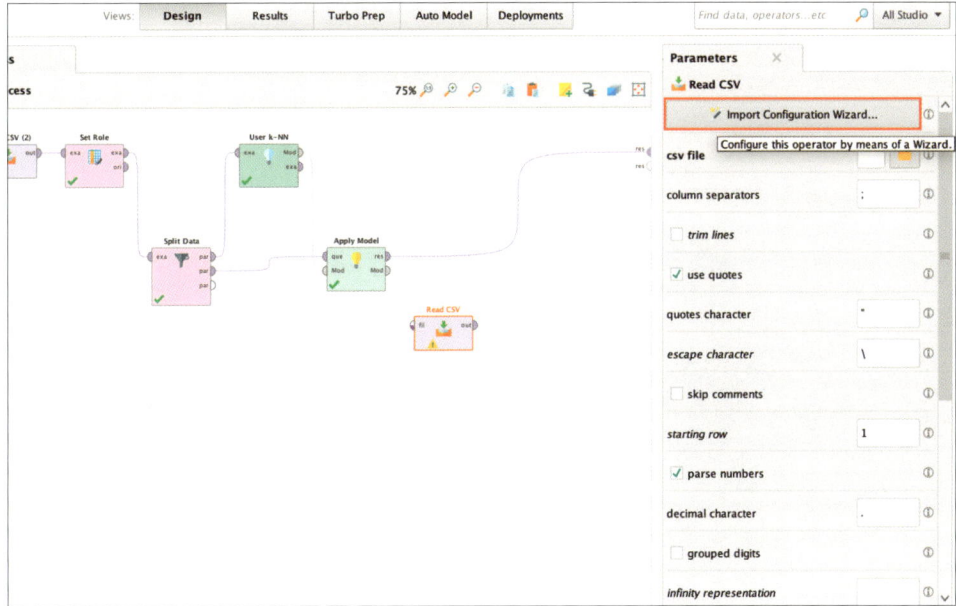

[그림 8-39] Read CSV의 Parameters

파일을 지정하기 위해 Read CSV의 Parameters 창에서 Import Configuration Wizard 버튼을 클릭한다.

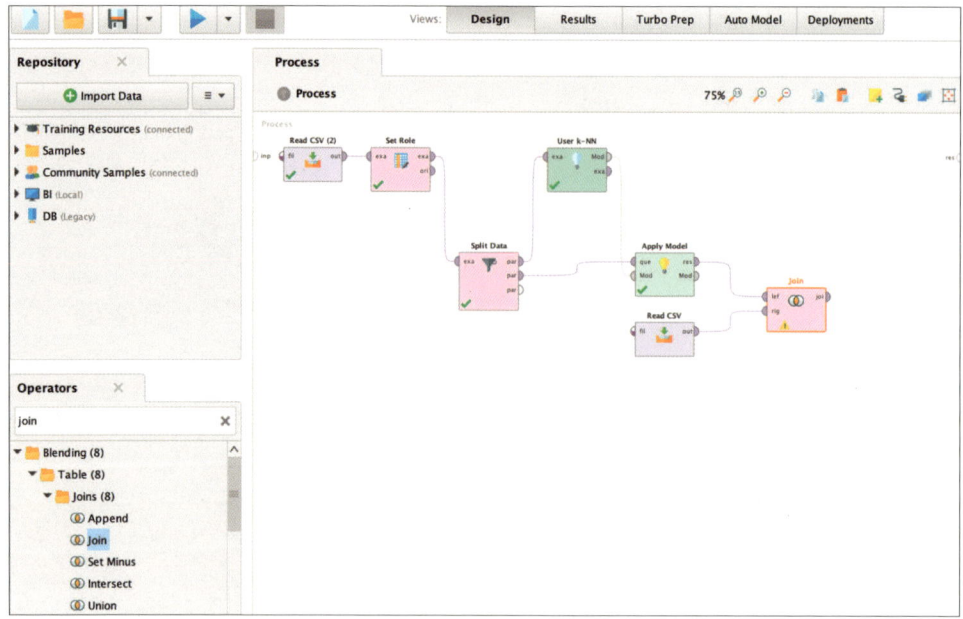

[그림 8-40] Join 오퍼레이터

두 파일을 Inner Join으로 합치기 위해 Join 오퍼레이터를 가져온 후 [그림 8-40]과 같이 연결한다.

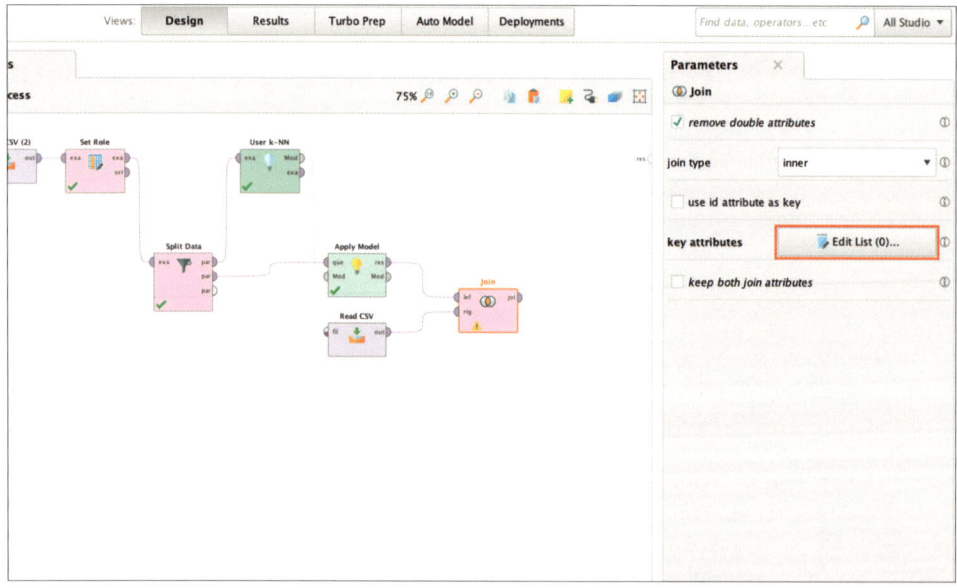

[그림 8-41] Join의 Parameters에서 Edit List 버튼 클릭

206 비전공자를 위한 데이터 애널리틱스 활용서

속성을 지정하기 위해 Join 파라미터 창의 Edit List 버튼을 클릭한다.

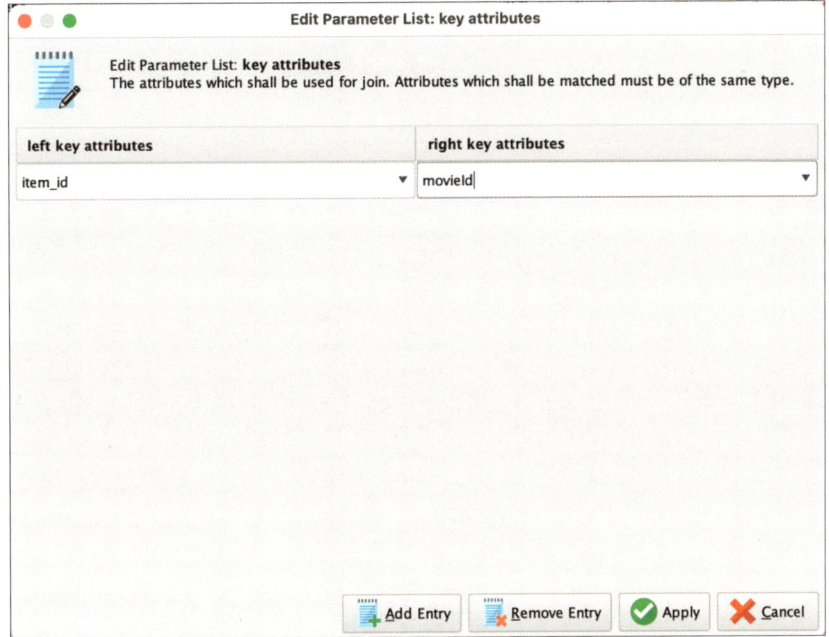

[그림 8-42] 다음과 같이 설정 후 Apply 버튼 클릭

item_id와 movieid를 Join하기 위해 [그림 8-42]와 같이 설정한 후에 Apply 버튼을 클릭한다.

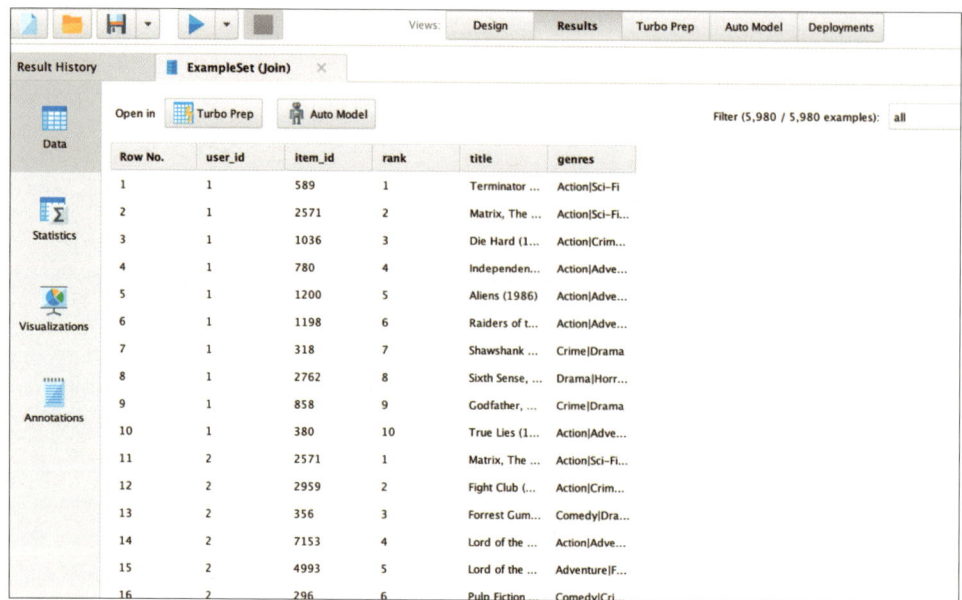

[그림 8-43] 결과 확인

결과를 보면 데이터가 병합된 것을 확인할 수 있다.

저자 약력

김경재

현재 동국대학교 경영정보학과 교수, 동국대학교 정보처장
     한국지능정보시스템학회 명예회장
       한국지능정보사회진흥원 데이터 얼라이언스 분과위원장
       한국데이터산업진흥원 데이터품질인증 자문위원
한국지능정보시스템학회 학회장 역임
한국경영정보학회 총무부회장 역임
동국대학교 경영연구원장 역임
KAIST 경영공학박사

동국대학교 저서출판 지원사업 선정도서

이 저서는 2022년도 동국대학교 연구비 지원을 받아 수행된 연구결과물임. (S-2022-G0001-00128)
This work was supported by the Dongguk University Research Fund of 2022. (S-2022-G0001-00128)

비전공자를 위한 데이터 애널리틱스 활용서

2023년 12월 18일 초판 1쇄 인쇄
2023년 12월 27일 초판 1쇄 발행

지은이 김경재
발행인 박기련
발행처 동국대학교출판부

출판등록 제1973-000004호(1973.6.28)
주소 04626 서울시 중구 퇴계로36길2 신관1층 105호
전화 02-2264-4714
팩스 02-2268-7851
홈페이지 http://dgpress.dongguk.edu
이메일 abook@jeongjincorp.com
인쇄 신도인쇄

ISBN 978-89-7801-076-4 (93320)

값 18,000원

이 책의 무단 전재나 복제 행위는 저작권법 제98조에 따라 처벌 받게 됩니다.